涵养生命

为学生终身发展奠基

—— 刘伟杰

·教育家成长丛书·

刘维朝
与个性教育

LIUWEICHAO YU GEXING JIAOYU

中国教育报刊社·人民教育家研究院 组编

刘维朝 著

北京师范大学出版集团
BEIJING NORMAL UNIVERSITY PUBLISHING GROUP
北京师范大学出版社

图书在版编目（CIP）数据

刘维朝与个性教育/刘维朝著；中国教育报刊社人民教育家研究院组编. —北京：北京师范大学出版社，2021.6
（教育家成长丛书）
ISBN 978-7-303-26717-0

Ⅰ.①刘… Ⅱ.①刘… ②中… Ⅲ.①刘维朝—教育思想—研究
Ⅳ.①G40-092.7

中国版本图书馆 CIP 数据核字（2021）第 014188 号

营 销 中 心 电 话　010-58802135　010-58802786
北师大出版社教师教育分社微信公众号　京师教师教育

出版发行：北京师范大学出版社　www.bnup.com
　　　　　北京市西城区新街口外大街 12-3 号
　　　　　邮政编码：100088
印　　刷：天津中印联印务有限公司
经　　销：全国新华书店
开　　本：787 mm×1092 mm　1/16
印　　张：20.5
字　　数：331 千字
版　　次：2021 年 6 月第 1 版
印　　次：2021 年 6 月第 1 次印刷
定　　价：70.00 元

策划编辑：伊师孟　　　　责任编辑：马力敏　赵鑫钰
美术编辑：李向昕　　　　装帧设计：李向昕
责任校对：康　悦　　　　责任印制：马　洁

教育家成长丛书

编委会名单

总　序

　　教育是国家发展的基石，教师是基石的奠基者。古人云："国将兴，必贵师而重傅。"兴国必先强教，强教必先重师。党中央、国务院高度重视教师队伍建设。2013年教师节，习近平总书记在给全国广大教师的慰问信中指出："百年大计，教育为本。教师是立教之本、兴教之源，承担着让每个孩子健康成长、办好人民满意教育的重任。"2014年，在第30个教师节前夕，习总书记到北京师范大学视察并发表重要讲话，指出："一个人遇到好老师是人生的幸运，一个学校拥有好老师是学校的光荣，一个民族源源不断涌现出一批又一批好老师则是民族的希望。"《国家中长期教育改革和发展规划纲要（2010—2020年）》也明确提出，"有好的教师，才有好的教育"，要"努力造就一支师德高尚、业务精湛、结构合理、充满活力的高素质专业化教师队伍"。"倡导教育家办学"，要创造有利条件，鼓励教师和校长在实践中大胆探索，创新教育思想、教育模式和教育方法，形成教学特色和办学风格，造就一批教育家。"两个一百年"奋斗目标的实现、中华民族伟大复兴中国梦的实现，归根结底要靠人才、靠教育，而支撑起教育光荣梦想的，是千百万的教师。

　　时代呼唤好老师。有一流的教师，才有一流的教育；有一流的教育，才有一流的国家。出名师、育英才、成伟业，是时代赋予我们教育战线的神圣使命。"所谓大学者，非谓有大楼之谓也，有大师之谓也。"好学校、好教育的最重要标准，就是要有好老师。一所学校、一个地区，乃至一个国家，如果教师有理想、有爱心、有学识、有高超的教育艺术，那么即使硬件设施有些简陋，家长、学生也会心向往之。教师是中国梦的奠基者。教师的重要使命，就是为每个孩子播种梦想、点燃梦想，并帮助他们实现梦想。每一间平凡的教室，每一节朴实的课，都不仅是知识的传递，而且是人类文明精神的接续、人生梦想的起航。正是有亿万个孩子梦想的放飞、绽放，中国梦才更加光彩夺目。如果说中国梦最坚实的土壤是学校，那么教师就是最伟大的"筑梦师"，他们用默默无闻、孜孜不倦的智慧劳动，让每一颗年轻的心灵都与中国梦激情相拥。

倡导教育家办学，造就一批好老师，首先要尊重、珍惜我们的本土智慧、本土创造。教育家不是凭空产生的，而是扎根于自己的民族文化土壤，同时吸收人类文明成果，从而创造出独特而生动的教育实践、教育智慧和教育文明。五千年源远流长的中华文明，不但形成了有我们民族特色的教育理论体系，而且涌现出了千千万万优秀的教育家，有被推崇为"大成至圣先师""万世师表"的孔子，有"匹夫而为百世师，一言而为天下法"的韩愈，有"捧着一颗心来，不带半根草去"的人民教育家陶行知，等等。改革开放40年来，随着教育改革的不断深入，教育战线涌现出了一大批杰出教师。他们痴情于教育事业，坚守理想信念和教育良知，在三尺讲台上默默耕耘、刻苦钻研，同时以敢为天下先的精神大胆创新，不断进取、不断超越，形成了各具特色的教育思想和教学风格。正是他们的成功探索和实践，创造了具有中国风格的教育经验，丰富了具有中国特色的教育理论宝库。原由教育部师范教育司组织编写，现由中国教育报刊社人民教育家研究院组织编写的"教育家成长丛书"，就是要向这些宝贵的本土创造性的教育经验致敬。

当前，教育领域综合改革正在深入推进，考试招生制度改革的大幕已经拉开，立德树人、培育和践行社会主义核心价值观成为大中小学教育的头等任务。可以预见，中国教育将发生深刻的变革，将从"中国制造"向"中国创造"转变。"没有革命的理论，就没有革命的运动。"没有适合中国土壤、具有中国智慧的教育理论，就不可能为未来的中国教育改革提供有效的指导。我们的教育要向"中国创造"飞跃，必然要首先创造属于我们自己的教育理论，而不是"言必称希腊"或者老是贩卖欧美的教育理论。170 多年前，美国思想家、诗人爱默生发表了著名演说《美国学者》，号召美国知识界："我们依赖旁人的日子，我们师从他国的长期学徒期时代即将结束。在我们周围，有成百上千万的青年正在走向生活，他们不能老是依赖外国学识的残余来获得营养。"由此，美国迈入精神立国阶段。

如今，我们也面临与爱默生同样的情形。随着我国 GDP 已从世界第二向第一迈进，我们的经济崛起已成为事实，但在道德文明、文化精神等方面，我们还需奋起直追。没有文明的崛起，经济崛起就难以持续。当务之急，是我们需要化解内心深处的文化自卑情结，摆脱对他国文明的精神依附，自觉养成强烈的"中国意识"，独立的中国文化品格，并由此去环视世界，去改造本土实践，去创造属于我们自己的精神养料——这在教育界显得尤为紧迫。"教育家成长丛书"，旨在把我们本土教育实践中蕴含的中国智慧提炼出来，从而形成具有时代意义的中国特色的教育话语体系，再以此去观照、引领、改造中国的教育实践，为伟大的教育改革提供经验、理论支持，也为未来的教育家提供丰富、可资借鉴的精神养料。

让我们为中国教育的伟大未来一起努力吧！

2018 年 3 月 9 日

前　言

　　见证着中国基础教育半个世纪的春华秋实，代表着中国基础教育教学成果的最高成就——"首届基础教育国家级教学成果奖"，闪耀着李吉林、窦桂梅、吴正宪、张思明、洪宗礼、唐江澎、邱学华、于永正、孙双金、薄俊生、龚春燕等一大批优秀教师的名字。而上述这些教师杰出代表恰恰都是《人民教育》"名师人生"栏目中最受读者喜爱的名师，都是"教育家成长丛书"的作者。

　　"教育家成长丛书"（以下简称"丛书"），是在第20个教师节前夕，为了研究、总结、宣传和推广我国众多优秀中小学教师的先进教育思想和鲜活的宝贵的教育教学经验，培养造就一大批德才兼备的优秀教师和杰出的教育家，促进教师队伍整体素质的提高，根据教育部党组安排，由师范教育司组织编写的一套凝聚着一大批教育家成长智慧的大型教育丛书。

　　"丛书"自2006年问世以来，不但得到国务院和教育部领导同志的高度重视，而且先后印刷多次尚不能满足广大读者的需求。这其中的奥秘何在？

　　当你翻开"丛书"，每一部著作都讲述着一位教育家成长的故事。这些著作主要从"成长历程""思想概述""课堂实录"和"社会反响"等方面全景式反映其教育思想、教育智慧、专业精神和专业人格的形成过程与教学实践过程。这是教育家成长的基本素质所在。

　　当你沿着教育家成长的足迹走近他们的时候，你会融入这些带有"草根色彩",扎根中华教育实践大地,充满田野芳香的真实感人的教育故事中。

当你从"丛书"中,从这些当年和自己一样的普通教师,成长为今天受人尊敬的教育家的成长过程中受到启迪,当你触摸着自己的心,把学生的成长和祖国的未来紧紧连在一起的时候,你会真切地感受到教育家离我们并不遥远。

当你用整个身心蘸着自己的生活积累去品味"丛书"中的每一部著作的"成长历程"时,在一位位名师不断学习、不断超越自我、不断超越学科教学的求索足迹中,你会读懂"教育是事业,其意义在于奉献"的丰富内涵。

当你研读"丛书"中的每一部著作的"思想概述",和每一位名师展开心灵对话的时候,都会深深地感受到,一名教师对教育独立的理解与执着的追求有多么重要。从一名普通的教师成长为受人尊敬的教育家的过程中,你会读懂"教育是科学,其价值在于求真"的深刻含义。透过"丛书",你会看到一代代教师用爱与智慧塑造民族未来的教育理想。

随着我们从"知识核心时代"走向"核心素养时代",教师教育教学活动的视野已拓展到人的生存与发展的方方面面。教师要结合自己的教学实践去感悟"教育理念是指导教育行为的思想观念和精神追求",应该把爱化为自己的教育行为,让爱充盈课堂,触摸到一个个灵动的生命,让爱产生智慧,让爱与智慧在学生心中留下岁月抹不去的美好回忆,让教育者和受教育者都感受到教育的幸福。这是"丛书"给我们的启示,也是每位教师应有的胸怀和视野。

时代呼唤教育家。为了进一步把我们本土教育实践中蕴含的中国智慧提炼出来,从而形成具有时代意义的中国特色的教育话语体系,以此去观照、引领、创新中国的教育实践并在更大范围加以推广,"丛书"将由中国教育报刊社人民教育家研究院继续组织编写,希望能够在更广大教师的心田中播种教育家成长的智慧,从而出更多的名师,育更多的英才,成就中华民族复兴的伟业。这是时代赋予广大教育工作者的神圣使命。如果广大教师能在每位教育家成长、探索教育智慧的过程中受到启迪,形成自己的教育智慧,则实现了我们编辑这套"丛书"的初衷。

"教育家成长丛书"
编委会
2018 年 3 月

序 言

子所雅言，诗书执礼。中南木铎，声振万里。

湖南省长沙市的雅礼中学，享誉百年，桃李天下，是一所让人仰视的中学；雅礼中学的刘维朝校长，杏坛兴教，弦歌育人，是一位受人尊敬的校长。刘维朝校长寄来了他即将出版的《刘维朝与个性教育》，我有幸先睹为快，读后感也乐于与大家分享。

我和刘维朝校长是同行，交往多年，相知相契。我看重他，不是因为全国人大代表、国家督学等各种光环，而是因为他拥有由内而外散发的思想上、精神上和行动上的魅力。

"即便不穿校服走出去，湖南人也都知道这是雅礼中学的学生""进入大学后，只要约两个月的时间，老师就可认出哪些是雅礼中学毕业的学子"，这是对雅礼中学办学的认可。《人民教育》杂志的傅国亮先生访问雅礼中学时，曾欣然命笔："一所影响学生一生的学校"。

观乎人文，以化成天下。人文化成，是教育的至高境界。雅礼中学的教育进入了这个境界。

其密码何在？密码就在于刘维朝校长和雅礼人亲证力行的个性教育。

人人生而平等，人人秉赋不同。有教无类，因材施教，是教育的"八字真言"。

有教无类，努力让每一个孩子都享受优质教育，这是公平教育，是大情怀；因材施教，努力让每一个孩子都享受适合他的教育，这是个性教育，是大智慧。刘维朝校长和雅礼中学办优质学校、行个性教育，有大情怀，得大智慧，成和而不同的大君子。

他们的理念和实践，代表着更加公平、更高质量的教育发展方向。

世界上的任何一项工作，做到极致，都会进入哲学的层面。

在我结识的诸多知名中学校长中，刘维朝校长给我印象颇为深刻。他雅好哲学，长期潜泳哲学，善于站在哲学的高度认识教育的本质，把握个性教育的核心。《刘维朝与个性教育》是一本从哲学层面谈个性教育的书。正因为进入了哲学层面，刘维朝校长和雅礼中学的所知所行所成，高人一筹，先人一步，以大手笔写大文章，以大格局成大气象。我们读这本书，自然也会有大感悟、大收获。

2021 年 4 月 2 日

刘彭芝

目 录
CONTENTS
刘维朝与个性教育

我的教育实践

社会评论

附录·教育演讲稿

我的成长之路

一、部队生活

　　我 1961 年 12 月出生在河北省石家庄市，在石家庄度过了我的幼年生活。关于幼年生活，朦胧的印象只有以下两方面。一是国家刚经历了"三年困难时期"，虽然我们没有定量的牛奶，只能喝一些米汤，但部队的生活还是保证了衣食；二是关于"文化大革命"的模糊印象，楼上架设的高音喇叭，街上举着标语的游行队伍。其他方面，我就没有太多记忆了。

　　父亲参加革命工作比较早，中华人民共和国成立前就参了军，随中国人民解放军第 63 军参加了解放战争，后随军入朝作战，参加了抗美援朝战争，1952 年 12 月回国。我名字中的"朝"字就是源于父亲的这段经历。

　　1966 年，父亲随部队赴越南，家属被安置在了广西桂林。1968 年，我在广西桂林开始了我的小学生活。

　　1968 年年底，父亲被派往中华人民共和国第七机械工业部，担任军代表。之后，我又随父母迁往北京，继续小学生活。

　　"生在新中国，长在红旗下"是那个时代骄傲的表现，我沐浴着党和国家的阳光雨露，内心充满着对党的热爱、对国家的热爱。在我童年的记忆里，父亲一切服从国家安排，国家意识在我的头脑中自然而然地生长。部队大院的生活一直持续到我大学结束，大院生活的单纯和部队的纪律性对我世界观、人生观、价值观的形成产生了深远的影响。

　　部队大院内的家庭生活是温馨和谐的。我的家中有三兄弟，我排行第二，所以父母总是以"老二"称呼我，大院内的长辈也称呼我为"刘家老二"。老二甚好，有老大的保护，有老三的相随，我们三兄弟和睦相处，其乐融融。此外，父母的相敬如宾，也让我感受到家庭的温暖。

　　父亲是一个慈祥、随和、开朗的人，喜欢打乒乓球，也经常鼓励我们多锻炼身体。平时只要有时间，他就带着我们三兄弟去打球，遇上没有球桌的时候，就把家里的床板拆下来当球桌。在国家百废待兴而又生机勃勃的年代，发展体育运动对改变国人的精神面貌、提升国人的精气神产生了深远影响。后来，我一直重视学校体育教育，与那段时间和父亲一起打球的经历有很大的关系。父亲对国家的热爱，一直潜移默化地影响着我们。

母亲是一个勤劳、善良、严格的人，操持全家的衣食，还要督促我们学习，我们的生活都被母亲安排得井井有条。北方供应的口粮以面、杂粮为主，而父亲和母亲都是湖南嘉禾人，父亲保持着南方人喜食米饭的生活习性，但北京的米、面、杂粮都是按计划定量供应的，于是，母亲经常用面票和别人换米票，操持着一家人的饮食。母亲虽然是南方人，但对于做面食，每天也能做出很多花样。我到现在还特别喜欢吃面食，喝小米粥、玉米糊，吃北京的咸菜，想必和这段经历有很大的关系。秋天的毛衣、冬天的棉鞋都是母亲在灯下一针一线地做成的。我现在还时常想起母亲每天用搓衣板为我们搓洗衣服以及我们三兄弟围坐在母亲膝下，听她讲故事的情景。母亲严厉，注重培养我们的品行，特别是规矩意识。在记忆中，我唯一一次被母亲打，就是因为偷偷下河游泳。母亲没有进过学堂，但对孩子们的学习要求特别高。因为管教有方，我们三兄弟成绩都很好，她在大院里也觉得特别自豪。

从小受部队环境的熏陶，我比较自律，一直学习认真，成绩好，深受老师的喜欢。高中毕业参加高考时，文科老师希望我选文科，理科老师希望我读理科，而我最终选择了理科。理科的严谨性、实证观、逻辑思维和我因对文学的特别喜爱而积淀的人文底蕴，让我受益无穷。学生时代，我一直担任学生干部，锻炼了自己的沟通能力，提高了进取意识。在学习之余，我酷爱阅读，书中的知识总能给我带来新奇的体验和思考。"读万卷书，行万里路"，无论何处何时，读书总让我得以安静，得以认知人生、认知社会、认知世界，也帮我形成了好静的性格、养成了好思考的习惯。虽然由于父亲工作调动，家庭迁移的轨迹遍布了近半个中国，但读书始终是我的最爱。

二、城市生活

小学对我人生的影响深远，不知是因为首都的光环让我珍惜，还是因为北京的崇高让我有了更高的追求；但我想来，应该是因为学校老师的教育和与同学的相处，让我明白了许多做人的道理，获得了求知的乐趣。

我住在北京市西城区黄瓜园东八门，于是，我就近在百万庄小学就读。百万庄小学现已改名为展览馆路第一小学，现在到北京出差，我还时常去看一看。学校大体的样子至今未变，当时我每天上学都会经过的周边的红楼也没有什么变化，还是熟悉亲切的样子，只是 1976 年唐山大地震后加固了框架，马路也变宽、变整洁了。

我的班主任叫唐国跃，唐老师从各方面都给予了我们严格的训练和无微不至的关怀，如操场上的队伍训练、经常性的家访等。他的敬业精神以及严格有加、爱生如子的作风，让我受益无穷。

唐老师有很多有效管理班级的办法，正是唐老师让我知道了当班干部每天要向全班报告班级日志。我第一次做全班班级日志报告时特别激动。在这里，我知道了做学生应有良好的品行和学习态度。

小学的生活是丰富的。冬季的时候，每天天还没亮，我们就起来去跑步。唐老师联系了新疆生产建设兵团的学校中的学生，他们和我们通过书信结成对子，互相交流学习成长心得。唐老师还要求我们把每天跑步的里程数记录下来，并换算成中国地图上的距离，然后用小红旗在中国地图上标注出来，看看什么时候能"从北京跑到乌鲁木齐"，再"从乌鲁木齐跑回北京"。也是在那个时候，我知道了原来我们的国家有多么大。

北京的马路上过去常常有马车经过，有些马粪就落在了马路上，我们每到星期天就提着小筒子上街拾马粪。当时年纪小，并没有担当社会责任的概念，只知道北京是首都，应该干净、漂亮。

那时的我们自行结成了一些课后学习小组，每个课后学习小组都会将某个同学的家作为放学后学习的场所。因为我家离学校近而且房间条件比较好，所以我每天放学后就带着小组的同学们到我家一起读书、一起写作业，等父母下班后各自再回各家。

每年的"五一""十一"，公园都会举行游园活动。学校会组织大家在附近的紫竹院公园摆成各种活动阵式，与市民一起庆"五一"、庆"十一"。这样的庆祝活动，在潜移默化中培养了我的国家意识，我对国家的情感纯粹而美好。

1971 年，我成为北京市第一批戴红领巾的少年，当时感到无比激动，无论是劳动还是学习都比以前更积极了。我非常爱惜红领巾。上学的时候，我戴着；放学回家之后，我就赶紧解下来，放在书包里，叠得整整齐齐的。

在北京接受的小学教育，对我后来从事教育工作的影响非常大，特别是班主任唐国跃老师，他是我人生中遇到的好老师。1981年，大学毕业参加工作后，我怀着感恩之情，写了一封信给唐老师，汇报了我的近况，告诉他我成为一名人民教师了。唐老师很快就回了信，他勉励我好好地为国家培养人才。唐老师的亲笔信对刚走上讲台的我起到了巨大的激励作用。至今已快40年了，我还保留着唐老师的那封信。虽信纸已经泛黄，但那种情谊，那种影响，一直还在。（图1-1）

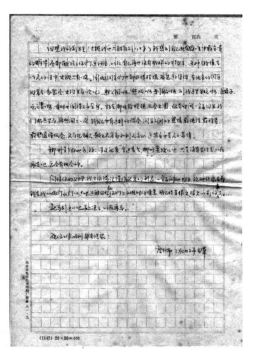

图1-1　刚参加工作时唐国跃老师的回信

三、农村生活

1974年，父亲来到80305部队。该部队为导弹部队，驻防在大山里的通道侗族自治县，司令部在双江镇，我也随军进入通道侗族自治县第一中学读书。

通道侗族自治县（以下简称通道）位于湖南省西南边陲、怀化市最南端，湘、桂、黔三省（区）交界处，素有"南楚极地，北越襟喉"之称。红军长征历史上著名的"通道转兵"，就发生在这里。通道是革命老区、边远少数民族聚居区，也是当时的三线建设地区。革命传统、民族特色、建设热情熏陶着我们。我虽然从北京大都市转到西部的边远山区读书，但很快适应了新的环境，并且喜欢上了这里。班上同学有一半来自农村，同学的热情让我感受到友情无界限。那淳朴的民风，那风雨桥、八角楼一直留在记忆里。

学校离双江镇大约三千米。双江镇因坪坦河、马龙河在此交汇而得名，我每天清早步行上学，呼吸着清新的空气，一路沿着清澈婉转的河流而行，感觉非常愉快。

学校的生活极其丰富。我们在学校吃饭，城里的同学交粮票，农村的同学交每周从家里带来的米。学校食堂用柴火做饭菜，所以，每位同学还必须上山砍柴，将柴火交给学校。每周吃一顿肉对我们来说诱惑力巨大，这也调动着同学们的劳动积极性。为了学校建设，同学们要去山上打砖，到河里挖沙、挑卵石，每年农忙"双抢"时节都要去农村，与农民同吃、同住、同劳动。我的左手手指上至今还有当年割稻子时镰刀划伤留下的伤疤。

为了纪念毛泽东畅游长江，20世纪70年代，县里每年7月16日要举行纪念活动。有一年，我们学校也参加了，学生可以自愿报名参加全县畅游双江的活动。我是个"秤砣子"，只能短距离"狗刨式"游泳，但天性好强、不甘落后，于是，我带着汽车轮胎下了水。即便喝了不少水，我也坚持不上身边的救护保障船，最终游到了终点。恰同学少年，意气风发，不以为苦，反以为乐。那种在劳动中展现出来的生命之美是那个年代特有的，在与泥土、与大自然打交道的过程中，每个人都培养出了对农民的尊敬和吃苦耐劳的品质。

由于地处边远，即使周围很热闹，学校也依然安静有序。教材是全国统一的，学习是认真的。我的作文在全年级大会上被宣读，我的数学作业本也成为同学们传阅的范本。

1977年10月，国家正式宣布恢复高考。

当年的高考实行的是分省命题考试，同时允许高一学生中的一批优秀生参加。于是，我们学校选推了两名学生参考，我是其中之一，有幸参加了恢复高考后的第一次考试。虽不能被录取，但那时的我对知识的渴求比任何时候都强烈。

当时高中的学制是两年，因此，1978年，我高二毕业的时候再次参加了高考。

白天要上课，到了晚上，学校会在教学楼前挂上大灯泡，开复习讲座，同学们常常站着听完一晚上的课。这次高考不再采用各省命题的考试形式了，而是实行全国统考，并加试英语。当年有 610 万人参考，录取了 40.2 万人，录取比例只有约 6.6%。录取结果出来后，部队大院的长辈们一起送我到汽车站去上大学的场景至今历历在目。

在通道的那段时光，我最大的兴趣就是读课外书。只要能搜到的书，我都会读，四大名著不知读了多少遍。父母带我回乡下探亲，没书读，我就读糊在墙上的报纸。1978 年春节前，母亲要给我做一套新衣服，我跟母亲说："不做新衣服了，我只要一套'数理化自学丛书'。"母亲把全套书买回来时，我兴奋地拿过来就读，沉浸其中，忘了一切。母亲后来多次提及那天的场景，说当时的我连吃饭睡觉都不需要了。

我很怀念通道，虽然地处山区，交通不便，更无资源，但我的老师都特别优秀，很多都是名牌大学毕业的。他们知识丰富，热血澎湃，朝气蓬勃。在这样的时空里相遇，是年少的我的极大幸运。我们并未因大山的阻隔而失去教育的滋养。

四、初为人师

1981 年大学毕业后，我被分配到了中国水利水电第八工程局子弟学校，开始教初中物理，后来教高中物理。初高中的系统教学让我受益，不仅是完整的学科体系让我成长，更主要的是对中学阶段学生认知层次整体性的掌握，以及一直担任着的班主任工作，让我深切体会到了教师对学生一生的影响是如此的重要。

水电建设在国家建设中发挥了巨大作用，但系统内的子弟的视野却非常有限，很多人认为中学毕业后就会接父母的班，对学习缺乏动力。因此，准备好每一堂课，上好每一堂课，把学生的心留在课堂，让学生感受学习的乐趣、知识的魅力，成了我生活的全部。

随着国家物质生活的逐渐丰富，学生的成长过程中出现了一些新问题。家长对独生子女的溺爱迁就、中学生"社交生活"中的攀比心理以及"不良交往"的侵蚀，使得一些学生形成了与社会期望相反的行为品质。这个时候，我意识到育人为教育之本，我千方百计地开展各种班级活动，引导学生健康成长。注重育人、注重德行养成、注重三观教育始终贯穿我的教育生涯。

1989 年，我走上学校管理岗位。那时，全社会的聘任制改革风起云涌，教师聘任制改革也开始了。打破铁饭碗、优化组合、竞争上岗、动态管理，从方案的制订到具体的实施，每一步都是艰难的，也是充实的。短短几年的工作中，我对教育不仅有了宏观管理的认识，而且有了微观操作的了解。这一阶段的工作锻炼了我的能力，也为以后的工作打下了重要的基础。

教学的严谨、爱生的真情、工作的敬业不断催生着我努力追求，从教师、教务主任到副校长、校长，每一步我都勤勤恳恳、认认真真。

五、雅礼成长

1994 年，因为我由衷地想当一名优秀的教师，感受教书育人的快乐，所以我走进了雅礼中学。在这所名校，我如饥似渴地学习，向老教师请教，跟学生们交流，不断体会这所学校的文化和使命。领导们的循循教导，老师们的热情包容，让我很快适应了这所名校的一切，并深深地爱上了它。

20 世纪 90 年代的雅礼中学正处于快速发展、不断创造奇迹的阶段。在李支应校长、彭景坤书记的带领下，学校各项事业开始了大迈步、大前进。学校领导狠抓教师队伍建设，引进青年师资，全校教师工作热情高涨，学校教育质量连年攀升。

1995 年，我受命担任高三年级组长。这一年级聚集了雅礼中学一大批资历老、个性强、经验丰富、教学业绩突出的教师。加之学校为迎接 90 周年校庆，教学楼加层建设，高三全部师生搬到了向中国人民解放军长沙政治学院租借的仓库内上课，仓库条件简陋，夏季蚊虫猖獗，冬季四面透风，其他后勤保障也难以跟上。当时的一切，给我这个"新官"带来了不止一个的"下马威"。

压力即动力，难关就怕人心齐。学校和租借的教学场地之间隔了一堵围墙，为了便于老师们通行，学校便搭了一座简易的木桥。每天清晨，我都会提着两壶热水走过木桥，早早来到年级组的办公室，为老师们准备好茶水。后来，老师们回忆起这段时光，还拿我的热水壶打趣，笑称，多亏了热水壶，才有了那届高三学生的高水平发挥。

　　年级工作事无巨细，但凡有了点空闲，我就到各位老师家里走访，既聊家常，也听建议，在这样的走访中，大家的心逐渐凝聚在了一起。为了提高工作的及时性、针对性和有效性，我经常邀请部分老师到家里来开会，一起研究问题、寻找对策，最终把高三年级组打造成了一个团结拼搏的集体，战胜了虫蚊叮咬、大雪封路、饮水困难、资料缺乏等一系列困难，而高三的学生也在 1996 年高考中取得了非常好的成绩，各项指标都名列长沙市前茅。

六、校长岁月

　　2001 年 2 月，我从李支应校长手里接过了雅礼中学校长的接力棒，成为雅礼中学第 14 任校长。

　　在此之前，雅礼中学的领导班子不断改革创新，教职员工一直勤奋拼搏，为学校的发展打下了非常良好的基础，学校的发展势头非常好。但由于教育改革的形势日新月异，学校转型的节奏也不断加快，学校到了一个亟须突破瓶颈，赢得更加广阔的发展空间的关键时期。（图 1-2、图 1-3）

图 1-2　2001 年，拍摄于办公室　　　　　图 1-3　新一任领导班子

（一）开创新世纪

　　2001 年，是"十五"计划的开局之年。教育是提高全民素质、培养人才的基础，应适度超前发展。发展教育，要面向现代化、面向世界、面向未来，走改革和

创新之路。要着力推进素质教育，重视培养创新精神和实践能力，促进学生德、智、体、美全面发展。

新的形势，新的要求。人类社会已经迈入 21 世纪，随着知识经济时代的到来，新科技革命的兴起和新知识的出现对教育提出了更高的要求。长沙市也在这个时候提出要在"十五"期间成为区域性的文化中心、科教中心，要求雅礼中学等学校实现跨越式发展，并在实施素质教育的过程中起到辐射、示范的作用。

站在时代的前沿，我思考着要将雅礼中学办成什么样的学校，内心充满着对 21 世纪的憧憬。新的纪元到来，这是一个多么美好的开始！同时，我也肩负着无比重大的使命，21 世纪的棋走得好不好，对于雅礼中学而言，产生的影响持续的时间不是几年，而是几十年。那么，规划怎么做？理念怎么定？实践怎么开展？

基于多年的教育实践和思考，在 2001 年的春天，我提出了"一二三四"的工作思路：围绕一条主线，坚持两面结合，构建三维联动，建设四项工程。围绕一条主线，就是围绕以学生发展为本这条主线，具体体现在四性上。一是全体性，为每一个学生创造开发潜能的机会；二是全面性，使学生的思想道德、文化科学、身体心理、人文艺术、实践应用等方面的能力和水平得到发展和提高；三是层次性，强调学生的个性发展，既要补短，也要扬长；四是可持续性，为终身学习打好基础。坚持两面结合，就是把继承和创新结合起来，继承是基础，创新是动力。构建三维联动，就是构建德育的实效性、教育改革的系统性、科研的引领性。建设四项工程，就是队伍建设工程、制度建设工程、硬件建设工程、品牌建设工程。

《雅礼中学创建全国示范性学校规划（2001—2006）》的酝酿和起草过程中，我对每个字、每句话都进行了反复斟酌和推敲。2002 年年初，我终于将长期的教育观察、教育实践和教育反思转化成了对未来的展望。

2002 年 2 月 25 日的开学典礼上，我以"追求卓越，与时俱进，创建全国示范性学校"为题，阐述了学校在"十五"期间的规划，确立了一个理念、两维目标、三个支柱。一个理念，即"以学生的发展为本，为学生终身发展奠基"的理念。具体而言，是全体学生的发展，而不是部分学生的发展；是学生人格的全面发展，而不是其智力的片面发展；是学生有个性的发展，而不是统一模式的发展；是学生可持续的终身发展，而不是局限在当前的发展。培养崇尚科学、追求真理、文理兼通、英语见长的现代人。两维目标，即努力实现"国内一流，世界知名"的目标。三个

支柱，即学校应为此着力建设"稳定的教育质量，鲜明的办学特色，现代的教育特性"三大支柱。

为了达成目标，我提出了实施策略和实施路径。具体来说，一是要完善校园文化建设，提升管理水平。建设物质文化，改造制度文化，提升精神文化。规定了领导的作风、教师的教风、学生的学风。二是优化德育工作模式，促进学生全面发展。分年级确定了德育工作的重点。七年级进行文明礼仪教育，做有修养的文明人；八年级进行社会公德教育，做有公德的现代人；九年级进行社区服务教育，做有爱心的责任人；高一组织学军社会实践，做有纪律的自律人；高二组织学农社会实践，做有能力的自强人；高三组织社会实践调查，做有理想的担当人。三是构建学校三大课程体系，推进教学改革。基础扎根型课程要落实学生的基础性学力，综合拓展型课程要培养学生的发展性学力，创新提升型课程要发展学生的创造性学力。四是加强教育科研工作，实施"名师"工程。开展以学校总课题为统领的教育科研课题研究，完成一系列能够推动学校素质教育实施的实践探索。"名师"工程旨在造就一批市、省乃至全国知名的教师。五是推进后勤改革，实现服务育人。逐步实现后勤服务社会化、专业化，财务管理制度化、规范化，行政治理科学化、人本化。六是扩大对外交流，不断做大、做强、做优。加强与国内外名校对话，促进内涵式发展，形成开放性格局，适时成立雅礼中学国际部，开展双语教学。

21世纪描绘新蓝图，展现在雅礼中学师生面前的是一个光辉的前景，大家都在憧憬着未来五年翻天覆地的变化。雅礼中学的师生、那些关心雅礼中学事业的社会人士，以及遍布海内外的雅礼中学的校友们，感到无比的高兴。校友会的老同志们不仅在《雅礼简报》上全文刊发了我的讲话内容，而且分赴各地校友会组织座谈。2002年5月14日，雅礼校友会负责人前往北京看望陈能宽院士。陈院士得知学校的规划后，欣然地说："雅礼中学办学近100年了，百年来，经过中美几代人的努力拼搏，已经办成了三湘名校。这是中美民间文化交流的结晶，也是中国传统教育和西方近代教育结合的硕果。现在雅礼中学的新任领导，有远见卓识，有雄心壮志，提出'国内一流，世界知名'的办学目标，雅礼中学一定有希望、有前途。雅礼中学一定能办好，办出水平，办出特色，办成中华名校。"

思路决定出路，行动成就未来。于是，学校开始实施物质文化建设三部曲，净化、美化、文明化；制度文化建设三优化，优化学校管理模式、德育工作模式、课堂教学模式；精神文化建设三追求，追求自强、追求创新、追求卓越。最终，以求形成"三讲三高"的格局：讲大气、讲品位、讲合作，办学理念高、文化品位高、教育质量高，面向 21 世纪，实现学校跨越式新发展。

2002 年充满了激情，充满了挑战，充满了希望，也充满了收获的喜悦。打造高素质的教师队伍，创新内部管理机制；深化教育改革，全面实施素质教育；实行开放办学，创新办学体制……一系列办学成果不断凸显，学校跃上了新台阶。

（二）奋进新百年

1. 迎接新百年

2006 年，雅礼中学建校 100 周年，站在了新百年的起点上。

2006 年，《人民教育》杂志副主编傅国亮先生（现任杂志总编）来雅礼中学调研采访。通过一星期的全方位接触，他感受良多，对学校领导班子说，雅礼中学的学生体现出的审美的能力、思辨的能力、崇尚科学的精神给他留下了深刻的印象，仔细思量，这些源于"雅礼人"对教育规律的理解与执守。雅礼中学的教育，让学生获得知识的同时，培养学生多方面的能力、张扬的个性，促进学生身心和谐发展，所有的细节都指向学生的未来发展。这是一所影响学生一生的学校。

傅国亮先生来雅礼中学的那年，是我出任雅礼中学校长的第六年。时间再往前推三年，在 2003 年 10 月的时候，湖南省启动了新一轮示范性普通高中督导评估，在"办学思想""办学条件""班子和队伍""学校管理""教学质量"5 项一级指标、12 项二级指标、48 项三级指标上，雅礼中学全部名列全省前茅。督导专家组的一位专家，在评估结束后这样评价雅礼中学："示范性高中就该这样办。"在这一轮省级示范性普通高中督导评估中，雅礼中学成了全省受综合表彰的五所中学之一，这样的成绩无疑也让我们信心倍增。但享受表彰成果的同时，我也深入地思考了那位评估专家的话。"示范性高中就该这样办"，他没有给出具体的"这样办"是"怎样办"的答案，我们也还没有仔细地梳理、凝练"这样办"的模式与方法。或许傅国亮先生的那段话恰恰给了三年前的我们需要的答案，同时，也让一年前经历了"高考之痛"的我有了更充足的信心。

2005 年 6 月 26 日，这一天，高考成绩揭晓，在长沙比较知名的四所高中学校中，雅礼中学排名靠后。一时间，老百姓纷纷议论："雅礼中学怎么了？"一些家长发脾气:"充分尊重学生的个性?这下可好了!"社会上有人质疑:"为学生终身发展奠基?上不了好大学,怎么奠基?"

上任校长以来,高中英语有指定教材,但我坚持同时选用美国的原版教材,并开设口语课;高考只考文化课,但学校中学生社团的数量年年递增,老师开设了30多门选修课,100%的学生参加,并且都计算学分……这些都错了吗?问题出在了哪里?

那些天,我将自己关在办公室里"闭门思过",并且与同事们逐个分析交流,查找原因,剖析问题。我与40多位老师长谈,既找原因,也谈未来,对教学进行反思,也对理念进行思辨。那是我当校长以来最难的一段时光。但是,经过这样的"阵痛",老师们反而更加坚信学校的办学理念了。痛苦逐渐淡去,共识逐渐凝聚,凭着一股定力,我和老师们走出了情绪的低谷,满怀热情地迎接100周年校庆。

在校庆筹备阶段,大家对"百年大庆"有着不同的理解。我提出校庆的核心目标就是聚人心。当时有些同志不理解,雅礼中学的发展势头可谓如日中天,把工作思路聚焦在聚人心上是不是有失偏颇?在2005年春季开学教职工大会上,我谈了我的观点:校庆的筹备过程就是凝聚人心、凝聚力量的过程。为什么要凝聚人心?雅礼中学已经到达了建校百年的历史交汇口,底蕴深厚,质量上乘,潜力不可估量。但雅礼中学需要的不是大张旗鼓、热热闹闹的庆典,而是为新百年的发展凝聚的校友力量、教职工力量、社会支持力量。雅礼中学已到达并进入内涵式发展的阶段,内涵式发展就在于人心与人性的建设。

校庆筹备得到了全球校友的响应与支持,也得到了国内外相关人士的高度关注。学校收到来自全国各地100余名两院院士的题词祝福和全国100余所知名大学的贺信。时任美国总统乔治·W. 布什、时任美国耶鲁大学校长理查德·莱文均发来贺信,表达对雅礼中学的祝福。

乔治·W. 布什在写给我的信中说:"没有什么比给予年轻的一代心智与道德教育更能体现我们的价值。在一个竞争激烈的世界中,教育不仅影响了学生的终身成就,而且决定了民族的兴衰。提高教育质量,我们任重而道远。在过去的一个世纪中,雅礼中学以其高质量的教育水平,培养出了一代又一代的年轻人。"乔治·W. 布什在对雅礼中学这一百年做出的突出贡献表示赞赏的同时,祝愿学校在新百年中再创辉煌。

理查德·莱文在贺信中评价道:"在中国的教育机构中,雅礼中学与美国人民的联系较为密切,其历史也悠久,这是其他教育机构不能比拟的。耶鲁大学将一如既往地大力支持中国人民和美国人民之间的这种具有百年历史、富有成效的关系的建立,这在很多方面为国际间的成功合作及学术交流树立了最佳典范。"

2. 萌发新理念

新百年,新征程;新征程,新思量。

在 2006 年 10 月 8 日的工作笔记里,我写下了对"雅礼"教育的思考。"雅礼"教育不仅是中西文化的结合,更是内在素质与外在言行学识的统一。"雅""礼"无须刻意而为之,而是深入血脉、深入灵魂的。"雅"在内,在于修养;"礼"在外,在于规矩。"雅礼"教育是一种教育思想,也是一种教育过程,"雅礼"教育是一种找寻于传统,但一定指向未来的教育。今天的"雅礼"应该是一种气质、品位、责任,由此将生出大情怀、大智慧、大担当。

这份思考,触动着我进行新的思索:新百年的雅礼中学应以一种什么样的姿态迈向广阔的未来?教育需要创新,但教育的创新不是提几句新口号就能达成的。在全国的基础教育版图上,关于学校发展理念、发展模式、办学宗旨的口号可谓多如牛毛,只有内涵式发展才是学校持续发展的根茎和动力,才是凝聚共同理念与共同价值追求的"定海神针"。

每当遇到一些需要反复思索的教育问题时,我便会翻翻校史书籍,翻翻以前的工作笔记,翻翻有关的教育书籍。长久以来养成的阅读习惯和思考习惯,往往在这个时候发挥出最大的效益。

"办一所影响学生一生的学校"就是在这样的状态下萌发的。这句话出现在脑海中的时候,我的内心充满着激动与兴奋。几年里,我们不断地关注人、培养人、成就人,树立起以学生发展为本的精神文化。面向新的百年,要想让这些精神文化更为丰富和鲜活,着眼点依然是学生,我们要让学生在这里奠定可以支撑长久人生发展的基础。在 2007 年春季开学教职工大会上,我以"为学生终身发展奠基"为题,就学校要为学生奠定什么样的发展基础进行了阐述:以德育为首,奠定学生的品行基础;以课堂为主,奠定学生的学力基础;以课程为体,奠定学生的创新基础;以健康为本,奠定学生的身心基础。为学生终身发展奠定品行、学力、创新、身心四大基础。

"为学生终身发展奠基"这句话以固态的形式只出现在了学校的一面墙壁上，不是一进校门的地方，也不是主教学楼里显眼的地方，而是信息楼里的一面墙壁上。（图1-4）这栋楼有学生喜欢开展大型活动的报告厅、实验室、排练厅、阅览室、图书室。为学生终身发展奠基，就要打破常态思维的边界，不仅传授知识，更要发展个性，培育综合素养。

图1-4   为学生终身发展奠基

"为学生终身发展奠基"既为学生奠基，也为学校开始新一轮的发展奠定了基调。如何推动树立起鲜明育人旗帜的雅礼中学驶向波澜壮阔的大海？开放性格局、内涵式发展、个性化特色的办学思路和开放、个性、自主三大育人策略应运而出。

走过以规模发展、布局调整、场地改造为标志的硬件建设阶段，雅礼教育开始聚焦内涵式发展，内涵式发展成为学校发展的战略。从教学的基础环节做起，在课程、教材、学生、教师等方面发力，摸索经验，凝练学校的理念，积累师生的情感，沉淀学校的文化。只有将内涵建设作为学校的核心竞争力，学校才能保持强大的生命力，才能真正创出品牌，才能将学生发展、教师发展、学校发展推向新的高度。

深厚内涵的建设，是一个需要十年、二十年乃至上百年不断孕育、积淀和总结的过程，绝非一日之功。学校是有生命的个体，学校的内涵式发展，说到底，就是学校文化和管理的创新，就是学校个性和特色的形成。

为此，学校开始设立内涵式发展的五大着力点。一是以教师为本。随着集团规模的扩大，学生人数过万，教师人数过千，队伍急剧扩充。来自不同地区的教师，虽然他们有着强烈的事业心、熟练的教学技巧，但由于各地的经济发展水平不一，之前所在的学校在教育理念上与雅礼中学有很多不同，面对的学生在文化背景、知识背景、成长经历等方面也与雅礼中学的学生有很大差异；因此，如何打造一支高素质、专业化的师资队伍，成为学校提高办学水平的重要任务。二是以教学为中心。学校以教学为中心，以课堂为载体。这是铁律。提高教学质量的关键在课堂，在特定的时空、特定的环境，更在教师有效的教学和师生的双边活动。把课程和教材的要求转化为学生的知识和能力，把理念转化为具体行为，是提高教学质量的有效途径。三是以科研为先导。研究发生在具体教学过程中的案例，解决教学中最普遍、最有影响力的问题，是提升教师专业水平的关键所在。四是以管理做保障。通过科学的管理，把先进的理念转化为有效的管理行为，集中精力办大事、办实事，达成目标。五是以特色树品牌。国际化不应仅停留在国际交流上，而应提高到以学习内容的选择性、学习方式的多样性为主要特征的教育发展上来；信息化不应仅停留在信息学奥林匹克竞赛上，而应提高到全体学生信息素养的培养、教师信息技术水平的提高与课程的融合上来；个性化不应仅停留在学生社团活动上，而应提高到全体学生的体育、艺术素养的培养和心理健康成长上来。

积攒内力，实施三大策略成为教育的自然舒展和延伸。

第一，实施"开放"策略。我希望学生在学校时心灵是敞开的，他们的潜能开发能得到最大限度的支持，他们的多元创意能在现实中得以呈现。2016 年，在迎接建校 110 周年的时候，学生们萌发了设计校庆纪念版校服的想法。布料的选取、服装的剪裁，甚至纽扣的设计都按照学生自己的想法完成，成品出来后，受到热捧。我希望师生之间关系更平等、更民主，教师传输给学生的不仅是学科知识，还有生活知识和正确的价值观念。我希望雅礼教育走出校门、走出城门、走出国门，与一切符合人类基本价值准则且优秀的文明对话，博采众长，不断强盛。

第二，实施"个性"策略。我希望每个生命在校园里都有出彩的机会，都可以释放出独一无二的光芒；每个个体既有雅礼文化的群性特征，又有接受雅礼文化熏陶之后发展而出的鲜明个性。

在教育的天地里，我们既要有整齐划一的草坪，又要有高低不一的森林。未来的国际竞争，必然会有激烈的高精尖人才的竞争。培养拔尖创新人才是雅礼教育实施"个性"策略的生动体现。

从 1992 年创办省理科实验班，到 2000 年获得第一块国际奥林匹克竞赛金牌（信息学）（图 1-5），再到 2010 年国家出台取消奥林匹克竞赛省赛区一等奖学生的保送资格的政策，雅礼中学在拔尖创新人才的培养之路上进行了艰辛的探索。奥林匹克竞赛何去何从？不保送了还要不要搞奥林匹克竞赛？这些问题的争论在教师、家长、学生中蔓延，惶恐、焦虑叠加产生着反作用力。基于对教育规律的把握和对拔尖创新人才培养的坚定信念，一方面，我与大学沟通对话，了解了人才结构的特点和培养方式；另一方面，我和同事与竞赛教练们一起研讨。最后，大家坚定了信心，并进一步规划了五大学科拔尖创新人才培养的课程体系及培养体系，对教练团队也进行了调整。教练老师更加投入，教练团队的协作更为有效。2011 年，生物学科实现国际奥林匹克竞赛金牌"零"的突破，信息学斩获两枚国际奥林匹克竞赛金牌；2013 年，化学学科实现国际奥林匹克竞赛金牌"零"的突破；2015 年，数学学科实现国际奥林匹克竞赛金牌"零"的突破；2018 年，物理学科实现国际奥林匹克竞赛金牌"零"的突破。至此，雅礼中学在五大学科国际奥林匹克竞赛中均获得了金牌，实现了大满贯，而当时能获得如此成绩的学校，全国仅有 6 所。截至 2019 年，学校拔尖创新人才的培养取得了丰硕成果。五大学科竞赛中，收获国际奥林匹克竞赛金牌 15 枚、银牌 3 枚，亚洲奥林匹克竞赛金牌 4 枚，国际金牌总数名列全国第六位。近 300 人次获得全国决赛金牌，其中，2013 年至 2018 年 92 人获得全国决赛金牌，名列湖南省第一位、全国第二位，120 余人入选国家集训队。学校通过清华大学、北京大学自主招生考核并被录取的人数从 2016 年至 2019 年连续 4 年保持全国第一。

时至今日，学校已成为学生个性的海洋。学校女子篮球队是全国冠军队伍，男子足球队、田径队享誉全国，雅礼交响乐团闪耀在维也纳的金色大厅。

第三，实施"自主"策略。我希望学校的管理少一些"命令"，多一些"自觉"。学生绝不能按图索骥式地成长，而应在自我约束的前提下，自由而灵动地生长。学生在学校的生活，是生命自我觉醒的过程，他们掌握着绽放生命的主动权，他们应当带着好奇心去感知秩序、实现想法、遇见问题并加以解决。学生"唱戏"，教师"搭台"，学校的许多活动应放手让学生自主完成。无论是常规的行为规范督查，还是学校运动会（以下简称校运会）、社团活动及校际学生干部论坛，学生都做得有板有眼、有声有色。

图 1-5　与雅礼中学第一块国际奥林匹克竞赛金牌（信息学）获得者
张一飞（右四）同学的合影

3. 走向新未来

2016 年，雅礼中学走过了新百年来的第一个十年。这么多年来，雅礼中学"为学生终身发展奠基""培养素质，发展个性"的理念已深入人心，内化成了教师的教育信仰和教育自觉，同时，得到了学生、家长、社会的广泛认可。多年工作的顺利开展，得益于班子的团结、进取，得益于全体教职员工的辛勤付出。在雅礼中学这片土地上，教育的美好理想总会引发共鸣、引人向前。

此时，雅礼中学无论是办学理念与办学成绩，还是办学格局与办学声誉，都实现了质的飞跃。雅礼教育的终极目标是什么？这一问题成了我脑海中常常思索的核心问题。

2015 年 4 月，经湖南省教育厅选拔推荐，我被遴选进入教育部卓越校长领航工程首期中小学名校长领航班。同年 7 月，在北京的第一次集中研修结束，我回到了长沙。通过一个星期的学习、培训、研讨，我更加坚定了自己的想法和行之多年的做法："不是办一所人云亦云的学校，而是要办一所养成学生健全健美人格、影响学生一生的学校，办一所有着精神追求、涵养生命气象的学校。"

雅礼中学走向未来的根本就在于涵养生命气象。

学校是以生命影响生命的育人场所，学校应当成为师生生命交融、共享生命之华的地方。教育的本质，是促进人的成长，教育应尊重生命的需要，完善生命的发展，提升生命的意义。人之为人的高度就在于其精神发展的程度，从人的肉体存在衍生而来的人的生命精神整体就是人的生命气象。在学校教育中，师生的生命气象体现出学校的整体生命气象。教育的对象是"人"，是"生命"，教育必须上升到人生的高度来展开。生命教育是着眼于学生未来的教育，是个性化的教育，是追求生命意义的教育。因此，要着力引领师生的生命状态阳光自信，生命品质优秀，生命格局中展现作为和担当，追求生命的全面、自由、可持续发展。

为此，在教学实践中，学校启动实施了学科教育"四化"：生命化、结构化、情境化、活动化。其中，生命化是根本方略，是教育的取向和旨趣；结构化是教学内容的有机组织和教学过程的逻辑展开，要求在学科逻辑、心理逻辑结合点上开展专题化、项目化的教学；情境化是"教育场"的营造，要求创设复杂、真实的情境，建立学习共同体；活动化是教学内容的动态生成和展开。师生在对话和交往中，实现完整、丰富的意义共生。

（三）迈向国际化

2001 年，恰逢雅礼协会成立 100 周年，当时新上任的我着手抓的第一件大事就是和李支应老校长一起筹备耶鲁大学雅礼协会成立百周年庆典。雅礼中学从创校之日起就与雅礼协会保持着联系，除在特殊时期中断联系外，双方的教育交流一直是湖南省开展国际民间教育交流的典范。

2001 年 5 月 10 日，这一天雨后初晴，艳阳高照，高朋满座，师生云集。时任耶鲁大学校长理查德·莱文博士率 80 多人代表团访问雅礼中学。（图 1-6）当莱文校长、德卫董事长、贾兰溪会长、唐之享副省长、谭仲池市长将覆盖在黑金砂石纪念碑上的红绸徐徐拉开，刻有"十年树木，百年育人"的纪念碑呈现在大家面前时，全场爆发出热烈的掌声。

这块纪念碑至今依然树立在学校校史馆的东北角，碑上刻有中文、英文两种文字。中文是竖排的"十年树木，百年育人"，英文是"Presented to Yali Middle School on the occasion of the 100th Anniversary of the Yale-China Association May

10，2001 Engaging the hearts and minds of Chinese and Americans for a century and beyond"（联结中美青年，相互诚挚同心，时经世纪见证，友谊继此长青）。碑的造型是青年教师朱双华设计的，它像一本线装打孔书，由黑金砂石做成，材质硬，耐雨水腐蚀。纪念碑既是雅礼中学与雅礼协会友谊的象征，更是雅礼中学于 21 世纪迈向国际的象征。（图 1-7）

图 1-6　2001 年 5 月，美国耶鲁大学理查德·莱文校长来访

图 1-7　雅礼协会成立 100 周年纪念碑

在雅礼协会成立 100 周年之际，耶鲁大学向我发来了庆祝建校 300 周年的邀请。在访问耶鲁大学的前夕，"9·11"事件的发生导致国际形势空前紧张，但我与李支应老校长、胡玉明老师还是毅然赴美。当我们出现在庆典现场时，耶鲁大学的师生

们表达了最热烈的欢迎。（图1-8、图1-9）这次访问一时间成为佳话，由此雅礼中学与美国福特学校结为友好学校，师生互访意向也随之达成。

图 1-8　2001 年，与李支应校长（左一）一起访问雅礼协会　　图 1-9　2001 年访问耶鲁大学

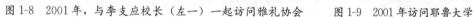

2002年5月21日，雅礼中学迎来了又一批海外朋友——23个国家的驻华使节来到雅礼中学进行了考察。我校50多名学生作为引导员，陪着外宾参观了校园。引导员们都操着一口流利的英语与外宾交谈，发音准确地道，外国使节们纷纷竖起大拇指，直称"太棒了"。一些外宾不禁好奇地问身边的同学："能告诉我，你们的英语为什么学得如此地道吗？"同学们介绍说，学校开设的英语课有悠久的历史，校园中也营造了浓厚的英语学习气氛。第二天，新闻媒体发表了文章，打出了《23个国家驻华使节来访，雅礼学生的英语口语"让翻译下岗"》的标题，轰动星城。

从《牛津英语》原版教材的使用，到学校每年一次的英语剧公演；从长沙市广播电视台每周一次的"雅礼英语脱口秀"节目，到耶鲁外教每天在雅礼英语图书馆举办的午间沙龙；从2004年陈广文老师到美国福特学校交流，到今天每一位英语教师到美国的进修学习；从2006年袁艺老师赴新加坡思源中学任教，到今天雅礼中学与十多个国家的学校互访；从21世纪以来每一任美国驻华大使来校演讲，到美国前任总统奥巴马为雅礼中学110年校庆发来贺电……雅礼中学搭建起一个又一个的平台，让每一个学生具备国际视野、国际交流能力的同时，自身也不断扩大着国际交流和国际影响力。

"国内一流，世界知名"，任何一个宏大的愿景，都必须通过实现一个个阶段性的目标来达成。2010 年，站在新十年的起点，我开始思考学校"十二五"发展规划。国家正处于一个战略调整期，机遇与挑战并存。《国家中长期教育改革和发展规划纲要（2010－2020 年）》明确提出，"鼓励普通高中办出特色""推动普通高中多样化发展"，要求学校进行战略调整，重新定位自己，加快改革创新步伐。"战略"一词，就是指作战的谋略，是宏观的、整体的、全局的。面对新机遇和新挑战，2010 年，学校确立了未来的发展战略：优质化、个性化、集团化、国际化。以优质化提升办学水平，以个性化彰显办学特色，以集团化整合教育资源，以国际化拓展教育视野。同时，学校明确了未来的行动策略，即实现五个转变。在价值追求上，从功利价值转向人本价值；在教育质量上，从智能发展转向智慧发展；在培养模式上，从单一标准转向多元并举；在教育管理上，从制度手段转向生命涵养；在教师发展上，从专业技能转向学术立校。

学术立校有利于教育回归本质，也是教育对接国际的重要途径。学校是繁育学术的地方，不论是教学实践，还是理论生成，学校里发生的一切都是学术活动。学校的作用不仅表现为传递已知领域的知识内容，而且表现在教育的创造性上。

在迈向国际化的征途上，学术立校必不可缺。

2011 年，积十年之功，雅礼中学国际部成立，这个蕴藏着雅礼教育国际化梦想的天地，打开了新的国际通道。（图 1-10）国际部聚焦心有家国、襟怀国际、培养学业、拓展能力四方面，开设了四大类课程。语言及备考类，如学术英语（English for Academic Purposes，EAP）、托福、雅思、学术能力评估测试（Scholastic Assessment Test，SAT）等；数学与自然科学类，如数学、物理、美国大学预修课程（Advanced Placement，AP）等；人文与社会科学类，如语文、政治、历史、英美文学、经济学等素质提升与能力培养类，如美国学术十项全能课程、生涯规划等。学校旨在加强沟通和理解的过程中，培养具有深厚的中华民族文化底蕴和科学知识、宽广的国际视野、主动的国际交往能力、较强的国际竞争与合作意识的人才，以教育国际化促进教育现代化，传播中华文化，展现中国自信。

时至今日，雅礼中学面向国际的教育发展之路，正在向我理想中的样子迈进。大批学生进入美国耶鲁大学、普林斯顿大学、麻省理工学院，英国剑桥大学、牛津大学等世界一流大学深造，他们在世界舞台上实现着人生梦想。

图1-10　2011年，雅礼中学国际部揭牌仪式

（四）探索集团化

1994年，《国务院关于〈中国教育改革和发展纲要〉的实施意见》指出："有条件的地方，也可实行'民办公助'、'公办民助'等形式。"在多项国家政策的影响下，普通高中办学体制出现多样化。2001年，《国务院关于基础教育改革与发展的决定》明确提出"大力发展高中阶段教育"，满足群众的教育需求，扩大优质教育资源。

2001年12月18日，湖南省重点中学年会在衡阳召开，会议释放出这样一种信息：加大重点中学的建设力度，走湖南之路，走改革之路，实现初高中分离，鼓励重点高中探索与其他教育资源合作办学的新模式。

记得那天突降大雪，公路临时封闭，学校派去的公车无法返回，但机遇不等人，会议一结束，没顾上吃晚饭，我便连夜冒着鹅毛大雪到火车站购买车票，从衡阳赶回学校，在回来的路上电话通知全体班子成员到会议室集中商量如何应对这一新政策。当时，长沙市没有特别优质的初中学校，初高中分离的政策一出，不仅群众享有优质教育资源的愿望会受到影响，学校发展也将面临新的问题。在与全体班子成员集中商量的过程中，大家都对这些问题进行了充分的讨论和研判。

从外部来说，条件已经具备。此时，长沙市提出，基础教育要通过资产重组，依托名校，组建教育集团；积极扶持发展重点中学，整合优质教育资源，满足老百姓的教育需求。雅礼中学通过深化体制改革，已经具备了组建雅礼教育集团，走集团化发展道路的条件。

从内部来说，雅礼中学的校园面积制约了学校的规模与发展。随着经济的发展，人民群众对于优质教育资源的需求越来越大。作为一所具有百年办学历史的三湘名校，雅礼中学有责任通过各方面的努力来满足人民不断增长的教育需求。发挥雅礼中学优质教育的影响力和辐射力已经成为雅礼人义不容辞的责任。

但是，教育集团是一种新鲜的事物，组建教育集团这种崭新的发展途径究竟应该怎么操作、如何实现，还是个巨大的未知数。

几天后，我在行政会上提出了组建雅礼教育集团的三个不同方案。一是择地再建新校，即在雨花区洞井镇天华村辟出一块约 13 万平方米的土地用以新建雅礼中学分校；二是收购民办学校，将北京大学附属中学湖南分校整体收购，创办民办学校；三是兼并薄弱学校，接管市直属薄弱学校，办寄宿制高中。会上，大家就三个方案的利弊进行了充分讨论，并交教职工代表大会决议。

2002 年 1 月，与北京大学附属中学湖南分校的谈判正式拉开序幕。直到"五一"国际劳动节，我和班子成员都还忙碌于与北京大学附属中学湖南分校的谈判中。最后，以 1.188 亿元整体收购北京大学附属中学湖南分校的意向达成。

2002 年 6 月 13 日，长沙市人民政府下发《长沙市人民政府关于同意组建长沙市雅礼教育集团的批复》。批复中说，同意组建长沙市雅礼教育集团，请按有关程序尽快办理集团登记手续。集团试行董事会领导下的校长负责制，雅礼中学校长任董事长，集团内分别实行国有公办和国有民办两种办学模式。原北京大学附属中学湖南分校所欠资金，由长沙市雅礼教育集团通过自身发展逐年偿还，必要时政府可实行"学校还本，政府贴息"的办法给予支持。希望雅礼教育集团通过整合学校教育资源，进一步探索和完善具有雅礼中学特色的办学模式，确保办学质量，提升品牌意识，争创一流，实现规模化、跨越式发展。

2002 年 6 月 20 日，长沙市人民政府在雅礼中学举行了雅礼教育集团成立授牌仪式，并举行了新闻发布会。雅礼教育集团宣告成立。（图 1-11）

图 1-11   雅礼教育集团成立暨新闻发布会

注：2002 年 6 月 20 日，雅礼教育集团宣告成立，由刘维朝校长任集团董事长。

虽然政府召开了宣告雅礼教育集团成立的新闻发布会，但是这仅仅是走集团化道路的第一步。收购北京大学附属中学湖南分校以后，还有许多复杂的问题等待着我们去面对和解决。

多少个不眠之夜，多少个提心吊胆的日子，换来的是让人兴奋的结果：整个过渡期间，没有任何学生或教师闹事，国家没有因此而损失任何财产。2002 年 9 月，雅礼寄宿制中学顺利开学。学校选派主管教学的副校长孙传贵任雅礼寄宿制中学校长，一方面处理学校移交过程中的各种遗留问题，另一方面抓教学质量，使学校快速形成区域影响力。

2003 年，雅礼教育集团构建起"一体、两翼、三中心、四统一"的格局。以雅礼中学为办学主体，以长雅实验学校、雅礼寄宿制中学为两翼，以与中央音乐学院附属中等音乐学校合作创办的艺术中心、与中国电信股份有限公司联合创办的网校中心以及国际教育中心为三大多元发展中心，集团内实行统一标识、统一管理、统一教学、统一评价，实行师生互动、资源共享、信息互通、优势互补的运行模式。

2006 年，国家开始对转制学校、国有民办学校进行规范。雅礼寄宿制中学正式更名为长沙市南雅中学，同时开始对学校教师编制、经费运行情况进行系统分析，为学校进一步的体制改革做准备。学校何去何从，只有两种选择，即"不进则退"，要么改为全民办学校，要么改为全公办学校。民办学校有较大的办学自主权，但公办学校可以解决教师的编制问题。为解决教师的后顾之忧，集团最终决定，长沙市南雅中学转为公办学校。2012 年，长沙市南雅中学正式转为公办学校。(图 1-12)

图 1-12　长沙市南雅中学

注：2002 年 6 月，雅礼教育集团收购北京大学附属中学湖南分校，创办雅礼寄宿制中学；2006 年 3 月，学校更名为长沙市南雅中学；2012 年 7 月，学校改制为公办学校。

2012 年，《国务院关于深入推进义务教育均衡发展的意见》提出，"深入推进义务教育均衡发展"。为实现这一目标，要求"推动优质教育资源共享""鼓励建立学校联盟，探索集团化办学，提倡对口帮扶，实施学区化管理，整体提升学校办学水平"。于是，集团化办学迎来了第二次浪潮。

随着义务教育的普及、高中教育的扩容，老百姓对优质教育的需求越发强烈，从"有学上"到"上好学"成为时代的强音。面对新的发展形势，让更多家庭享受优质教育的使命感越发强烈，雅礼教育集团发展的新蓝图在教育情怀和教育理想不断激荡的内心也越发清晰。

2009 年年底，我获得了一个信息，雅礼中学隔壁的湖南交通职业技术学院要外迁，原址教育用地置换做房地产开发。当时，长沙市由于初高中分离，优质的初中学校大部分搬到了城乡接合部，造成年龄小的初中生要起很早、跑很远去读书。于是，我立马找到市长，建议在城区保留这块教育用地。市长说，长沙市城区教育用地本身就稀少，教育用地都要空下来办学，不能搞房地产开发，这是造福千家万户的事。后市政府决议，原湖南交通职业技术学院的土地、校产全部移交给雅礼中学用于办学。由此，在 2012 年，长沙市雅礼实验中学得以创办，后经布局调整，长沙市雅礼实验中学搬迁至原长沙外国语学校左家塘校区。2016 年，在湖南交通职业技术学院的原址，长沙市中雅培粹学校成立。

　　如果说创办雅礼寄宿制中学是雅礼中学集团化办学的第一阶段，是基于教育体制改革的探索；那么，接下来就到了雅礼中学集团化办学的第二阶段，是基于教育的均衡发展阶段。第二阶段创办的第一所学校是长沙市北雅中学。应长沙市开福区人民政府的邀请，基于雅礼教育集团的结构布局，长沙市北雅中学得以创办，雅礼中学选派了本校教务处主任许春阳任该校的校长。（图 1-13）经过 200 多个日日夜夜的辛苦工作，一所崭新的学校屹立在了长沙城区的北部，而学校从签约到 2009 年 9 月顺利开学，也仅用了不到一年的时间，并在开学后极短的时间里成了老百姓家门口的优秀学校。随后创办的长沙市怡雅中学、雅礼雨花中学、长雅中学、雅礼外国语学校、雅礼洋湖实验中学、雅礼书院中学、雅礼麓谷中学、雅礼丁江学校、雅礼教育集团长沙市第十五中学、雅礼教育联盟长沙外国语学校等学校都成为区域优质学校。为满足社会对优质教育资源的需求，推动全省基础教育均衡发展，结合省政府确立的湖南省发展规划，雅礼中学又在长沙之外，创办了岳阳雅礼实验学校、怀化市雅礼实验学校、衡阳市雅礼学校等。

图 1-13　雅礼中学与长沙市开福区人民政府联合创办长沙市北雅中学

　　雅礼中学的集团化发展使雅礼中学的优秀文化得以输出和弘扬，在集团内部，文化的认同、融合和创新日益增强。

　　集团内各学校共同认同雅礼中学的办学理念和价值观，在传承的基础上，确立了自己学校文化特色的发展方向，使集团文化更加多元、更有层次，也激活了各校的生命力，形成了各美其美、美美与共的局面。（图1-14）

图 1-14　雅礼教育集团第十届素质教育（德育）研讨会

　　注：2011 年 3 月 12 日至 13 日，雅礼教育集团第十届素质教育（德育）研讨会隆重召开。雅礼中学、南雅中学、北雅中学、怡雅中学、雅礼雨花中学全体中层以上干部、年级组长、教研组长、支部书记、民主党派主委和班主任教师 240 余人参加了这次研讨会。

　　2015 年 8 月 13 日，《雅礼教育宣言》在集团工作会议上发布。宣言指出："我们始终认定，教育的目标是发展人，促成其未来成长和终身幸福……雅礼教育的核心理念是为学生终身发展奠基，致力于给学生奠定品行、学力、身心和创新的基础，使之具有自主发展的意识和能力、高尚完美的人格品行以及担当社会责任的核心素质……雅礼教育集团是学校发展的共同体，是价值的共同体、情感的共同体和师生发展的共同体……雅礼教育集团各学校，既秉承雅礼中学统一的价值追求和办学理念，又发展各自的个性；既传承百年雅礼的学校精神，又创新自己的学校文化。我们竭力实现集团内所有学校品质和内涵的提升，促进各学校向优质化、个性化、国际化的目标迈进，共同办成人民满意的学校，培养更多优秀人才。"

（五）社会责任担当

1. 帮扶薄弱学校

从担任市督学到省督学，再到现在的国家督学，我在不同的学校行走，区域与区域之间的教育差异、区域内学校之间的教育差异，总会让我在心中产生一种强烈的反差，同时也在不断强化一种责任。

2003 年，雅礼中学与贵州省黎平第二中学结成帮扶对子。在帮扶的过程中，区域之间的教育差异深深触动着我，"助推教育均衡发展"烙在了心头。在后来的岁月里，但凡有机会能为助推教育均衡发展尽一份力，我都会为之努力。

2008 年，四川发生了大地震，湖南省对口支援理县，雅礼中学接收了一批来自理县的学生就读。为了帮助学生们走出地震带来的阴影，拥有更好的学习和生活环境，安心备战高考，我为临时组建的理县文一班选配了最优秀的师资，为学生们开设了专门的食堂，和学生们一起过中秋，直到送他们登上回家的列车，这份特殊的帮扶工作才算告一段落。

2013 年，雅礼中学开始对口支援宁乡市第七高级中学（以下简称宁乡七中）。宁乡七中是一所历史悠久的农村高中，地处长沙市西隅，受地域、资金、师资、生源结构等因素的长期影响，要想在短时间内迅速摆脱困境，其艰难可想而知。但对于我而言，必须迎难而上，只有用心帮扶、真帮真扶，才有实效。（图 1-15）

图 1-15　帮扶宁乡七中工作交流会

我们通过全方位的"问诊"调研，帮助宁乡七中确立了足球、心理学科以及学生社团等重点发展项目。根据这一需求，雅礼中学向宁乡七中派出优秀骨干教师，对其项目发展建设进行"点对点"重点帮助。从立项到起步，从起步到发展，从无到有，从弱到强，几年下来，宁乡七中的优势特色项目逐渐发展起来，学校足球队、心理咨询室、10 多个学生社团得以建立并不断发展。宁乡七中的高考成绩实现快速提升，高考一本、二本上线人数连续翻番，一本、二本两方面的质量指数均处于区域内同等学校之首，同时，一本、二本上线总人数创造了学校历史新高。宁乡七中的发展实现连锁式反应，师生的精神面貌与生命气象焕然一新，学校口碑也从曾经的谈"七"摇头到今天的首肯宁乡七中。

从 2007 年起，雅礼中学对口支援长沙市稻田中学、长沙市天心区建业中学，之后又与慈利县第一中学、靖州苗族侗族自治县第一中学、长沙大学附属中学、浏阳市第二中学等学校结成帮扶对子。我将教育帮扶之路，视为教育人生的一种独特的行走，这种行走与在雅礼中学的教育行走交汇又平行，总会激励我看向更广阔的天地。

每所帮扶学校都有着办学历史与办学文化，有一定的办学业绩和良好的办学传统，即使在办学陷入低谷期，他们对发展优质教育、培育高素质现代人，始终保持美好的向往。如今，这些帮扶学校已在借鉴雅礼中学教育模式的基础上，实现了新的蜕变，有了更强的生命力。

2. 名校长工作室

2014 年 6 月，教育部开始实施"校长国培计划"——卓越校长领航工程，这是国家最高级别、最具引领作用的培训，在全国遴选了 61 位校长，成立了首批"名校长工作室"，引领区域乃至全国教育发展。2015 年 7 月，在中央文史研究馆馆员刘彭芝校长领衔的中国人民大学附属中学培养基地的指导帮助下，教育部卓越校长领航工程刘维朝校长工作室（全国首批名校长工作室）在雅礼中学成立，来自全省的 22 位中青年校长走进了工作室，一个凝聚共同教育精神、共同教育情怀、共同教育愿景的教育共同体携手而生。（图 1-16）

苏联教育家苏霍姆林斯基说，一个好校长，就是一所好学校。以自身的从教经历影响更多的校长，为全省培养一批优秀的中青年校长，我感受到了使命的重大。

如何让学员们在三年培训期满后，成长为好校长、名校长？

22 位校长学员，22 份培养计划。三年的时间里，校长们参加我每周一次的行政会，我把每次的行政会都开成了校长的培训会，既有政策研读、方向引领，也有理论探索、实践思考，更有问题解决。平时的培训是碎片化的，集中的研学是系统性的，通过专家引领、教育论坛、思想分享、专题研讨，提升校长的专业能力。（图 1-17）工作室既关注个性培养需求，更着力于探索新型校长培养之路。

图 1-16　教育部卓越校长领航工程刘维朝校长工作室授牌仪式

图 1-17　教育部卓越校长领航工程刘维朝校长工作室集中研修

湖南省历来崇文重教，基础教育有着鲜明的特质。"以道驭术，术必成。"工作室只有开拓出教育之道，才可能向着深层次发展。什么是要开拓的教育之道？立足教育发展趋势，"人本""个性""终身发展""生命气象"等词汇显现了出来。围绕这些关键词，工作室逐渐形成了一个互相影响、相互砥砺、共同提升的文化场，学员们根据自身教育实践，在这个文化场中开始向形成自己的办学思想迈进。

一位好校长，不仅要有自己的思想，更要有高超的课程领导力。学校的生命和活力在于课程，我引领校长学员们牢牢抓住贯彻立德树人、落实核心素养这一根本，从课程的设置、开发、组织、评价入手，多方面进行研究探讨。各校长学员因地制宜，着手建设学校新课程体系。校长学员们在教育实践中大力开发校本选修课程，丰富了学生的课程选择，满足了学生的发展需要，为学校创设出独具特色的新课程，赢得了社会的认可。

一位好校长还要有深厚的学术研究力。以课题研究为载体，我整合了工作室成员学校的资源，以研促改，促进各校质量和内涵的提升；开展《涵养生命气象的普通中学内涵发展战略实践研究》等多项课题研究，指导校长学员参与研究，并在研究的过程中，直接将课题成果转化为实践经验，拓宽校长学员的教育视域，提升战略规划能力，在知行合一中，实现共生共长，极大地推动了校长学员、学校教师的专业发展和课堂方式的变革。

三年的时间里，在"开放"与"共享"中，工作室学员集聚资源，互相帮助，互相扶持，在省内不仅形成了一个教育智慧的高地，更为全省校长培训提供了新型样本。

3. 履职人大代表

从1997年当选长沙市政协委员，而后又当选市党代表、省党代表、省人大代表，到2018年当选全国人大代表，我一直在为教育建言献策。20多年间提交过多少次提案、议案，我没有做过详细统计，但为教育发展及时建言成了我人生当中不可或缺的一份使命。

2018年，我当选为全国人大代表，去北京参加"两会"，步入庄严雄伟的人民大会堂，我感到无比激动。

对于首都，我有着难以割舍的情结。在这里，我开启了我的学生时代，在这里，我迈入了我人生的万千世界。时隔40余年，我带着为教育建言的使命回到首都，心潮澎湃，激动无比。

2018 年 3 月 12 日让我尤为难忘。这天上午，中共中央政治局常委、国务院总理李克强参加第十三届全国人民代表大会第一次会议湖南代表团第七次全体会议的审议。我作为湖南代表团推选的六名发言代表之一，当面向总理汇报了教育工作，提出了对政府工作报告的审议意见。

为做好审议发言，我在会前围绕"大班额"问题开展了调研。据初步统计，湖南省的"大班额"比例为 22.4％，"超大班额"比例为 8.6％，"超大班额"比例在20％以上的县（市、区）有 14 个。据测算，2020 年前基本消除全省义务教育阶段56 人以上的"大班额"需要资金 135.1 亿元，其中，2018 年基本消除 66 人以上的"超大班额"需要投入资金 45.1 亿元。加上消除高中的"大班额"和"超大班额"，校舍问题棘手，经费缺口较大。而很多省、区、市，也面临着同样的难题。

审议中，我向总理建议：推动义务教育城乡一体化发展，必须尽快消除城镇"大班额"。关键是要加大对教育的资金投入，重点发展有质量的农村教育。听到"大班额"的问题时，总理饶有兴趣，立即发问："你说'大班额'的比例是22.4％，总人数大概是多少？"我答道："小学生 51 万名左右，初中生 30 万名左右，加起来大约 81 万名。"

总理追问："这里面是不是不仅仅存在校舍问题，而且存在师资问题？"我回答："两方面的问题都有。目前校舍问题更棘手，特别是新建学校或校舍的难度大，靠学校自身很难解决。在农村，师资问题更突出一点，工资待遇不高，留不住优秀教师。"总理又追问："你说的这个'大班额'的问题主要发生在农村还是城市？"我说："城市更突出一些。"

我提出了以下建议。希望国家加大对义务教育阶段的投入，出台推动农村教育高质量发展的措施。制定城镇优质学校集团化办学向农村延展的支持政策，用集团化办学的高效、集约方式补齐农村教育的短板。鼓励城区教师向乡村流动，并予以政策、经费、待遇等方面的保障，让农村教育和农村学校有吸引力。

听了我和其他几位代表的发言后，李克强总理回应，代表们提出的很多建议都有道理，不少都和全国大政策有关。"国务院有关部门的同志也来了，你们要认真研究采纳，有关情况要向我书面报告。"李克强总理强调，"要用有力的人才支撑来推动湖南经济转型升级和民生改善。创新最基础的要素还是人。要推动基础教育发展，把'互联网＋'利用起来，让优质教育资源覆盖更多的人口，通过'互联网＋'表现出个性化，让农村的学生享受得到。政府要拿出钱来加强硬件方面的建设，特别是要加快为农村学校的校舍配上宽带的速度，推动城镇学校和农村学校挂钩，通过加强校舍建设和改造校舍等办法，化解'大班额'问题。"（图 1-18）

图 1-18　第十三届全国人民代表大会第一次会议湖南代表团第七次全体会议的审议

当天下午 3 点，国家发展和改革委员会 10 个司局的负责人赶到湖南代表团驻地，邀请上午发言的代表座谈，对接、研究所提建议的落实方案。之后不到一个月，我收到国家有关部委的答复：2018 年，中央财政将安排城乡义务教育补助经费预算 1446 亿元、农村义务教育薄弱学校改造补助资金预算 360.5 亿元，分别比 2017 年增加了 20 亿元、5 亿元。对此，我兴奋不已。李克强总理仔细听了我的发言，肯定了我的审议意见，我强烈地感受到了党和国家领导人及国家各部门务实高效的工作作风。

有了国家的重视和支持，湖南省消除"大班额"的工作快马加鞭。2019 年 1 月 26 日，湖南省人民政府省长在做政府工作报告时说，"义务教育'超大班额'基本消除"。听到这个消息，我再次兴奋不已。

此外，为推动湖南城乡义务教育均衡发展，李克强总理在听了我的发言后，当场还要求财政部、教育部等部委的负责人支持湖南省推动教育信息化进程的工作。2018 年 8 月，教育部批准湖南省作为全国唯一的省份组织开展教育信息化 2.0 试点省建设。2018年年底，湖南省人民政府印发《湖南省"互联网＋教育"行动计划（2019—2022年）》，湖南省教育信息化建设进入"2.0时代"。（图1-19）

图1-19　参加全国人民代表大会

拓展阅读

在担任全国人大代表期间，我还曾提出有关"纵深推进高考改革"和"统一编订中小学心理健康课程教材"的建议，引发各方关注。

自1977年恢复高考制度以来，我国高考历经多次改革，基础教育和高等教育的办学质量得到了大幅提升，但其中也存在不少问题。进入新时代后，我国比历史上任何时期都更接近实现中华民族伟大复兴的宏伟目标，也比历史上任何时期都更加渴求人才。高考衔接着基础教育与高等教育，一直被视为中国教育改革的指挥棒，指引着人才培养的方向。在国际竞争日趋激烈的今天，我们迫切需要纵深推进高考改革来建设"人才强国"，为实现中华民族的伟大复兴培养更多更好的人才。为此，我提出了纵深推进高考改革的建议。一是构建与高考改革相配套的教育体系。应不断提升职业教育质量，不断完善本科高校分类体系，并增加高校数量。二是改革高考考试科目设置与考核方式。应建立"五育测评体系"，落实"五育并举"教育方针；调整高考考试科目及内容设置，适当降低英语学科的分数在高考总分中的权重，提升语文学科的分数在高考总分中的权重，将历史学科确立为高考必选科目。三是改革录取方式。应明确高校招生考试的方式与内容，增加大学招生的自主权限，强化社会监督。

另外，我也特别关注中小学生心理健康问题。当前全国各地中小学的心理健康教育正蓬勃发展，但是统一部编教材的缺乏，在很大程度上限制了中小学心理健康教育整体效果的提升。若能尽快统筹相关资源，统一编订中小学心理健康课程教材，规范并优化心理健康教育的实施，切实提升心理健康教育的整体效果，将为学生的全面发展、终身发展奠定好的基础。所以我建议，一是加强心理健康教育课程论的研究，为一线教学的开展提供理论指导和方向性意见，把心理健康课程建设成一门真正有价值、受学生欢迎、助学生成长的课程。二是组织专家、一线教师共同编订好教材。既要考虑教材的科学性与指导性，也要考虑教材的实用性与可操作性，平衡好理论与实践的关系，让教材成为真正助力中小学心理健康教育的利器。教材内容的整体安排要注重系统性和逻辑性，注重学生在不同年龄阶段的心理发展特征以及他们将要面临的问题，做好教学内容的科学规划，真正促进学生的心理健康发展。同时，也应在教材中提供帮助学生进行自我心理调适的材料。教材内容要源自学生生活，考虑学生的实际需求，取自学生、用于学生，不同阶段各有侧重，帮助学生渡过难关，更好地促进学生的成长。三是发挥好教材在教师培训、心理健康教育中的作用。

这是两份比较有影响的建议，引发了广泛的关注和思考。我深感，关心国家未来、关心教育发展的心灵是相通的。

自 1981 年参加工作，转眼间，我已从教 40 个年头了。我常说，人生很短，一辈子做一件事足矣。虽然有过困顿，有过焦虑，有过犹豫，但未有岁月蹉跎之感。生在红旗下，长在红旗下，奉献在国家崛起的各个阶段，着实是人生难得的际遇。经历了长久的耕耘，国家也给了我很多荣誉：全国教育系统先进个人、享受国务院特殊津贴专家、国家督学、教育部首批领航名校长、全国人大代表、电力部优秀教师、湖南省徐特立奖获得者、长沙市社会科学优秀人才、长沙市优秀专家……荣誉不属于个人，属于雅礼中学，属于雅礼人。荣誉只代表过去，不代表现在，更不代表未来，唯有努力奋斗才最光荣。

我深深爱着雅礼中学这片土地，我深深爱着教育。

我的教育观

　　我的个性教育观既来自我的教育实践，也源于我对古今中外个性教育思想的学习和体会。对古今中外个性教育思想的梳理和思考，拓展了我的思考空间和实践空间。从根本上说，我通过深入思考和实践形成的个性教育观围绕培养什么样的人、如何培养人这一教育的基本问题展开。总体而言，我的个性教育观以"尊重个体差异"为基本出发点，以"涵养生命气象"为基本目标，基本路径是从个体差异出发，将学生的培养放在人类全体"大生命"向个体敞开的"生命场"中，涵养生命的大气象。从这一培养人的基本出发点、基本目标、基本路径出发，我提出了相应的课程观、学生观、教师观和学校观。

一、个性教育思想溯源

　　在我看来，个性教育思想无论在东方还是西方，都有悠久的历史渊源。在平时的工作之余，我通过广泛而深入的阅读，对古今中外个性教育思想做了大致的梳理。边梳理边体会，这些思想让我对培养什么样的人、如何培养人这一教育的基本问题有了更深刻的认识。这些思想深刻地影响着我的教育观念和办学实践。

（一）中国个性教育思想溯源

　　我国古代并无"个性"一说，但言及"性"者，却不胜枚举。"性"，就字形而言，从"心"从"生"。从"心"，则与心情、情绪、内心和精神有关；从"生"，则以其篆文像草木破土而出、发芽生长之形，喻示生物的繁衍生息。"性"之本义为本性、天性。生来之本心即为"性"。"心"为内在，"生"为表现。"性"是事物的性质和人的品性，又泛指一切事、物、人的本质；既表现出共性（普遍性），又表现出个性（特殊性）。就事物而言，有性质、性能、性状、属性等；就人而言，有性格、性情、性别等。

　　中国古代教育思想中有关个性教育的观念最早可以上溯到诸子百家争鸣的先秦时期。《庄子·至乐》中记载："昔者海鸟止于鲁郊，鲁侯御而觞之于庙，奏九韶以为乐，具太牢以为膳。鸟乃眩视忧悲，不敢食一脔，不敢饮一杯，三日而死。"鸟为何会死呢？庄子总结说，"此以己养养鸟也，非以鸟养养鸟也"，即这是在以养人的方式养鸟，而不是在以养鸟的方式养鸟。其中所寓含的思想便是要"以鸟养鸟"。推及教育，就是要考虑施教的对象和方式，选择适合受教育者的教育方式与内容，不以己教人。

"因材施教"是孔子传统儒家教育思想中最能体现个性教育观念的方面。孔子门徒众多，秉性各异。对此，孔子采用谈话和观察，即"听其言而观其行"的方法，了解并熟悉学生的特点和个性，从学生的实际出发进行教育。《论语》中也有多处记述，"柴也愚，参也鲁，师也辟，由也喭""由也果""赐也达""求也艺"。有的"千乘之国，可使治其赋也"，有的"千室之邑，百乘之家，可使为之宰也"，有的"束带立于朝，可使与宾客言也"。在孔子的教育下，其弟子大都各有特长，身通六艺。"德行：颜渊、闵子骞、冉伯牛、仲弓。言语：宰我、子贡。政事：冉有、季路。文学：子游、子夏。"

孟子在孔子"因材施教"的思想基础上进一步强调"教亦多术"。他提出，"君子之所以教者五：有如时雨化之者，有成德者，有达财者，有答问者，有私淑艾者。此五者，君子之所以教也"。孟子在这里列举了五种教育方式，这些不同的教育方式是根据学生自身的不同情况总结出来的宝贵的教育教学经验，对当今的个性教育具有启发和借鉴意义。

此外，传统儒家个性教育观念还体现在"教学相长"、启发式教学等教育思想和方式方法中。

春秋战国时期，思想的繁荣间接造就了教育的繁荣，随之兴起的便是对教育的讨论，这为后世的教育发展奠定了坚实的基础，也使得"因材施教""教亦多术"的思想深入人心。

之后，汉代董仲舒在《举贤良对策》中系统地提出了"天人感应""大一统"学说和"罢黜百家，表彰六经"的主张。董仲舒认为，"道之大原出于天"，自然、人事都受制于天命，因此，反映天命的政治秩序和政治思想都应该是统一的。董仲舒的思想强调家国天下一体，我们今天强调个性教育和共性教育的统一，强调培养学生的家国情怀，可以借鉴和吸纳这种思想资源。

中国古代的教育思想发展到明代，出现了以陈献章、王守仁等为代表的一批强调个人主体价值的思想家和教育家，他们反对恪守教条、迷信权威，主张独立思考，提出了人的价值和潜能的问题。陈献章确立"宗自然""贵自得"的思想体系，高扬

"宇宙在我"的主体自我价值，突出个人在天地万物中的存在意义。王守仁更鲜明地彰显了教育的个性色彩。他主张"心即理"，这个理就在每个人的心中，它无须外在的强制性束缚，人人都能自我控制，于是理就从天上降到了人间，由客观精神（天理）转变为主体意识（良知），而主体意识，即人的精神离不开物质的躯壳，因而这个具有物质性的东西——心，就成为性和理的依据和基础。王门后学正是沿着这条路线走下去的，到陈确的时候便提出了"人欲正当处即是理"的观点。这样，它就走向了近代资产阶级的自然人性论——人性就是人的自然情欲、需求和欲望。它为中国近代教育思想的发展，垒起了最初级的台阶。①

到了近现代，尤其是五四运动之后，我国个性教育思想的发展迎来了一个质的飞跃，它超越了古代朴素的个性教育思想，开始将个性发展与人的身心成长规律和社会政治、经济发展统一起来，体现出了自觉性和唯物辩证性。比如蒋梦麟，他提倡尊重个人价值，发展个人天赋之特性。他认为，新教育就是要培养"活泼泼的个人"。他还指出，"共和国的作用，就是尊重并保护个人价值；教育的目的，则是为了发展个性，培养特长，进一步增加个人价值"。再如蔡元培，他在批判旧教育的基础上，形成了"学生全面和谐发展""尚自然，展个性"的教育思想。他批判旧教育束缚学生个性，违反人的身心发展的自然规律，死守成法，强求划一。"是教者预定一目的，而强受教者以就之；故不问其性质之动静，资禀之锐钝，而教之止有一法，能者奖之，不能者罚之，如吾人之处置无机物然。"因此，他提出，"教育者，与其守成法，毋宁尚自然；与其求划一，毋宁展个性"。② 他曾谆谆告诫清华学生要发展个性，"分工之理，在以己之所长，补人之所短，而人之所长，亦还以补我之所短。故人类分子，决不当尽归于同化，而贵在各能发达其特性"。③ 又如陶行知，他于20世纪30年代在生活教育理论的基础上，发展了创造教育思想，其核心内容就是强调要把学习的自主权交还给学生。他认为，要尊重孩子、亲近孩子、引导孩子，充分挖掘孩子的潜能，培养学生的创造力，让其最大限度地发展和成才。为此，陶行知

---

① 高谦民：《论我国古代教育思想的基本特征及其近代发展趋势》，载《河北师范大学学报（教育科学版）》，2006（6）。

② 高平叔：《蔡元培教育论著选》，154~155页，北京，人民教育出版社，1991。

③ 高平叔：《蔡元培教育论著选》，81页，北京，人民教育出版社，1991。

通俗易懂地提出了六大"解放"：解放学生的头脑，使之能想；解放学生的双手，使之能干；解放学生的眼睛，使之能看；解放学生的嘴，使之能谈；解放学生的空间，使之能接触大自然和大社会；解放学生的时间，不逼迫他们赶考，使之能学习自己渴望要学的东西。①

五四运动后，一批接受了马克思主义的教育家，更加注重把学生个性发展和中国社会的革命联系起来。中国最早传播马克思主义的先驱李大钊在论及社会改造与青年教育的关系时，就把青年的个性塑造作为青年教育的重点，并把青年知识分子与工农运动相结合作为青年个性教育的重要条件。② 毛泽东也将个性解放与民主主义革命和社会主义建设统一起来。他在 1944 年致秦邦宪的信中提出："我在改文中加上了解放个性，这也是民主对封建革命必然包括的。有人说我们忽视或压抑个性，这是不对的。被束缚的个性如不得解放，就没有民主主义，也没有社会主义。"③

中华人民共和国成立初期，人们对于个性的理解，是来源于马克思主义的，认为"个性"既包括人们彼此相同的共性，也包括差别性，两者是辩证统一的。对"个性"的这种理解显然是相对科学、全面且富有辩证性的理解。

党的十一届三中全会后，在解放思想、实事求是的精神指引下，个性研究也取得了新的进展。研究者普遍认为，人的个性具有独立性、独特性、创造性、完整性四个特征。落实到教育上，基本上是以学习成绩差异作为个性教育的主题，因材施教。进入社会主义市场经济时期后，研究者的认识进一步发生改变。他们认为，不同的人由于素质、环境和教育条件相互配合的契机不同，个性特长的显露会发生在不同的年龄和不同的方面，强调个性教育必须成为一种具有内在的丰富性、多样性的活动，才能使个性得到充分、自由的发展。1999 年，《中共中央　国务院关于深化教育改革全面推进素质教育的决定》颁布，国家开始在幼儿教育、中小学教育、职业教育、成人教育等各级各类教育和学校教育、家庭教育和社会教育等各个方面大力发展素质教育。强调人的主动发展，反对以往将社会的、成人的要求强加给学生的做法，主张给学生提供发展的自主性，让学生生动活泼地发展；强调个性发展，

---

① 董宝良：《陶行知教育论著选》，637 页，北京，人民教育出版社，1991。

② 刘文霞：《个性教育论》，博士学位论文，南京师范大学，1997。

③ 毛泽东：《致秦邦宪》，载《教学与研究》，1984（1）。

要求打破应试教育下"大一统"的人才培养模式，反对将人"制造"成统一规格的产品，主张教育要尊重个体之间的差异，并为他们提供尽可能丰富的发展空间。2001年，我国在《基础教育课程改革纲要（试行）》中进一步明确提出："使学生在普遍达到基本要求的前提下实现有个性的发展。"2010年颁布的《国家中长期教育改革和发展规划纲要（2010—2020年）》中提出："关心每个学生，促进每个学生主动地、生动活泼地发展，尊重教育规律和学生身心发展规律，为每个学生提供适合的教育。"2019年，由中共中央、国务院印发的《中国教育现代化2035》提出了包括"更加注重因材施教"的推进教育现代化的八大基本理念，指出应"创新人才培养方式，推行启发式、探究式、参与式、合作式等教学方式以及走班制、选课制等教学组织模式，培养学生创新精神与实践能力"。这些政策表明，教育的发展要以培养学生的良好个性，尊重学生的身心特点和个性差异，为每一个学生提供最适合他的教育，促进学生的成长成才为根本宗旨。这是社会发展在培养具有良好个性品质的人才方面对当前的教育提出的要求。

（二）外国个性教育思想溯源

西方个性教育思想可追溯至古希腊、古罗马时期，以苏格拉底、柏拉图、亚里士多德、昆体良等为代表的古希腊思想家、教育家的思想中都不同程度地闪烁着个性教育思想的火花。柏拉图曾说过，教育的任务在于发现各人的特长，并且训练他尽量发展他的特长，因为这种发展最能和谐地满足社会的需要。亚里士多德把教育作为一种个人发展的过程放在了第一位。昆体良则是西方最早注意到学生个性差异并提倡根据学生的个性差异进行教育的教育家。[1] 他认为，人的心性是不同的，倾向各异，教育应根据其禀性、倾向进行施教，并且要遵循学生的年龄特点，了解、确定学生在不同年龄阶段的接受能力。

自18世纪起，西方国家对于个性教育进行了颇为全面的研究，其研究成果极为丰硕，影响也极为深远。例如，法国18世纪启蒙思想家、哲学家、教育家让-雅克·卢梭认为出自造物主之手的东西都是好的，而一到人的手里就全变坏了，因此，

---

[1]　蓝成业：《论个性教育》，载《当代教育科学》，2003（19）。

他主张自然教育，听任人的身心自由发展，注重受教育者的独立性和独特性。卢梭将个性发展和社会生活截然独立起来，带有浓厚的浪漫主义色彩。瑞士著名民主主义教育家裴斯泰洛齐在继承卢梭自然教育观的基础上，主张"尊重学生的个性和人格"，用尊重学生个性的"实物教学法"和"自动教育"，激发学生独立思考和自主活动。他认为，每个人都具有一些自然赋予的、潜在的力量与才能，而教育的目的就是要全面、和谐地发展人的一切天赋、力量和才能。在19世纪的英国社会，教育普及，但教育质量明显下降。约翰·斯图尔特·密尔敏锐地意识到，如果不能有效地提高教育质量，不注重培养人的个性，可能造成集体平庸，进而影响社会乃至人类自身的发展。一方面，他强调个性教育的意义和价值，认为个性多样化是人的生活多样化的前提，生活多样化可以形成思想和言论的多样化，不同的思想和言论之间进行自由的讨论可以形成真理，进而提高民智，推动社会的进步；另一方面，他在具体层面对个性教育做出了深入的探讨，提出培养公民的首创性和自主性是个性教育的主要内容，"温和环境决定论""儿童中心主义""自由教育论"是指导个性教育实施的主要思想，权威和纪律是个性教育实现的保障和原则。[①] 与之相呼应的是美国著名的思想家拉尔夫·沃尔多·爱默生的教育思想。爱默生强调个人的潜能和天赋，相信教育的过程就是人的天性自我展开的过程，教育的秘密在于尊重学生，要以爱心和耐心顺应学生天性的自然发展。按照这样的逻辑出发点，教育培养出来的人显然是自信、自立、能够自我发展的，这也是爱默生个性教育思想的最终归宿。[②] 爱默生在思想研究方面见解深刻，但其教育观念还只停留在宽泛的层面。

19世纪末20世纪初，西方现代个性教育思想主要凸显于新教育思想、自由主义教育思想、进步主义教育思想、实用主义教育思想等教育思潮中。进步主义教育思想和实用主义教育思想的代表人物约翰·杜威提出"学生中心论"，注重学生的个体经验，强调学生的个性发展和社会进步的关系、个体与群体的关系。意大利幼儿教育家玛利娅·蒙特梭利在幼儿教育领域对个性教育的研究也对世界产生了重要影响。她认为，在幼儿教育的过程中，教师要热爱幼儿，尊重幼儿的主体性，为幼儿的健康发展创造良好的心理环境；幼儿教育应该根据幼儿整体的生理、心理、年龄

---

① 李荣亮：《约翰·密尔论个性教育》，载《教育学术月刊》，2015（9）。

② 王赛芬：《爱默生个性教育思想研究》，硕士学位论文，上海师范大学，2011。

特点考虑幼儿的群体差异，根据幼儿个人的天赋、特长、兴趣、爱好考虑幼儿的个体差异，开发特色课程，有针对性地进行教育。① 20 世纪 80 年代，多元智能理论的创立者、哈佛大学教授霍华德·加德纳提出："如果说过去的千年带来了更多的民主，下一个千年带来的就是人的个性化；个性化并不意味着自私自利，而是意味着对每一个人更加理解和尊重。"②

马克思主义关于人的全面发展的观点以及以安·谢·马卡连柯、苏霍姆林斯基等人为代表的苏联时期的教育家的教育理论和思想也对个性教育给予了不同程度的重视。马克思主义关于人的全面发展的观点既承认人普遍发展的可能性，又承认人发展的个别差异性。他认为，每个正常的人都有各种能力及潜在的发展基础，只要社会为其发展创造条件，人的各种能力都会得到发展；同时也认为，由于每个人先天的生理条件和后天所处的社会环境不同，人与人之间也存在着种种差异，这种差异也正是人的个性。③ 在马克思教育思想的指导下，苏联教育界进行了有效的研究与实践。例如，苏联著名教育理论家和教育实践家马卡连柯就极其重视个性教育。他曾把教育目的归结为"人的个性的培养计划"，在他看来，教育就是"要根据个人的品质、个人的爱好和个人的能力，把个性向最适合于我们需要的那个方向发展"。④ 他的"集体—个性"的辩证统一观便极具创新意义。他说："它既是总的和统一的方法，又是使每一个单独的个人能发挥自己特点、能保持自己个性的方法。"⑤ 他所说的方法便是集体教育的方法，即组织培养教育性集体，在集体中培养个人。他既不承认脱离集体的纯粹的个体，也不承认脱离个体的纯粹的集体，集体与个体是作为一个双重的统一的对象呈现在教育者面前的。马卡连柯的个性教育思

---

① 张育文：《蒙台梭利教育闪烁个性教育的光芒——蒙氏教育对我国幼儿园的启示》，载《才智》，2010（32）。

② ［美］霍华德·加德纳：《重构多元智能》，沈致襄译，181～182 页，北京，中国人民大学出版社，2008。

③ 杨兆山：《教育学的"个性"概念》，载《中国教育学刊》，1996（4）。

④ ［苏联］安·谢·马卡连柯：《论共产主义教育》，刘长松、杨慕之译，240 页，北京，人民教育出版社，1981。

⑤ ［苏联］安·谢·马卡连柯：《马卡连柯全集》第五卷，刘长松、杨慕之、李子卓等译，342 页，北京，人民教育出版社，1956。

想在苏霍姆林斯基的教育理论和教育实践中得到了全面、创造性的发展。"个性的全面发展和道德的完善，就是共产主义教育的宗旨。"① 苏霍姆林斯基反复强调，"全面"和"和谐"是个性发展的不可分割的两个方面。要实施青少年个性全面和谐发展的教育，必须要实施多方面的教育，如课内教育与课外教育相结合，德、智、体、美相协调等。

综览历史，可以发现，个性教育思想经历了从"因材施教"的朴素个性教育，到"顺其自然"的浪漫主义个性教育，再到"个性发展"与"社会进步"相统一的唯物辩证的个性教育三个不同的发展阶段，充分体现出古今中外思想家、教育家对这一主题在认识上的不断深化和拓展，为当代中国个性教育的发展提供了丰富的历史经验和启示。

二、个性教育内涵阐释

人的发展是指由生物人转化为社会人的过程。人的成长既意味着"人之为人"的共性的充分实现，也意味着人之为"这一个人"的个性的充分表达，是二者的有机统一。在这个过程中，由于受先天禀赋和后天环境的影响，人的发展呈现出差异性。基于人的发展规律，我认为个性教育在内涵上应当包含相辅相成的三个层面。一是自然性和社会性的充分发展，表现为人之为人的共性；二是差异化发展，表现为人之为"这一个人"的个性；三是共性和个性在个体身上的统一，呈现为一种整体的生命气象。

所谓个性教育，就是以"尊重个体差异"为基本起点，以"涵养生命气象"为基本目标，以"生命场的作用"为基本路径，让每一个学生都找到自己个性才能发展的独特领域，在培养学生健全健美人格、促进学生全面发展的基础上充分发展个性的教育。教育就是要自觉顺应并促成个体成人，让个体成人成为每一个学生的自觉行动。

---

① ［苏联］苏霍姆林斯基：《教育的艺术》，肖勇译，11 页，长沙，湖南教育出版社，1983。

（一）以"尊重个体差异"为基本起点

如前所述，人的发展是个体生命的多种潜在可能转化为现实个性的过程，这一过程受先天禀赋和后天环境的影响而呈现出发展的差异性。教育应基于个体差异而设定不同的目标与路径。我的个性教育思想以"尊重个体差异"为基本起点，可以从如下三个层面来理解。

1. 智能差异

在长期的学校教育实践中，我发现不同的学生有不同的闪光点和优势。有的擅长逻辑思辨，有的语言表达能力特别强，有的空间想象能力强，有的身体节奏感好，有的有运动天赋。怎样给这些不同的学生搭建广阔的成长平台，是我一直在思考的问题。后来，我读到霍华德·加德纳博士的一本叫《智能的结构》的书，了解到学生的这种不同的优势其实是一种智能方面的差异。加德纳博士在这本书中指出，人类的智能是多元的，主要由语言智能、数理逻辑智能、空间智能、运动智能、音乐智能、人际智能、内省智能、自然探索智能组成，每个人都拥有不同的优势智能组合。

不同学生不同的智能倾向决定了其成长的不同方向，与之相对应的是个性化的课程教学内容。认识到学生在智力方面的差异后，我开始着手进行多元的课程内容设置，让有不同优势智能的学生都能够学习他们喜欢的课程，发展他们不同的优势智能。所以，个性教育表现在课程设置上，就是增强课程内容的选择性，给具有不同智能倾向的学生提供能充分发掘其优势智能的课程。

2. 非智能差异

我还发现，不同的学生在学习同一课程内容时，学习的方式也不一样。有的学生记忆英语单词时喜欢边抄写边记，有的学生喜欢边读边记，有的学生喜欢边听边记；有的学生做笔记时用纯文字，有的学生习惯将文字转化成图表；有的学生做作业时喜欢特别安静的氛围，有的却喜欢边做作业边听音乐。后来我了解到，这是不同的学习风格和行为风格的表现，是人的一种非智能差异。

非智能差异包括性格、情感和行为模式等的差异。美国教育心理学家玛莉媄·威利斯和维多莉娅·霍德森认为，有八种不同学习风格的学习者，包括言语听觉类型学习者、文字类型学习者、手边触动觉类型学习者、绘图触动觉类型学习者、图像类型学习者、写触动觉类型学习者、听觉类型学习者和整个身体运动的触动觉类型学习者。①

不同学生不同的非智能倾向决定了其成长的不同方式，与之相对应的是个性化的课程学习方式。懂得了这一点，我在想，我们的课堂教学形式要丰富多样，要采用多种不同的教学方式，就是为了让有不同学习风格的学生尽可能地找到适合他们的学习方式。"满堂灌"之所以不好，除了不利于启发学生的思维，不利于学生的自主学习之外，还有一个重要的原因，就是它提供的学习方式太单一，学生除了选择"听"这一种学习方式之外，别无选择。这样单一的教学方式，特别不适合那些天生好动，习惯操作性学习、表演性学习的学生。在"满堂灌"的课堂上，他们往往坐不住。所以，在具体的课程实施过程中，个性教育强调设计不同的学习方式或让学生自主选择不同的学习方式。

3. 每一个学生具体而生动的差异

学生的智能差异和非智能差异是普遍的，多元智能理论和多元学习风格理论为我们设置课程教学内容和选择课程教学方式提供了理论依据。在此基础上，我们在具体的教育教学实践中，应当尊重和了解每一个学生具体而生动的差异性，调动教育者与受教育者之间变幻多彩的互动性，共同激发教育世界生生不息的流动性，最好是一个学生、一个学生地去发现、捕捉、研究他们的需求，研究、开发满足每个学生需求的课程体系、评价方式。

如何发现、捕捉和研究学生的需求？一方面，要靠教育工作者去发现；而另一方面，也是更重要的方面，要引导学生自己去发现。只有在教育中有效地引导个体认识自己已有的智力结构和非智力结构，并在已有的认识结构的基础上充分地激活、扩展个体既有的思维与精神空间，学生精神世界的内在秩序才能获得有效的发展。②正是在这一意义上，我们认为应当"让学生成为个性的海洋"。

---

① ［美］玛莉嫫·威利斯、维多莉娅·霍德森：《发现孩子的学习风格》，盛强译，113～126页，北京，新华出版社，2003。

② 刘铁芳：《教学过程与儿童精神世界的扩展》，载《中国教师》，2008（15）。

（二）以"涵养生命气象"为基本目标

尊重个体差异，并不是要引导学生刻意地追求与众不同、标新立异。尊重个体差异只是教育的起点、成长的起点。尊重个体差异的意思是说，每个学生以适合他自己的方式学习和成长，学习适合他自己的学习内容，发展适合他自己的技能、能力、素质。这种不断的学习和成长，恰恰是为了扩展自己的精神世界，建立个人与他人、社会、文化乃至宇宙自然的联系。只有在这种联系中，个人才能确立自己的人生坐标，承担自己作为世界一分子应有的责任。在扩展的过程中表现出来的整体的生命状态、生命品质和生命格局，就是生命气象。在我看来，个性教育以"涵养生命气象"为基本目标，包括学生的生命气象、教师的生命气象和学校的生命气象三个维度。

就学生的生命气象而言，表现为以下三个方面。

生命状态：体魄健康，心态阳光，动静合宜。

生命品质：举止文明，待人真诚，处事求精。

生命格局：学养高厚，胸襟开阔，担当宇宙。

我认为，人们在共性上大致具有以上三个方面的特征，但每个人的具体表现则不一样，这就是个性与共性的统一。在生命状态上，体魄健康，但每个人锻炼的习惯和锻炼的内容都不一样；心态阳光，但以阳光的心态朝向世界的个性化表现不一样。在生命品质上，举止文明、待人真诚、处事求精，但具体的方式方法不一样。在生命格局上，学养高厚，但学养的内容不一样；胸襟开阔、担当宇宙在具体的待人接物方面的表现也不一样。

要涵养学生的生命气象，教师也应具有如下生命气象。

生命状态：身心健康，生活丰富，乐教善思。

生命品质：师德高尚，学养丰厚，业务精湛。

生命格局：有教育使命，有社会责任，有精神信仰。

学校作为一个生命体，其生命气象体现在师生作为学校共同体所展现的生命气象上。只有不断拓展学校教育的陶冶空间，开阔学生的视野，不断打开师生的精神世界，学生的生命气象得以涵养，学校的生命气象才能因此而得到涵养和展现。

学校的生命气象体现在三个方面。

第一，有活力。学校文化有底蕴，学校治理有温度，校园生活有生气，师生发展有空间。

第二，有品质。办学有思想，课程有特色，治理有效能，师生有品位。

第三，有担当。引领社区文化，推进社会公平，培育国家栋梁。

（三）以"生命场的作用"为基本路径

涵养生命气象的路径是什么？我认为，就是要将个人的生命成长放进人类生命的整体中，这个整体就是人类自有文明以来积累的一切优秀文化。这个文化一旦被激活，就是一个超越个人的更大的生命场。每个人只有在这个大的生命场的作用下才能充分发展共性和个性，涵养共性与个性相统一的生命气象。

人的生命，有小个体，有大全体。推极而言，古今将来，全世界人类生命，乃是此生命之大全体。每一人之短暂生命，乃是此生命之小个体。但人类生命大全体，亦由每一人之生命小体会通积累而来。不应由大全体抹杀了小个体，亦不应由小个体忽忘了大全体。[①] 大全体累积的，是人类全体的文化，这个全体的文化对于个体的人而言，就是一个生命场，学生的成长正是在这个生命场的作用下进行的。学生是未完成的生命，面临着向成人化、社会化发展的任务，学生世界应向人类的文化整体扩展。相对于人类文化整体的逻辑序列，学生个体有自己的成长序列，教育应遵循学生的成长秩序。学生同时又是一种质朴的生命形态，教育在引导学生向着成人社会和人类的文化整体扩展的同时，还应守卫和呵护童心。因此，学生由未完成状态走向完成状态的过程，意味着个体生命与文化生命场之间的相互走进。

我的个性教育观倡导以"尊重个体差异"为基本起点，在个体生命与文化这个生命场的互动中，导出一条契合个人自身发展潜能与特点的个性化路径，使个体不断从潜在的、混沌的状态走向"现成化"，成长为一个"不断完成的人"。这种互动乃是作为整体的文化与作为整体的生命个体之间的互动。互动以学生的生命自觉为动力，以教师的生命实践为依托，以学校的课程活动为载体。

---

① 钱穆：《国史新论》，221 页，北京，生活·读书·新知三联书店，2001。

1. 学生的生命自觉是动力

就像前面所说的那样，个人的生命总是需要在人类生命的整体中才能获得成长，但这种成长不是被动的，学生始终应当是学习活动的主体。处于基础教育阶段的学生正处于生命成长的重要时期，具有主动发展的需要和可能。这意味着我们的基础教育要帮助学生发展自主能力，包括自主学习、自主生活、自我规划和自我发展的能力，让学生步入社会后，能够主动发展。在我看来，这种主动性，就是生命自觉。

雅礼中学的学生除了学习国家必修课程之外，还有许多可供自己选择的选修课程和门类多样的社团活动。究竟选择什么样的课程和活动，靠的是学生的生命自觉。所谓生命自觉，简单来说，就是学生既能认识到自己的个性差异，又能认识到自己未来的发展目标。认识自己的个性差异，就是认识自己究竟在哪些方面有学习和成长的优势，这涉及生涯规划的"认识自我"方面；认识自己未来的发展目标，就是通过了解社会上的各种职业及各种职业究竟需要什么样的个性特长和能力，知道自己长大后究竟要干什么，这涉及生涯规划的"了解社会"方面。了解了这些之后，学生才会在学生时代清楚自己究竟要学什么。为了增强学生的生命自觉意识，提高学生的课程选择能力，我特别注重学生的生涯规划，引导学生通过生涯规划明确自己的学业目标，自主选择修习符合自己兴趣、能力和个性特长的课程内容，选择适合自身的课程学习方式。

2. 教师的生命实践是依托

生命场对个体产生作用的过程，既是遵循学生各具差异的精神结构与内在秩序①的过程，又是遵循人类文化的内在结构和秩序的过程。通俗一点说，就是既要尊重学生的身心发展规律，又要尊重学习内容本身的特点。尊重学生的身心发展规律最终落实到具体的学生身上，也就是说，教师要能真正走进学生具体而丰富的生命世界；尊重学习内容本身的特点，就是说教师要了解教学内容，并找到教学内容和学生成长的对接点，这就需要将教学内容生命化。这两点，都涉及教师的生命实践。

这种生命实践从来不是教师单方面进行的，而是师生相互应答、相互回应的。

———————————

① 刘铁芳：《教学过程与儿童精神世界的扩展》，载《中国教师》，2008（15）。

通过师生间的互动，教师才能真正走进学生具体而丰富的生命世界，也才能真正找到教学内容和学生成长的对接点。

教师的生命实践包含两部分内容：一是作为整体的人的生命实践，也就是说，在具体的人与人的交往中要尊重生命；二是作为一种职业存在的教师职业生命实践。教师职业生命实践具有两个特征：一是对教师职业的生命自觉，二是对学生的爱与包容。

（1）对教师职业的生命自觉

教师之为教师，其作为人的生命自觉，最终表现为作为教师的职业生命自觉。这种生命自觉包括以下几方面。

第一，心中有学生个体生命。不仅能发自内心地深刻体会到作为受教育对象的学生的生命存在的一般本质、价值和意义，而且能敏锐地捕捉到每一个学生作为生命个体的独特的生命意义。

第二，心中有人类全体生命。不仅能发自内心地认识到个体生命的意义，而且能将这种认识提升到人类全体生命的高度。正是在这一意义上，教师应当是一个"读书人"和"文化人"，相比于其他任何职业的从业者而言，这一特点在教师的身上体现得更明显。只有这样，才能以自身的生命实践为纽带，将学生个体的生命引向更广阔的精神空间。

第三，心中有职业生命。能发自内心地体会到教师自身生命的本质以及存在的价值和意义，能发自内心热爱自己所从事的教育职业。在此基础上，能正确地认识和接纳自己从事的教育职业，规划自己的职业生涯。

以生命自觉为基础，教师的生命实践综合表现为一种融进了自己生命的独特的教育风格。正是教师个性化的教育风格，滋养着学生个性化的生命成长。

（2）对学生的爱和包容

爱的本质是一种激励，以爱的方式激发生命的活力，孕育生命的温度。学校教育中的爱不仅体现在教师的日常教学过程中，而且体现在学校的课程设计中。基础教育的课程设计应当是能够引导学生审美的，通过审美孕育学生对世界、对生命世界的丰富的感受，培养学生积极的情感；同时又应当是理性的，通过课程之中蕴含的人类理性精神，培养学生对他人、对事物理智的爱。

包容是指为学生潜能的发挥创设各种可能的条件，使个体能够享受学习资源的开放性与多样性。反映在教育内容上，一是要拓展教育内容，特别是学科知识的广度与深度；二是要丰富课程结构，特别是与日常生活和生产实践紧密联系，满足学生个性化发展的需要；三是要尊重学生的独特性，用多把尺子衡量学生多元化的成长，包容学生成长中表现出来的种种不完美和不成熟，并加以引导。

3. 学校的课程活动是载体

如何将个人的生命成长放进人类生命的整体中？课程活动是载体。课程建设者和实施者应当找到课程内在的结构。内在的结构即学科核心素养，体现在各学科中，包括知识层、思想方法层、价值层。除了内在的结构，课程还有向外延展的结构序列①，即课程向日常生活世界、社会生活世界、历史文化世界以及宇宙自然扩展的开放性结构。

只有找到课程的内在结构和向外延展的结构序列，学生的内在才能真正保持唤醒状态，精神生命的种子才能萌芽、生根、散枝开叶、开花结果，个体才能从狭小的个人世界不断走向他者、社会、历史、文化、宇宙自然。

具体到每一个学生个体，扩展的对象和方式又不一样。如前所述，不同学生不同的智能倾向决定了其精神世界扩展的不同方向，与之相对应的是个性化的课程教学内容；不同学生不同的非智能倾向——综合表现为不同的学习风格——决定了其精神世界扩展的不同方式，与之相对应的是个性化的课程学习方式。

三、个性教育之课程观

课程是实施个性教育最基本的途径，是立德树人的主渠道。"课程"一词为我国所固有。唐代孔颖达在《五经正义》里为《诗经·小雅》中"奕奕寝庙，君子作之"句作疏：以教护课程，必君子监之，乃得依法制也。这是中国历史上第一次出现"课程"一词。此后，宋代朱熹在《朱子全书》中使用课程一词较多，如"宽着期

---

① 刘铁芳：《教学过程与儿童精神世界的扩展》，载《中国教师》，2008（15）。刘铁芳在文中分析了单一的文本结构具有显在的逻辑结构、潜在的结构，以及向外延展的结构序列。这里将这种结构扩展到对课程内容的理解上。

限，紧着课程""小立课程，大作工夫"等。他说的课程，既包括礼、乐、射、御、书、数六艺，又包括孝、悌、忠、信等封建伦理道德，类似于我们今天对课程的广义理解。① 在西方，课程一词最早见于英国教育家斯宾塞的《什么知识最有价值?》一文中。它由拉丁语"currere"一词派生而来。其名词形式意为"跑道"，由此引出了一种传统的重既定知识传授的课程体系；而其动词形式意为"奔跑"，体现了个体认识的独特性和经验的自我建构。根据这个词源，最常见的课程定义是"学习的进程"，简称学程。

在我看来，课程既是人类文化在个体身上传承的重要载体，它将给定的教育内容通过教师传递给学生；又不仅是一种由教师到学生的单向的传递，而且包括了发生在教师、学生、教材、情境之间的对话和交互作用。课程不仅是依据课程标准编制的教材和知识，而且包括了教师的教与学生的学之间有机生成的动态过程。② 在这个动态过程中，课程既传承了人类文化，又滋养了个体生命，学生在课程学习中获得了全面而有个性的发展。

（一）课程是传承人类文化的主要载体

课程最重要的功能是传递文化，此外，课程还可以在文化的传递中发展人，使人从生物意义上的人转变为社会和文化意义上的人。前者体现的是课程的文化功能，后者体现的是课程的育人功能。关于课程的育人功能的论述，将在后文展开。这里集中谈课程的文化功能。

1. 课程反映人类文化的核心价值

就文化功能而言，课程是传承人类文化的主要载体，它涵盖人类优秀文化中最基本的内容和最核心的价值。在这其中，一个时代主流的文化内容和文化价值反映国家意志。学生在中学阶段应当通过各科的学习全面吸纳人类优秀文化中最基本的内容和最核心的价值，特别是社会主义先进文化、革命文化、中华优秀传统文化中最基本的内容和最核心的价值。不同的学科承载的是人类优秀文化的不同侧面，各

---

① 陈侠：《课程研究引论》，见《课程·教材·教法》编辑部：《课程和教学方法 第一集》，47 页，北京，人民教育出版社，1986。

② 黄冕：《论生成课程观的构建》，硕士学位论文，云南大学，2019。

门学科只有整合起来，才能反映一个时代文化的总体风貌，学生的成长才能更好地呼应时代的发展需要，我们的教育也才能更好地发挥为国育才、为时养器的作用。

雅礼中学的课程分基础扎根型、综合拓展型、创新提升型三种类型。其中，基础扎根型课程面向全体学生，是全体学生的共同必修课。基础扎根型课程包含"基础"和"扎根"两个关键词。"基础"指要通过基础扎根型课程，为学生终身发展奠定品行、学力、创新、身心基础；"扎根"指要通过对基础扎根型课程的学习，让人类文化中最优秀的品质和最核心的价值在学生的生命里扎根。向哪里扎根？就是前面提到过的，在社会主义先进文化中扎根，在革命文化中扎根，在中华优秀传统文化中扎根。

2. 课程传承人类文化的关键在教师

基于对课程的文化功能的认识，我一直强调学科教师在教学中除了教授学科知识、培养学生的学科能力外，还要有文化传承意识。在文化传承上，中国最伟大的教师孔子为我们树立了榜样。孔子晚年无论是编订六经、整理古籍，还是收徒讲学，都对弘扬中华文化做出了不可磨灭的贡献。今天我们做教师，在分科教学的背景下，一方面，要从学科文化的高度开展学科教学，"学科文化作为一种文化现象，他是历代学者在创建该学科理论的过程中形成的概念、思想和方法，是在发现、创造与形成的学科理论中所采用的价值标准、科学和人文精神、语言符号系统和文化产品的总和，并以学科为基础"[1]；另一方面，要超越学科文化，从文化整体的高度来看待各学科之间的联系，具有学科融通意识和跨学科的文化视野。为此，我提出"师德立身，学术立校"的办学思路，希望通过"学术立校"，引领教师通过学术阅读和学术研究拓宽文化视野，充实文化底蕴。可能有人会问，中学需要学术立校吗？我的理解是，教师只有打开跨学科的学术视野，才会不止于做一个"教书匠"，学生才会在教师的影响下真正增进智慧、拓宽视野，他们在升入大学后，才会更容易、更正确地处理通识教育和专业教育之间的关系，步入社会后，视野才会更开阔，格局才会更宏大。

---

[1] 王跃春、赵聪：《浅谈学科文化》，载《文学界（理论版）》，2010（6）。

（二）课程是滋养个体生命的基本通道

就课程的育人功能而言，课程是学生走进人类文化、获得文化滋养、学以成人的基本通道。通过课程的学习，学生在师生、生生交往中结成社会关系，参与社会生活，理解人类文化，获得文化同一性，生成文化自信与文化自觉，从而实现自身发展。从根本上说，课程的育人功能在于使学生成为具有符合人类历史发展进程的社会本质、文化本质和精神本质的人。[①] 课程的育人功能通过课程内容的不同层次结构来实现。一般来说，课程内容包含向内的潜结构和向外的延展性结构。[②] 向内的潜结构包括表层的"知识技能层"、中间的"思想方法层"、核心的"价值观念层"。向外的延展性结构也包括三个方面：向科学发展史和科学前沿的延伸、向人文历史和人文前沿的延伸、向社会生活和个体生活的延伸。课程向内的潜结构告诉我们，课程具有启迪生命智慧、引导价值观念的育人功能；课程向外的延展性结构告诉我们，课程具有打开学生生命格局的育人功能。

1. 启迪生命智慧

课程承载的文化知识是"公共知识"，即人类公用的知识。"公共知识"必须内化，才能成为"个体知识"。"公共知识"内化为"个体知识"的重要意义是转识成慧。[③] 如何转识成慧？关键是要从课程表层的"知识技能层"，深入中间的"思想方法层"。思想方法又分为三个层次。一是具体学科的学科思想方法，具有很强的学科特性，如物理学科中的整体法与隔离法、数学学科中的化归法；二是一般意义的学科思想方法，对各学科都是通用的，如归纳与演绎、分析与综合、抽象与具体、假设与验证等；三是哲学层次的思想方法，哲学层次的思想方法是较上位的思想方法，是认识世界和改造世界最基本的观念与方法，如量变与质变思想、辩证思想、一般与特殊思想等。[④]

---

① 郭元祥：《课程育人的基础与方向》，载《湖南教育（D版）》，2020（8）。

② 刘铁芳：《教学过程与儿童精神世界的扩展》，载《中国教师》，2008（8）。

③ 黄文春：《学生个人知识的生成机制及其应用研究》，硕士学位论文，四川师范大学，2017。

④ 杨静：《基于学科思想方法的整合性教学研究》，硕士学位论文，四川师范大学，2011。

思想方法在转识成慧方面的作用如下。第一，有利于学生记忆理解知识。通过学科思想方法这条主线，学生可以将零散的知识串联起来，找到学科内、学科间不同知识之间的相通之处，建立知识体系。第二，有利于学生的知识迁移和运用。具体的学科知识往往只能运用到具体的学科情境中，学生将具体的学科知识迁移到新情境的能力通常比较弱，遗忘率也通常较高。学科思想方法是对学科中一般性原理的高度概括，不仅具有概括性，而且具有稳定性。如果以学科思想方法为中介指导学科思维活动，那么其应用范围是十分广阔的，基于相同的学科思想方法的任何情境中的相似问题，都可以用其解决。第三，有利于学生从事探究性学习。要想真正理解一门学科的科学意义和实践价值，必须站在思想方法的高度去认识它。学生在深刻理解、自觉运用学科思想方法提升自身学习能力的同时，还可以在自主学习的过程中启迪创造性的思维品质，为进行更高层次的自主探究性学习奠定良好的基础。[①] 第四，哲学层次上的思想方法有利于学生树立正确的世界观，掌握正确的认识世界和改造世界的方法论，选择健康的生活方式，丰盈生命的意义。世界观的树立不仅涉及人生智慧，更涉及人生价值观。这就引出课程的另一个育人功能，引导价值观念。

2. 引导价值观念

文化最深层次的表现是价值观，这是文化的核心。内含在文化深层的价值观念，作用在群体身上，会塑造集体人格和群体的整体精神风貌；作用在个体身上，会塑造个体人格和个体的精神风貌。我们常说，个体人格养成的基础是行为习惯的养成，但仅仅只有行为习惯的养成还不够，还得有价值观念的引领。价值观念本质上是理性认知和情感体验在更高层面上的融合，是理智化的情感认同。这种情感认同一旦确立，会深层次地塑造一个人的行为习惯、整体人格和精神气象，使行为习惯升华为一种有教养的生活方式和精神品质。文化对个体人格和精神风貌的作用体现在课程内容的结构上，是通过从表层的"知识技能层"、中间的"思想方法层"，深入到最核心的"价值观念层"来起作用的。在学科课程中，如何打通知识技能、思想方法、价值观念之间的联系，使看起来抽象的价值观念被理解和被践行为一种生活方

---

① 杨静：《基于学科思想方法的整合性教学研究》，硕士学位论文，四川师范大学，2011。

式？最重要的是要开展对话式教学、情景化教学、项目化教学和活动化教学。

在活动课程中，通过活动设计，教师不仅要引导学生获得某种做事（活动）的知识技能和思想方法，更要在获得知识技能、思想方法的过程中，引导正确的价值观，达到苏霍姆林斯基强调的集体教育的目的，引导学生在集体活动中养成合作性人格，在社会参与中培养社会责任感。

研究性学习案例

长沙市医院一次性医疗垃圾处理现状调查

（一）活动目标

我们希望通过具体的研究引起市民对医疗垃圾问题的关注，引起政府及医疗管理部门的重视，并加大管理力度，形成一套有规模、有秩序的医疗垃圾处理体系。我们也希望通过共同研究，提高小组成员的合作交往能力以及发现、解决问题的能力。

（二）活动过程

具体的活动过程如表 2-1 所示。

表 2-1　具体活动过程

活动时间	研究内容	研究任务
2009 年 12 月 07 日	文献研究	全组同学去湖南图书馆查找有关医疗垃圾的相关资料
2009 年 12 月 27 日		
2009 年 12 月 28 日	专家访谈	根据长沙市各医院的具体情况，选定相关医院的专家并预约
2010 年 01 月 10 日		商讨出访谈提纲
2010 年 01 月 25 日	专家访谈	全组同学一起采访相关医院的专家
2010 年 01 月 31 日		
2010 年 03 月 01 日	实地考察	商讨确定调查的医院并进行预约
2010 年 03 月 14 日		全组同学一起参观医院的医疗垃圾处理间

续表

活动时间	研究内容	研究任务
2010 年 03 月 15 日	问卷调查	全组同学一起商讨制定问卷 300 份,对周边地区采用路人拦截法进行问卷发放
2010 年 04 月 11 日		进行数据统计、结果分析
2010 年 04 月 12 日	专家访谈	制定访谈提纲,预约相关的专家
2010 年 04 月 25 日		进行专家访谈
2010 年 05 月 03 日	实地考察	参观一些医疗垃圾处理方式较好的医院,并深入寻找处理方式不太好的医院
2010 年 05 月 16 日		
2010 年 05 月 17 日	资料整理	对所有搜集来的资料进行整理及简单的分析
2010 年 05 月 23 日		
2010 年 05 月 24 日	撰写结题报告书	全组同学一起依据现有的资料,按照要求撰写结题报告书,并写出自己在研究过程中的心得
2010 年 06 月 13 日		

(三) 活动结论

1. 当前一次性医疗垃圾处理中存在的问题及原因、影响分析

(1) 一次性医疗垃圾处理中存在的问题及原因分析

第一,分类收集不规范。

第二,贮存、运输过程中漏洞较多。

第三,处理、处置设施落后。

第四,群众对医疗垃圾的危害了解不够。

(2) 一次性医疗垃圾处理不当带来的消极影响

第一,对医疗垃圾进行焚烧的弊端。

第二,对医疗垃圾进行消毒的弊端。

第三,偷卖医疗垃圾的弊端。

2. 对长沙市一次性医疗垃圾处理的意见

(1) 对政府机构的建议

第一,通过公开招标来确定特许的经营者。

第二，建立相对完善的城市医疗垃圾管理法规体系。

第三，加强对医疗垃圾处理的监督管理。

第四，积极构建医疗垃圾处理多元化筹资机制。

（2）对相关部门的建议

第一，积极对相关医疗单位进行检查。

第二，提高医疗垃圾处置技术水平。

第三，对医疗垃圾进行集中处理。

（3）对市民群众的建议

市民群众也应积极配合，并做出改变。

（四）研究心得

我们组齐心协力，比较成功地完成了此次活动。通过对当前一次性医疗垃圾处理中存在的问题进行调查，我们的社会责任感油然而生。作为社会的一分子，我们有责任和义务了解社会、关注社会，尽自己的一份力让社会变得更美好。这次研究性学习，激发了我们自由创新的热情，培养了独立思考、探究新事物的科学精神，同时提高了我们的协作能力和社会交往能力，正好填补了我们在课堂上学习的不足。我想这是研究性学习的最大意义。——李心怡

（五）活动评价

本课题选题背景清晰明了，研究过程安排合理，充分体现了研究性学习重合作、重体验、重过程的基本特征。在大量调查、分析的基础上，对政府机构、相关部门、市民群众等提出了具体、合理、有操作性的建议，取得了显著的成果。更重要的是，在对社会问题的关注中，学生获得了靠说教所不能获得的社会责任意识，也培养了团结协作精神。这对学生人格的影响是非常深刻的。

3. 打开生命格局

生命智慧和价值观念最后都要转化为素养。学生凭借自身素养在和外界打交道的过程中，必然涉及做人做事的视野、胸襟、气度。一个人做人做事的视野、胸襟、气度，就是他的生命格局。如何通过课程打开学生的生命格局？这就涉及课程向外的延展性结构。通过向外的延展性结构，学生在学习的过程中会关注身边的生活现象，关注祖国的历史文化，关注祖国当下和未来的发展，增强社会责任感和家国认

同感，关注世界的发展，增强人类命运共同体意识，从而打开生命格局。例如，在语文、政治、生物、地理、物理、化学等不同学科的教学中，教师可通过学科知识拓展的方式，引导学生关注中国的乡村振兴和现代化建设，关注祖国的历史文化和自然风光，关注全球的经济发展和环境问题。当然，课堂延展的空间是有限的，这就需要打通课堂内外，通过实践作业或课外实践活动来深化延展效果。在实际的社会实践过程中，学生所学的文化知识可以内化为个体的认知、体验和能力，整体提升为一种个人素养和格局。在社会实践方面，我不仅特别注重引导学生通过学科实践活动、社团活动的开展，关注社会问题，增强社会责任感，而且非常注重让学生参加校外社会实践，甚至走出国门看世界。

（三）课程是人类文化与个体生命互动的过程

如前所述，课程具有传承人类文化和滋养个体生命的双重功能。人类文化必须以学生能接受的方式内化为学生的文化素养和行为举止才能得到传承，这意味着人类文化应当以贴近生命的形式在课程中得到体现。学生的生命需要文化的滋养，这意味着学生应当在教师的引导下，走进课程所承载的文化，产生对文化学习的兴趣。简言之，课程不仅应作为传承文化的载体和滋养生命的载体而存在，更应作为人类文化与个体生命在师生交往中相互展开的过程而存在。

1. 课程是学生亲近文化的过程

我们今天强调课程教学应当以生为本，并非一味地倡导课程教学应当满足学生当下的心理需要，而是要以学生的"发展"为本。所谓"发展"，指向的是由社会发展决定的，个体需要达到的文化水平。由此，我们的课程必须从学生学习文化知识以适应社会发展的客观需要出发，而不仅从其主观愿望出发。这决定了课程的预设性。预设性是指由社会发展水平决定学生发展的方向和目标。这意味着教师应当引导学生走进文化知识，对文化知识产生兴趣，并始终保持求知的热情、向善的热情、尚美的热情。

2. 课程是文化贴近学生的过程

文化知识一旦以学科课程为主来承载，势必以学科本身的逻辑和体系来呈现，这很容易把文化知识产生的具体情境抽象化，把人的差异、个性抽象化，使课程与个体生命之间产生隔膜。这意味着我们的课程要从学生的心理需要和个性差异出发，让文化知识以贴近生命的形式走进学生的内心。如何走进内心？在学科课程中，教师应当对课程的主要呈现者——教材进行二次开发，将教材的学科逻辑转化为学生的心理逻辑，并在教学活动中使知识情境化、活动化。就活动课程而言，人类优秀文化中承载的做人做事的方法、价值观念可以在师生共同设计和参与的活动中生成。学生在自觉参与、自主体验中，更容易接受勤劳、善良、真诚、平等这些人类共通的文化观念和价值理念。

雅礼中学罗洪眉老师在和学生的接触中发现，当今的学生大多是独生子女，由于平日家长包办太多，他们极易出现五谷不分、怕吃苦、责任感不强等问题。于是，她通过一篇反映农民朴实、庄稼美好、劳动光荣的文章《亲亲麦子》，通过文章中优美的文字和意境激发起了学生对农村生活的向往。"当秋阳拂照四野，耕耘完的田畴袒露出丰腴的肌肤，随着父亲手臂的挥动和铿锵的步伐，麦粒穿过深秋的空气落入土地。田野上空一阵又一阵金色的雨在秋阳里一闪一闪。父亲脸上荡漾着微笑的涟漪，把麦粒交给生命的家园。"当学生的积极性被激发，罗老师顺水推舟，要求学生自由分组，围绕农村体验设计一个活动，要求活动充实、有意义、有可行性。大家非常积极，纷纷出主意。最后，在教师的指导下，大家提出了这样的活动目标：通过农村体验活动，认识一种新的农作物，结交一个农村朋友，小组合作完成一件农活，体验一次农家生活。根据活动目标，他们制订了详细的活动计划。

第一，在贫困地区建立爱心责任基地。

第二，赴新化县第四中学开展实践活动。

第一天：13点出发，18点到达新化县第四中学。晚餐后举行开营仪式，捐赠图书、1203班班刊、雅礼文化衫，学生进行才艺表演（戏剧小品类包括《雷雨》《孔乙己》《租房》，舞蹈类包括集体舞、独舞，歌曲类包括独唱、合唱，乐器类包括口琴独奏等）。晚上住学校的学生宿舍。

第二天：上午举行登山活动。下午交流，语文、数学、英语、物理、化学、生物各科负责同学为新化县第四中学的同学进行片段教学。晚上住学校的学生宿舍（或住新化县第四中学的学生家中）。

第三天：学生分组深入新化县第四中学的学生家中体验生活（学习交流；干农

活，如翻土、挖地、除草、浇水、摘玉米等；做家务，如做饭、洗碗、拖地等）。晚上住新化县第四中学的学生家中。

第四天：上午继续在新化县第四中学的学生家中体验生活。午餐后统一到新化县第四中学集合开展后续活动。下午分班开展学习经验交流活动，集体活动项目包括体育运动项目（篮球、足球、排球、乒乓球、羽毛球等）和游戏项目。晚上举行闭营仪式，家长代表、学生代表、教师代表发言，班主任进行"四个背影，一次活动的正面"主题讲话，学生进行文艺表演。晚上住学校的学生宿舍。

第五天：早餐后离开新化县第四中学，返回长沙。

3. 课程是师生交往的展开过程

教师是人类文化与学生个体生命相互走进的桥梁和纽带。在教师的引导下，教师、学生、课程一起进入一种交往情境。在这种交往情境中，一方面，被符号化的人类文化在生动的情境中被激活，课程承载的文化知识还原为生动的生活情境、问题情境和思想情境；另一方面，学生的生命被这种生动的情境照亮。在师生交往中，教师自然地敞开自己，和学生情情相融、心心相印。这是一种知情统一、身心统一、个人与群体统一的体验状态。这种体验状态既可以是以感性情感为主的"热情奔放"场面，也可以是以理性为主的"条理""系统""缜密""深沉"的理智情感。[①] 在这种体验状态中，除了可以通过语言文字呈现的"显性知识"被学生的生命内化外，那些只可意会不可言传的"缄默知识"也当场生成，这体现出了个体认识的独特性和经验的自我建构。在这种整体的体验中，学生不断被人类文化中最美好的东西所浸润，被教师的人格所感染，成为有智慧、有教养、有格局的文化人，成为有独到见解和体验的人。

----

① 刘次林：《幸福教育论》，211 页，北京，人民教育出版社，2003。

四、个性教育之学生观

"学生如天。"这是我经常挂在嘴边的话。第一次听我讲这话的人，会觉得惊异。为什么这么说？这话有两层意思。

一是说学生的地位。这当然不是说学生要凌驾于其他人之上，而是说我们的一切工作应该围绕学生，有利于学生的成长。凡有利于学生的事，我们就做，即便付出一定的代价也做；凡不利于学生的事，就不做，哪怕短期来看或表面上看能带来一些好处也不做。在《十几岁》杂志 2016 年 10 月 10 日的"校长面对面"栏目中，我接受了学生的"专访"。有学生社团的社长反映，希望学生社团组织能有独立的社团活动室。我表示："只要有利于学生发展，学校都会尽力满足，通过最开放、最灵活的方式，为所有同学的梦想'保驾护航'。"不仅仅当着学生的面这样说，我在学校行政会、教工会上也总这样说；不仅这样说，我更这样去做。

二是说学生的特性。学生的内心丰富、美好、神秘，他们的成长有其内在的规律。尊敬之，研究之，热爱之，善待之，顺天而成之，是教育者应有的态度。视学生的地位、特性"如天"，就是个性教育思想之学生观的核心内涵。（图 2-1）

图 2-1　雅礼学子与我

（一）学生是生长的、发展的

在我们的教育观念里，人是一个拥有完整生命过程的个体，人的生长和发展是层层推进的。生命发展的丰富性、复杂性、过程性是教育必须尊重的现实。学校教育的目的并不是简单地把孩子送进大学，而是在尊重人的发展规律的前提下，循序渐进地将生命个体推向独立，并进一步将生命个体融入国家发展、社会进步、文明繁衍的历史进程中去，在人与自我、人与人、人与社会的三重境界里观照人的发展。

1. 学生的生长和发展是有规律的

在个性教育观念中，学生的生长和发展是有规律的，教育必须尊重、遵循规律，按规律办事。

人的身心发展，既是自然的客观过程，又是社会历史文化过程，是自然性与社会性的统一，兼具连续性与阶段性、稳定性与可变性等特征，有其既定的发展规律。遗传、环境和教育是决定个人成长的基本要素，通过个体的活动而发挥作用。

要实现真正的自我，就需要尊重生命的进程；要开发丰富的、有差异的潜能，就需要让学生体验种种情境，经历人生种种，体验和经历得越多，潜能就越容易得到开发。

好的教育是适时之教，应时之教。"春来草自青。""秋水时至，百川灌河。"教育的万千气象，只能发生在生命本来已萌动的时候。很多时候我们追求跨越式发展，但教育孩子不是一件可以追求跨越式发展的事，很多时候我们都太着急了。当前教育领域中普遍存在的"抢跑"现象就是典型之一。例如，幼儿园小学化，忽视幼儿的身心特点和认知发展规律，过早地教授孩子小学阶段的学科知识，企图强行转变幼儿的思维逻辑方式；小学初中化，学科教学盲目赶超进度，校外预科培训总是大有市场，还美其名曰不要输在"起跑线"上。其实人生不是一场跑步比赛，它并不直接指向结局，也不需要定出输赢。即便我们将它比作一场跑步比赛，也是一场马拉松。违背生命之节，违背生命之性，不但劳而无功，反而伤害、摧残生命。又如，在更具体的教学领域，教师一味求快、求多，恨不得教给学生更多的知识。但好心往往办成了坏事，在"抢跑"的过程中，学生被拖着、拽着、扯着，天性中的热情、好奇与灵气都被摧残了。

弄坏了一架机器可以修补，而经受了摧残的生命，一般情况下都难以修复和逆转。因此，我们要给学生时间，给学生空间，要善于等待，要慢下来。走得太快，成才的节奏破坏了，生命跟不上。事实上，宽松出人才，留点时间和空间，孩子能发展得更好些。在学生愤悱之时，教师精当的启发，才能发挥最大的功效。大家关注过的人才"第十名现象"出现的原因可能就在这里。

当然，学生的生长和发展还具有不确定性和偶然性。

曾经有这样一种教育思想，它强调教师对学生人格的塑造，对其生活、思想的指导，认为教育可以渗透进学生的一切活动中。这种思想只考虑到了学生的预成性，完全忽视了学生的主体需要、主体思维，没有从根本上看到学生及学生所处环境的复杂性、变化性、不确定性，也就看不到学生生成性的一面。冯建军教授曾在《生命与教育》中指出，连续性的教育排除了生命发展过程当中的"偶然的、来自外部的干扰"，容易把生命的发展机械化、程序化，因此，他提出生命发展的非连续性的重要意义和价值。总而言之，生命成长是不可以被完全预设、控制的。倘如此，成长就是机械无趣的。

综上，我们应该尊重生命成长的规律性，认识到学生是处在生长和发展过程中的，尊重个体生命的丰富与灵动。营造教育情境，设计教育活动，为每一个具有潜在发展可能的学生搭建向上攀岩的"脚手架"。

2. 学生的生长和发展总是未完成的

人的身心发展是一个从低级到高级、从量变到质变的连续不断的过程。潜能转化为现实可以满足自我发展需求，并成为自我发展的动力。良好个性的发展，不良个性的矫正和克服，也是一个连续不断的过程。可以说，人总是处在未完成状态，生命不止，精神生长不止。

教育者就应顺应这一自然的进程，不违逆，不焦虑。承认人总处在未完成状态，我们就不会揠苗助长，不会毕其功于一役，就能从容安静。

教育者最需要一种凝视草木萌生，凝视婴幼儿学语、学走路的心态。那种时候，我们满心欢喜，满怀爱意，满怀期待，但是我们不焦虑。面对6岁、12岁、15岁的孩子，不管是家长还是教师，都应该有这样的心态。孩子，还都是孩子！只是孩子！

教育应该从容，可以从容。在现有的基础上，学生能够日有所新、天天向上，就是最好的教育风景。认识到这些，我们就能正确对待学生在生长和发展过程中表现出的蒙昧与犯下的错误。

　　既然生长是一个过程，学生时或表现得蒙昧，时或犯下了错误，就非常正常，甚至是一种必然。正因为如此，教育才有了存在的必要。蒙昧与错误是教育的前提。假定人生而全知，或在极顺利地走在通向全知的路上，一步不错，自动化般完美，那么，你会不会觉得这样的人生无趣？当然，教育也就没有存在的必要了。

　　想明白这个问题，教育者才可以善待蒙昧与错误。急于求成，容不得错误和偏差，一切要按自己的预设来进行，是粗暴和机械的。教育者对待学生的态度，应如同人们对待婴幼儿的态度一样，充满爱，顺应自然，接受蒙昧与错误。根据现代发展观，每一个学生、每一个学生的每一方面都潜藏着巨大的发展可能性，经过适当的教育均可获得良好的发展。

　　更需要强调的是，蒙昧与错误是教育的资源。特别是错误，是教育最具生成意义的资源。就知识的意义建构而言，学生的理解、认知过程中有了错误，思维有了困惑，在教师的帮助和指导下，学生通过修正错误，解决困惑，实现认知由冲突到新的平衡的变化，从而获得心智最大的发展。建基于认知错误的意义获得是主动的、深刻的，相比较教师泛泛的知识传递，好处不啻千里；同时，不仅知识理解得深刻，过程给学生带来的体验也更丰富。尝试—错误—修正，对学生是多么宝贵的学习经历啊。更重要的是，一种宽容、善待错误的氛围，鼓舞了学生勇于尝试、不怕犯错。一个对正确答案有执念的学生将是怯懦和保守的。不怕出错、敢于尝试、勇于行动，这样的人才有想法。多实践，经历出才干，试错有创新。如此，于人幸甚，于国家民族幸甚。

（二）学生是整体的、独特的

　　学生既具有作为个体的人的整体性特点，也具有作为社会的一分子的整体性特点。在这个基础上，每一个学生都与众不同。

1. 学生是完整丰富的

　　德国哲学家卡尔·雅斯贝尔斯倡导"全人"教育，"全人"即整全之人，全面发展的人。他主张教育的目的不是培养单向度的人、单面人，而是培养丰富整全的人、适应社会需求的人。可以认为，发展充分的人蕴含着天地与人性的奥秘。我国基础教育课程改革从知识与能力、过程与方法、情感态度与价值观三维目标的提出，到以认知能力、合作能力、创新能力、职业能力为核心的学生核心素养培养的升华，立意就在于培养全面发展的人。

学生是完整丰富的，意味着作为个体自身的方方面面是和谐的。基础教育必须致力于学生的全面发展，为个人的终身发展和幸福生活奠定基础，包括培养学生正确的价值观、健康的心理、良好的行为习惯、自我学习的能力、合作交往的能力，塑造强壮的体魄和充实学生的精神生活，等等。所以，雅礼中学从品行、学力、创新、身心四个维度为学生的全面发展奠定了坚实的基础。

学生的发展不可能是单向度的、割裂的。人的全面发展是知、情、意、行的统一，教育必须整合科学精神和人文情怀，必须整合感性与理性。只有重科学、重人文，重理性、重非理性，重认知、重体验，人的精神成长才是全面的，人的灵魂提升才是整合性的，否则就会造成人的存在性"分裂"。整合性是当今教育的时代命题，整合性能够使教育的视野更加宽阔，以生命为旨归的教育必然要在整合性的视域下回归真实。

学生是社会的一员，总置身于一定的社会情境中，所以学生的整体性又必然表现为社会共性。学生在学校接受教育，就是一个社会化的过程。学生个体生命存在于社会共性中。共性中最重要的部分，是社会的先进文化，包含着中华优秀传统文化、社会主义先进文化、革命文化。先进文化特别是社会主义核心价值观，是一代代学生共同的生命基石。离开了社会共性，就没有人存在的基础。学生不可能抽离于具体的社会和文化而成长。

学生是完整丰富的，还意味着我们要承认生命的灵性。我们不能粗暴地、自以为是地对待学生，不能像对待流水线上生产的产品一样对待学生。我们要呵护生命的完整、丰富和柔软。

这样理解人的整体性，理解人的全面发展，我们也就可以认为，人的全面发展是指构成个性的身心、德行、能力等方面自由而充分的发展。

人既然是完整丰富的，那么，就不应该接受片面应试教育，片面应试教育就是对人的扭曲。

在今天谈教育，不可不谈应试。应该说，应试原本没有错，但是以应试为目的的应试教育错了。轻人文，重科学；轻非理性，重理性；轻体验，重认知。甚至，科学、理性、认知的教育也落入下乘，仅仅变为知识的传递，成为分数的附庸。这是教育对丰富的人的窄化和异化。（图 2-2）

图 2-2　支教活动

注：2015 年 3 月，雅礼中学的学生志愿者与耶鲁大学的志愿者在福建省漳
州市南靖县书洋镇开展支教活动。

2. 学生是独一无二的

每个人生来就是独一无二的。首先，每个人都值得被尊重，其特点都值得被珍惜。如果我们用一种模式去限制原本各具特征的个人的发展，就意味着对某些个体的不公正。其次，独特性是人类文化多姿多彩的重要源泉和文明不断进步的重要动力。

人生来独一无二，后天所做的一切不同，所经历的一切也不同，更让人独一无二。经历中的欢歌笑语、成长进步、困难挫折、梦想追求，于学生而言都是唯一的。有了唯一的经历，也便有了唯一的人；守护好唯一的经历，也便守护好了唯一的人。

下面是《长沙晚报》中的一则关于雅礼学子的报道。

一位是学生会主席，综合能力超群，牛津大学对其"爱不释手"，已经将其录取；一位即将代表国家队出征国际数学奥林匹克竞赛，清华园里的"橄榄枝"已经向他抛出；一位是篮球国手，球技精湛，用智慧打球，即将入读北京大学。2015 年 4 月 22 日，从雅礼中学传出佳音，该校邱曦、谢昌志、张懿三位学生获得了国内外一流大学的录取通知书。

（一）邱曦：可能是看重了我的学术能力

邱曦是被牛津大学政治经济哲学系录取的。这个专业曾培养了好几位英国首相以及诸多议员。邱曦觉得牛津大学录取自己"可能是看重了我的学术能力"。老师们则一致认为，这位1997年出生、担任雅礼中学学生会主席的男孩，"将来肯定具有领袖气质"。

说起自己中学阶段做过的最有成就感的事情，邱曦认为是在担任学生会主席期间做的那些事。"在管理制度方面有创新，创立了实习干部制度，并且牵头撰写了学生会章程，制定了规章制度，从此大家干事情就有据可依了。"

（二）谢昌志：追随自己的兴趣

已经被清华大学交叉信息研究院录取的谢昌志高大又沉静，看上去就是一个典型的"理科男"。这位被国家队从全国60名"最强大脑"中选拔出来的18岁少年，即将和其他5名中国少年一起代表中国参加第56届国际数学奥林匹克竞赛。

虽然和邱曦有着截然不同的"风格"，但他们有着共同的特点，那就是早早地就明白自己的兴趣，然后坚定地追随着自己的兴趣往前走。"一钻进题目中去思考时，根本就感受不到时间的流逝。"不过，追随内心的兴趣只是成功的驱动力，更重要的是，他们能忍受追梦路上出现的枯燥。"2015年3月份参加国家队选拔赛，考试连续6天，每天考4个半小时，每一场只有3道题目。"

（三）张懿：打球就跟做人一样

作为雅礼校篮球队的队员，张懿因精湛的球技成功入选国家女篮少年队，目前已经被北京大学提前录取。从小学开始，这位女生就发现自己对篮球特别有兴趣。张懿说，6年下来，她觉得雅礼中学篮球队给予自己最珍贵的东西就是"意志坚强"。"虽然常在外比赛，但学习还是希望自主，不喜欢父母过多参与。"关于自己的球队生活，小姑娘的感受是："打球就跟做人一样，赢球时要低调，输球时不输人。"

"在雅礼中学，无论是竞赛生、特长生，还是普通的学生，我们都希望给他们成才成功的土壤。""让孩子们有自主选择道路的权利，给予各类学生最好的成才条件，满足学生个性发展的需求，这是我们学校追求的发展方向。"据悉，该校2014年已经率先开设了职业生涯规划课，"帮助学生们对自己有清晰的了解，及早对未来的求学做出科学的规划"。

（资料来源：谭琳静，《雅礼三学生进牛津北大清华　发现兴趣，做好规划，你也可以拼一把》，载《长沙晚报》，2015-04-23。引用时有改动。）

一个是学生会主席，一个是国家队成员，一个是女篮主力，他们如此不同，却都在自己喜欢的领域里充分地展现自己。他们是雅礼中学无数个性鲜明的学生的生动写照。

每个学生都有自身的独特性。由于遗传素质、社会环境、家庭条件和生活经历的不同，个人的"心理世界"是独特的，他们在兴趣、爱好、动机、需要、气质、性格、智能和特长等方面是互不相同、各有侧重的。"人心不同，各如其面。"世界上没有两片相同的树叶。独特性是个性的本质特征。珍视学生的独特性应成为我们对待学生的基本态度。

独特性当然就意味着差异性。生命化教育始终关注生命的差异，努力去成全所有拥有各不相同的发展目标的生命。所以，尊重个体差异，培养具有独特个性的人还应成为教育的出发点和归宿。

人的差异是教育的出发点。差异不仅是教育的基础，而且是学生发展的前提，我们应该视之为一种财富、一种资源。一方面，使每个学生在自己的基础上都得到完全、自由的发展；另一方面，使每个学生在异质群体里得到补益于己的成分，从而变得丰富和健硕。人是一种关系性的存在，人的差异，对他者、对群体，就有了互补和共生的意义。比如，一个性子急的同学，感知到了同伴的从容；一个好使小性子的同学，感知到了同伴的大气宽容；一个总是犹豫的同学，感知到了同伴的果决……于是，自身便有了补益，便有所不同。又如，课堂上对一个问题的思考，每一个同学的思考角度、思考方法、思考过程、得出的结论互有不同时，便是教育价值成倍增加之时。

人的差异是教育的归宿。教育应该帮助学生成为他可以成为、可能成为的样子。学生就像一粒种子，应该长成自己的样子。是樟树，就应该盘旋屈曲；是杨柳，就应该婀娜多姿；是牡丹，就不应该追求水仙的素雅；是水仙，也就不必羡慕牡丹的富贵。每个学生都成为自己，教育的原野上才能生气勃勃、气象万千；否则，就会千人一面、单调沉闷。尊重差异，就是尊重生命的独特性。越成为自己，才越能显现出独特性；反过来说也是成立的，越显现出独特性，就越能成为自己。泯然众人，是人的不幸，也是教育的不幸。

作为教育工作者，我们要警惕一种倾向，即过于追求同一、关注同一。我们倾向于凭一种理性的、单一的思维方式和价值观来思考和评判问题；在挖掘学生潜能时，普遍倾向于去发现同一性和"规律"，在追求、探究共同规律的同时有意或无意地忽视学生的独特性；在评价学生时，简单地用一把尺子来量一群如此不同的学生，甚至这把尺子就只是分数。这是对生命独特性、丰富性的摧残。多一种资源，多一种方式，多一把尺子，就多一个人才。所以，我们对追求同一、关注同一要格外警惕。

一是警惕过于追求社会性同一。社会需求引导着教育的方向，这没有问题，但同时应该注意，个体需要也是教育的朝向。社会需求和个性发展之间应该保持一个平衡。更何况，很多时候我们以为的社会需求，都是极度窄化了的。社会已经如此多元，原本也有着多方面的需求。

二是警惕下意识地追求教师自我同一。这一点更值得注意。追求教师自我同一，就是以教师自身为标准去要求学生，就是要求学生成为教师预先设定的样子。列维纳斯的"异质性他者"伦理观反对"自我的同一性"，强调"他者的异质性"。这对我们有很大的启发。教师需要摆脱"自我同一性"的学生观，关注作为"异质性他者"的学生，这有利于教师更深刻地理解教育本质并进行自我反思。

作为教师，推己及人还不够，还应该懂得以他观他。推己及人难，以他观他难上加难。教师习惯从成人的视角、从自己的视角，自以为是地看待和要求学生，希望并督促学生成为教师期待的样子。教师的要求自然有充分的合理性，正是这种要求引导和规范了学生的成长；但是，我们对此又必须保持足够的警惕。"教师期待的样子"很可能变为"教师自身的样子"。"教师自身的样子"不可能完美，即便完美，也不一定是他需要的。所谓"以鸟养养鸟也"，说的就是这个道理。

这里还有一个问题要引起高度重视，即追求同一、关注同一的学生评价观会导致不健康的竞争，导致人为的不平等。首先，过分强调简单的同一标准容易使人缺乏个性、缺乏独特性。这种评价现将学生看作"类"而不是"个体"，忽视了学生在智力和非智力方面的先天差异，忽略了人的独特性。其次，用貌似平等的单一标准，甚至就用分数来衡量学生，来衡量具有丰富多样性的学习者，本来就是不平等的。

有差别，无差距；有标准，无同一。让差别成为一种生态，成就生命原野的蓬勃气象，而不是去制造单一的差距，这是教育应该追求的。

需要特别指出的是，我们尊重生命的独特性，让每个孩子成为他自己，是指成为健康、美好的自己，也就是要弘扬独特性中美好的成分，克服不好的成分。努力的方向是服务他人，底线是不妨碍他人。所以，尊重生命的独特性，是同时考虑着生命的社会性、关系性的。

综上所述，学生既是整体的，又是独特的，所以，发展学生的个性，是发展整体性基础上的个性。

首先，个性是基于整体性的。个性的形成与发展是学生思想、情感、意志、性格、情绪、才能、行动等因素作为整体发生变化的过程。苏联心理学家列昂节夫指出，个性的概念表现着生活主体的整体性，它是一种特殊的整体形成物。个性中的一切特征、品质共处于统一体中，在相互联系中发展。马卡连柯曾说，个性发展不是一部分一部分进行的，个性成长具有完整性和多面性。

其次，个性表现为整体全面基础上的与众不同。这种与众不同，可以是整体生命风貌的与众不同，也可以是某一种生命特质的与众不同。我们是在承认人具有普遍发展的可能性的前提下，强调人发展的个别差异性的。

个体的完整性、多面性要求教育活动的丰富性和多样性。雅礼中学的学生因为个性丰富与显著一直以来都很容易成为媒体关注的焦点。同学们将自编自导自演的《雅礼 style》上传到网上，一夜之间便引来约十万次的点击量；以 7 科满分的成绩考入英国剑桥大学的黄雨桐同学，被媒体称为"学霸女神"；被人民网、红网、《长沙晚报》等主流媒体报道的雅礼中学毕业学子曹宏炜同学，被称为"学霸车神"。这些都是雅礼中学的学生个性化的表现。

雅礼中学在进行学生个性化培养的过程中，通常会做到如下几点。一是充分尊重学生的兴趣，让喜欢下棋的学生下棋，让喜欢射箭的学生射箭，对每一个源于学生天性的兴趣都持鼓励的态度。二是为学生的兴趣发展提供支点，开发丰富的课程。比如，现在学校的 32 个社团基本可以为学生兴趣的培养提供肥沃的土壤，但我们依旧鼓励学生创建更多的社团，因为社会的发展正不断丰富着不同年龄阶段学生的兴趣。三是为学生兴趣的发展提供硬件和软件的支持，我们鼓励教师打破年级、打破学科的限制，以教师的兴趣对应学生的兴趣，以教师丰富的生活经历来帮助学生开拓视野。

重视基础性、全面性、完整性，在这个前提下，重视发展学生的个性，是我的一贯主张。

（三）学生是自主的、自由的

肖川教授认为，个体主体性的内在规定性为自主性、能动性和超越性。主体在与他人、与社会的关系之中表现出自主性；主体在对象性活动中，即与客观物质世界的关系中，表现出能动性；主体在自我关系中表现出超越性。学生是一种特殊的主体，学生的主体性是具有明确的学习任务和内容，自我承担责任和义务，在教师的指导下不断发展起来的主体性。

1. 学生在"我愿"和"我做"中实现自主

所谓自主性，意味着个人的思想和行为并不为不受他控制的外部力量或原因所左右，个人能够通过独立的、理性的反思形成自己的打算和目标，然后坚持行动，并保持反思。英国学者迪尔登在《自主性与智育》一文中概括出自主性的三个特征：独立做出判断，批判性地反思这些判断的倾向，以及依据这些独立的、反思的判断将信念与行为整合起来的倾向。

首要的事情是，要激发每一个学生的内生力，即"我愿"。自主，是内生力驱动的。生命就好比一粒种子，它自能萌发。教育只需要提供阳光、空气、土壤、水分，并且掌握时机就好。每粒种子自有其内生的力量。内生力就是我们常说的内驱力，不过，使用内生力这个概念，更接近生命的本质。

做自己喜欢做的事，做自己觉得有意义的事，做适合自己的事，并且得到尊重、认同，最易激发一个人的内生力。内生力被激发出来后，动机、热情、兴趣都会被激发出来，学生就会表现出自觉、主动、积极等特点，生命也因此展现出强大的能动性。

我们来看两个学生的成长故事。

2016 年 6 月 18 日，曾哲妮与李敏宽一起主持毕业典礼。他们一个是学校团委副书记、校园十大歌手之一，另一个是学校学生会主席。两人高考成绩非常好，一个 691 分，另一个 690 分，分列全省裸分第二名、第五名。同时，曾哲妮参加清华大学"领军计划"招生考试，获得了 60 分的降分优惠；李敏宽参加北京大学"博雅人才培养计划"招生考试，获得了 30 分的降分优惠。

下面是《三湘都市报》的报道摘录。

"通过自主招生被保送或者获得分数优惠，学校还有很多这样的同学，我只是其中一个。"虽然开心，但曾哲妮依旧保持着谦逊。她是学校的团委副书记，从高一起就为学校"工作"，奉献了很多个人的时间与精力。

"个性校风"让她成幸运儿。

曾哲妮就读于雅礼中学 1303 班。"一进雅礼，我就感觉这学校的校风，和我想象中的不一样。"曾哲妮笑称，原本以为"神圣"的雅礼中学是严苛的，不料这个学校是自由的。学校提倡每个学生都参加社团活动，并提前参加社会实践，学校的校风是一种极具"个性"的校风。

就是在这样活跃的氛围里，曾哲妮进入团委"工作"。她组织学校的艺术节，带领同学参加各种环保活动，一对一帮扶社区的残疾人……忙这些工作的时候，曾哲妮的学习成绩也一直非常优异。

当清华大学"领军计划"在学校开展的时候，曾哲妮在初审材料中介绍了自己的经历。因具备极高的综合素质，她被认定为"优秀"，不需要笔试直接进入面试。她在之后的面试中得到了认可，获得了 60 分的降分优惠。

和曾哲妮一样，担任学生会主席的李敏宽通过参加北京大学"博雅人才培养计划"获得了 30 分的降分优惠，档案分 690 分的他进入北京大学也已经是"板上钉钉"的事情了。

（资料来源：李琪，《62 名学生通过北大、清华自主招生　个性校风成就全能学子》，载《三湘都市报》，2016-06-26。引用时有改动。）

这样的学生，在雅礼中学确实不少。他们真的"只是其中一个"。是雅礼中学的校风激发了他们的"小宇宙"。在雅礼中学担任校团委副书记和学生会主席，他们有操不尽的心、忙不完的事，同时还能成为"学霸"，这不单单靠外部驱动力就可以做到。

其次是自我决定、自我设计、自我创造与自我反思，简言之，即"我做"。

自我决定，就是自己给自己拿主意。一方面明白自己想要什么，另一方面能做出决断。一个总被包办、被代替的学生，可能会失去欲望，无法做出决断。自我设计，就是依据自我决定，自己给出方案，画出路线图。自我创造，包括了两个层面的意思。一是自己实践，自己行动。这一点其实很重要。现在的很多青少年恐惧行动，喜欢无限拖延，执行能力不强，所以自己行动很重要。不行动，一切归零；有行动，一切皆有可能。二是在实践中有所成、有所为。对个体而言，就是对原有的自我的突破和超越。自我创造，就是在行动中生成新我。自我反思，就是在决定、设计、创造的全过程中，保持一种批判、反思的态度，能调整，能改进。

自主的过程中，需要主动积极地听取师者和伙伴的建议。前边提到的曾哲妮、李敏宽，他们面临人生的重要关口时，如要不要竞选书记和主席，会听取师长的意见，自己审慎地做出决定；发现自己的不足时，会分析问题所在，并积极应对。曾哲妮刚进入高中时作文写得一般，她自己找到语文老师王良，讨论原因，找到办法，后来成为雅礼中学乃至清华大学新雅书院小有名气的写作高手。

自主有成，还离不开人的意志品质。动机对一个人的行事有发动之力，对意志有维持之功。"行百里者半九十""为山九仞，功亏一篑"，可见意志对成事的重要性。能真正把握自己的学生，一定有强大的自制力。

学生的自主能力，主要在课堂学习和校园生活中养成。

课堂上学生如何做到自主学习呢？这需要教师确立一个理念，教师作为组织者和引导者，其作用在于潜移默化中促成学生自主。这样，才可能在最大程度上让学生在学习内容、学习方法、学习条件、学习节奏等方面有自主性。

具体策略有很多。比如，让学生先学，先试一试。高中生面对新知识、新内容，他们不会完全没有办法。先学，先试一试，意义有二。一是帮助学生获得宝贵的自主学习经验；二是为教师针对性地开展教学提供了最好的依据。学生会的，教师就不必教；完全不懂的，就暂时不教；那些半懂不懂、似懂非懂的，就值得下力气去教。先学后教，虽然未必是教育铁律，但就目前先教后学占据课堂优势地位的实际情况而言，仍值得大力提倡。

比如，给学生空间和时间，让学生独立学习。自主学习最基础的、主要的形式只能是独立学习。合作学习是以自主学习为前提的，教师教，最终是为了不教。所以，独立学习应该得到保证。强调独立学习，还有一个重要原因，就是学习是很个性化的事情。学习方式有区别，学生能力有强弱，接受速度有快慢，给出空间和时间让学生独立学习就是对学习个性的尊重。而在教师的掌控下，以统一的方法、统一的节奏学习统一的内容，就是对学习个性的漠视，效果是不好的。

广受诟病的"满堂灌""满堂问"，所病者何？学生的学习不自主，不独立。

提倡让学生先学，提倡让学生独立学习，可以说是对班级授课制先天弊端的矫治，即加强了教学的针对性。

学生是校园的主人。校园生活、校园管理要让学生有发言权、行动权。我向来重视学生的自我管理，支持学生自治，让学生会、班委会、社团等学生组织真正成为学生的基地，鼓励学生参与到学校的治理当中。学生不是学校的匆匆过客，他们是学校的主人，学校是他们永远的家园。

在传统控制型的学校制度下，学校的管理限制着学生的自由发展。学生每天按部就班地重复着机械式的训练，这样的学校培养出来的人是工具型的人，学生没有独立的人格，没有反思的能力，没有创造的激情。学校对学生的发展具有深远的影响，学校的治理风格潜在而深刻地影响着学生人格和思想的发展。现代化的学校治理充盈着民主、自由与创造的精神。学生在参与的过程中，培养质疑和批判的精神，养成独立而自主的人格，充满着创造的激情与活力；在参与学校治理的实践中，培养自身的治理素养，为成为未来的社会好公民奠定基础。当我们的学生走出校园的时候，他们会带着在学校培养起来的素养和品质，心怀责任与担当，践行自由、平等、公正、法治的社会主义核心价值观，推动社会朝着更美好的方向前进。这也是学校治理体系与治理能力现代化终极的目标与价值。

治理现代化在深层次上推动的是素质教育的发展。我倡导发展学生社团，维护学生自治组织（学生会）的权益，既为学生提供了自主发展的平台，更为学生加强自我管理、强化主人翁意识打开了通道。学校的学生自我管理、社团活动也成了学校的一张张名片、一块块品牌。

学生自己愿意，自己行动，才称得上学生自主。

2. 学生在选择和超越中走向自由

自由是自主的高级阶段，自由个性是个性的最高境界。汪信砚教授认为，自由个性就是人的发展的理想状态，而具有自由个性的人也就是恩格斯所说的"自由的人"——"人终于成为自己的社会结合的主人"①。

学生走向自由，要能选择、能超越，同时要不断发展自律能力。

可选择才自由。如前所论，每个人的潜力都是巨大的，这表明人都应该获得全面、充分的发展。同时，每个人的潜力是不一样的，潜能的差异性和丰富性决定了人有多种可能性。这真是生命的美妙之处所在。同时，这个文明日益发达的时代，给个体多样的发展提供了无限广阔的空间、无限次数的机会。学生可以尝试多种可能，尝试过一种丰富多彩的生活。这样，他们就可能找到一种适合自己发展的方向，过一种适合自己的生活。每一个学生都应当从事一件他自己感兴趣的事，每一个学生都应当有一个开展喜欢的活动的角落，每一个学生都应当探寻到一条给他带来创造的欢乐的"含金的矿脉"。在无数条道路中，他们应该找到属于自己的一条道路，或开辟出自己的一条道路。

尝试各种可能，发现、选择最适合自己的方向，两者可以是因果关系，也可以是并存关系。

教育要为学生的自由发展提供各种资源、平台和机会。

例如，新高考选课走班。2019 年 4 月 22 日，《湖南省高考综合改革实施方案》发布。秉承"为学生终身发展奠基"的办学理念，雅礼中学迅速对新高考改革做出响应，2018 级学生（当时的高一年级学生）于 5 月初正式采用新高考走班模式。我校采取思想政治、地理、化学、生物四个选科科目全部走班（即"大走班"）模式，"学生自主自由"成为我校新高考背景下"大走班"的鲜明特征，主要表现为选科自主自由和改科自主自由。12 个组合，学生结合自身需要，想选什么组合就选什么组合，年级组、班主任不做任何强制性干预；如果学生觉得某一科甚至某几科不适合自己了，那么，也可以随时更改。当然，要想完全自主地实现大走班，需要一定的勇气和底气。为此，我们做了大量的工作。比如，分班之前落实了每周一节的职业生涯规划课，开过三次家长会和多次学生广播大会，为每一位同学的 12 个组合做了详细的成绩分析，先后做了三次选科调查。我们知道，高一年级的学生正处于渴望自主但又难以正确把握的年龄，部分学生的自主选择可能存在一定的风险。为此，

———————————

①　《马克思恩格斯全集》第 19 卷，247 页，北京，人民出版社，1956。

我们不断加强班主任和任课老师的新高考培训，让全体教师都能够为学生提供一定的指导和帮助；同时，要求班主任能慧眼独具，及时发现本班学生在选科中可能遇到的风险，进行实时的跟踪指导。学生提出改科申请后，年级组教师和班主任会与学生、家长及时沟通，了解具体原因，分析、权衡利弊，再让学生自主做出选择。

"在雅礼中学就读是怎样的体验？"在某网站上，这个问题得到了很多雅礼校友的回复。在无数的回帖中，很多毕业生都提及了在雅礼中学的"午后时光"。

"午后时光"到底有怎样的魔力？

记者亲身体验了一把。

原来"午后时光"是学校 32 个社团大放异彩的时间。

在雅礼中学，社团活动不再仅仅是"活动"，而是课程。在课程体系的构建中，雅礼中学突破了原有的相对狭义的课程思维，形成了广义的课程思维。学校的德育活动、社团活动和实践活动都纳入了课程的范畴，学校开发了近百门校本课程，建立了完善的校本课程实施体系。

以上是《中国教育报》对雅礼中学的一次报道的一个片段。发展学生的个性，就是帮助学生按照自己应有的样子和可能的样子来发展，整全地、和谐地发展。把学生发展的未来空间解放出来，将多种可能呈现出来，让学生站在广阔无限的教育原野上，按照主体最真实的本性自由选择发展的道路和方向。

课程特色建设是学校特色发展的必然要求。它不应是学校在潮流或形式驱动下被迫实施的做法，而应该是学校办学的应有之义。千人一面的办学理念，机器生产式的育人模式一去不复返，个性和多元是时代的主流，这就要求教育要培养个性化的学生。如何培养？唯有开发出丰富的、有特色的课程，才能满足学生个性化、多元化发展的需求。

一所支持学生个性化发展的学校如果不能提供给学生多样的活动课程，学生就没有更多的选择，没有选择也就没有个性。让喜欢射箭的孩子射箭，让喜欢下棋的孩子下棋，让喜欢读书的孩子读好书，让喜欢动手的孩子能创造，这才是育人的方向。生命的差异是教育最宝贵的财富，因为存在差异，教育才充满生机、充满创造性、充满趣味。

记得有一次，我接受学生采访。有同学提问："校长，我们自发组建了一个团队，正在做一个关于手机应用程序开发的项目，我们希望得到您的支持。"

我的回答是："这个非常好，同学们可以按照自己的兴趣去做一些有意义的事情。对于同学们的活动，我一定会努力地提供帮助。学生自由选择，同时，也需要自我承担。只有在选择和承担中，学生才能学会选择和承担。"

对于自己想干什么、能干什么、爱干什么、适合干什么以及社会需要什么，学生比较茫然，这是事实；高中毕业时选学校、选专业，学生也比较茫然，这也是事实；新高考要求学生更早做出人生选择，学生将更为茫然，这更是事实。很多时候，我们的孩子不怎么具备自由选择的能力，学校也没怎么培养他们的这种能力。

学生只有在选择中才能发展选择的能力。雅礼中学丰富的课程、丰富的活动，给学生提供了种种选择的机会，种种权衡、平衡的机会，种种做决断的机会。比如，选择这个社团，就意味着放弃很多社团；参加一次支教活动，就意味着要耽误一周甚至半个月的功课；选择竞赛，就意味着有些东西要牺牲。

比如，雅礼中学参加竞赛的学生享有一种权利，就是可以选择在教室听课还是到自习室自修。有部分学生选择性地不听一些课程的讲授，在某些阶段，甚至所有的时间都用来自修。部分高考生，也可以享有这个权利。学生自主申请，经共同的、充分的评估和论证，学校是同意学生这样做的。

自由选择是一种权利，但也意味着责任。可以选择，但需要为选择负责。有选择的自由，就要负起承担选择后果的责任。没有绝对的法则，没有臣服的命运，有的是自我选择、自我行动，在选择和行动中创生出自己的方式和意义，并积极承担责任。担责不是被迫的，是主动选择的，这源于对生命深刻的觉察。

教育是发展学生对自由选择及其意义和责任的认识的过程。教师只是学生广泛选择的因素中的一种，教师应为学生的选择提供多种可能。学生是教学实施的过程中具有自由选择能力的主体。选择是根据内在的精神指引做出的理所当然的行动。选择的价值来源于对选择意义的反思及对责任的承担。

人是一种意义动物。意义不是抽象的，而是在具体的、自由的选择和担责中创造出来的。

能超越才自由。毛泽东同志指出，自由是对必然的认识和对客观世界的改造。

人是一步步地从自身和客观世界的束缚中超越、解放出来的。超越首先就是对欲望的克制。随心所欲不是自由，自由本身就含有自我控制的意味。邓晓芒先生认为，真正的自由可以归结为在一个普遍理性的层面上驾驭欲望。[①] 驾驭欲望包括满足欲望，但不是即时性地满足欲望，而是能延迟满足欲望，有计划、有步骤、能调节地满足更大、更高层次的欲望。满足更大、更高层次的欲望，就是在更大范围、更高层次把握事物的规律性，在面对各种更复杂的主客观情况和问题时有办法，这就是一种自由。

人既有这样一种克制、超越欲望的能力，就可能发展到更高层次的自由境界，也就是更高层次的超越。邓晓芒先生认为，人们甚至可以不是为了满足更多的欲望，而是根本不考虑任何欲望，纯粹为了精神而创造。[②] 为了精神的创造，我认为可以是奉献，是审美，是价值实现等。

学生是在各种具体的层次上实现超越、走向自由的。被各种表浅、庸俗的快乐裹挟的学生，如沉沦在手机世界的学生，是被束缚的学生。能够为了获得师长和伙伴的肯定而有所克制，投入学习和更有意义的生活中，这就比较自由了。能够沉浸在学习知识、探索真理、服务社会等本身的快乐中，这样的学生就能获得更大的自由。

我们发现，自由是与克制、约束相关联的。自由本就含有自律的意味，没有离开自律的自由。自由不是动物般的为所欲为，而是意志自律。自律是一种建立在理性基础上的个人意志，而理性基础上的个人意志，就是自由。通俗地说，我们遵守规范，不是被迫接受某种外在的威压，而是意识到它和自己远大的欲望或更远大的超越性的追求一致，所以我们自觉自愿遵守，这就是自律。

不同层次的自由，一定伴随着不同层次的生命自觉。我们来谈谈两个学生。

一个是雅礼中学 2016 级的戴高乐。下面是《中国教育报》对他的一次采访记录。（引用时有改动。）

---

① 邓晓芒：《什么是自由?》，载《哲学研究》，2012（7）。
② 邓晓芒：《什么是自由?》，载《哲学研究》，2012（7）。

　　早在 2016 年 3 月，当同龄人还在为高考奋战时，还在雅礼中学读高三的戴高乐已经拿到了耶鲁大学的录取通知书。

　　采访戴高乐时，记者才知道，眼前这位眉目清秀、逻辑清晰、彬彬有礼的大男孩儿并不是传统意义上的"学霸"，他大量的时间和精力，不是花在了刷题上，而是花在了"非主流"的兴趣爱好上。他对动植物和环境研究有高度的热情，并且做得风生水起，他获得的大部分奖项和参加的课外活动都与环境研究有关。

　　"我从小就喜欢小动物和植物，养过乌龟、金鱼，也抓过昆虫。"戴高乐说，初中进入南雅中学后，有趣的生物实验让他沉迷其中。高一进入雅礼中学，他就加入了生物奥林匹克竞赛组，并组建了环保科技创新小组，还参加了湖南省科技创新大赛。

　　"创新小组的活动很有趣，在和同学的探究式学习中，我们能把一些课题研究得很深入、很透彻。但如果仅仅为了高考的话，对一些知识点的学习就并不会太深入。"戴高乐说，"那时，我就接触了很多大学实验课程。"

　　像戴高乐这样的"非典型学霸"，在雅礼中学还有很多……

　　这位学生，熟悉特别多的昆虫，对昆虫很有兴趣。关于这个孩子的未来，有一点是肯定的，他至少会继续在昆虫世界里寻找乐趣。这是耶鲁大学录取戴高乐的一条重要理由。我为戴高乐高兴，他在年轻的时候，就探寻到了自己的兴趣所在，这样的孩子，对自身，对生命，有了一种深刻的自觉。他明白自己想要什么，以及为什么要这样做。

　　选择，走向自由，走向生命的觉解。教育的本质和目的在于个人的自我选择、自我创造，以及对这种选择和创造的觉解。雅礼中学希望帮助更多的孩子走向生命的自觉。

　　另一个是一位叫何林的学生，他在雅礼中学学习了 6 年，是计算机奥林匹克竞赛国际金牌得主。他广为人知，是源于 2015 年写给全国青少年信息学奥林匹克竞赛（National Olympiad in Informatics，NOI）科学委员会名誉主席、清华大学吴文虎教授的信。

尊敬的吴老师：

　　您好！我是湖南省长沙市雅礼中学的何林。不知道近来身体是否安好？

　　在澳门举办 NOI 的场景还历历在目，那时的我才上七年级，因为输入的文件名错误，一整道题目的分都丢了，12 岁的我在测试现场哭了起来。五年过去了，何林已经不是那个为了一时的得失动辄流泪的小男孩了，而您依然还在为了信息学和计算机科学的普及孜孜不倦地工作。

　　我一直都很明白，也很感激您对我的关心。您对我的感情一方面是出于一个学者、师长对孩子的关心，另一方面则是出于对信息学这一门学科的关心——因为我是一个从七年级就开始接受系统编程训练的学生，我的成长具有很强的典型性和可研究性。这也是我最尊敬您的地方：您做的任何事情给我的感觉都是既质朴简单，又深刻；这些事看起来都是细微的小事，但其实都是从大处着眼、胸怀宇宙的。这些从您在各种活动上的讲话就能窥见一斑。

　　如果有人问我，这五年的信息学生涯教会了我什么，那么，我不会说"我会用平衡二叉树"，也不会说"我学懂了动态规划"。我不管学到多少，总还有很多没学到；即便是学会了的东西，长时间不用也会遗忘。我认为我真正学到的是习惯、态度和方法。我学会了批判性地看问题；我学会了用开阔的胸怀去接受所有不同的想法；我学会了分析问题、总结问题，乃至提出问题的一系列的方法，获得了丰富的经验。这些才是无价之宝，是在任何地方、任何时候都不会丢的宝贝。

　　我认为信息学竞赛是很成功、很有必要的。社会上、教育界有不少人偏激地反对信息学甚至奥林匹克竞赛，说竞赛影响全面发展，竞赛培养出书呆子。其实我认为，一个不知道"碳碳双键"的人可以在一小时之内学会这个知识点，但是，一个没有良好学习习惯和态度的人无论掌握多少知识都会在长期竞争中被淘汰。

　　在我看来，信息学竞赛的确还是有一些不太好的地方。比如，竞赛的成绩很大程度上还是取决于做题量，题海战术还是屡试不爽，真正思路新颖的选手有时候无法胜出。

　　经过五年信息学竞赛的洗礼，我成熟了很多，也非常感谢吴老师和清华大学对我这么多年的谆谆教诲。以上算是我的总结和感受吧。

　　我即将进入人生中一个新的阶段——大学阶段。摆在我面前的有两个选择：清华大学和耶鲁大学。在这两所学校之间做出选择是痛苦的。我最后选择了后者，在此向吴老师汇报一下我的想法。

从本科的专业上来说，清华大学的计算机系综合上看是要强过耶鲁大学的。但是，耶鲁大学有一个很大的优势：他们的学生能够也必须选择除专业课外的大量其他学科，如经济学、心理学、语言学都是对任何学生开放的，而且所有的学生都被要求在不同的领域获得足够的学分。我觉得在本科阶段接触尽量多的学科对于一个人长远的发展会更有好处。而且，我还听说在后期的一些顶尖的科学研究中，心理学、语言学甚至音乐学等都会起到决定性的作用。

耶鲁大学的这种做法和美国的大部分本科院校都类似。这种大而全的做法有一点牺牲专业课的时间，所以，我感觉四年下来清华大学的学生专业课的扎实程度肯定要强得多；但是，美国的这种做法却铸就了不少的大师，所以很有可能较宽的知识面对于后期的研究发展更有好处。具体哪种方法更好还存在争议，所以我也很难说我选择耶鲁大学就一定是正确的。

不过，从信息学的角度来说，以前的学生大多进入了清华大学学习，这些学生毕业后有的去了美国，有的留在了清华大学。不同的人走不同的路子，有的路子培养出来的人有更大的出息。但是具体哪些路子更适合中国，可能需要数十年的观察才能得出答案。得出答案之前，我认为国家应该鼓励多元化——各种不同的路子都有人去闯，全凭兴趣而言。最后，总能有一拨人成就大事业，开创大场面。不管怎么样，多元化的受益者肯定是国家和这个整体。

此外，以前信息学竞赛的选手中，高中毕业就出国的是少数。我作为"拓荒者"之一，也能够更全面地检验我们NOI培养出来的选手素质到底怎么样，到底有没有发展的潜力。

综合上面的考虑，我最后选择了耶鲁大学。对我个人，耶鲁大学可能是一个好的选择；对NOI，对我的祖国，耶鲁大学绝对不是一个坏的选择。

五年来，我听着吴老师的谆谆教导长大，也为吴老师的人格和智慧所折服。清华大学的很多学生，如周源、金恺都是我非常好的朋友，我的心是紧紧和清华大学系在一起的。虽然我没有机会到清华大学进行本科阶段的学习了，但是我仍然会努力理解清华大学的精神，把它融入我的灵魂之中，以清华大学为启明星引导我未来的学习和个人的发展。

虽然说到这里的时候有一点伤心和犹豫，但是我仍然感到开心和充满希望。

人们都说教师的职责是言传，但我觉得教师更重要的职责是身教。从这个意义上来说，吴老师永远都是我的师长，是我人生轨迹中最闪亮的一颗明星。感谢您，吴老师！

此致

敬礼

何林

2005 年 6 月 17 日

中国计算机学会秘书长杜子德教授就此信和吴文虎教授有一席意味深长的对话，其中有一段是这样讲的：

像他这样的孩子刚入大学就如此懂事，真是让人赞叹，他似乎已经悟出一些人生的真谛了。这些东西是他自己在实践中经过自己思考得出的，不是谁灌输的，但和我们提供的环境有关。这样的孩子上哪个学校都不会太差，希望更多的孩子像何林这样懂事。建议在一定范围内公开这封信，让其他老师和学生也读读。

雅礼中学 6 年的时光、NOI 平台加上自身的努力，才有了这样的何林。无疑，何林是一个对成长、对人生、对自己想得比较明白的人，"悟出一些人生的真谛了"。

这就是一种人生自由，一种人生自觉。

五、个性教育之教师观

欲成就个性之学生，需有个性之教师，因为有怎样的教师，才能教出怎样的学生，才会成就一所怎样的学校。学生、教师、学校是一个互相依存、互为发展的统一完整的生命体。这里，教师处于一个核心位置。发展教师是发展学校、成就学生的根本所在，有了好的教师，教育就会有好的气象，学校就能朝着优质的方向去努力。

我曾对教师们讲过这样一段话："在时间的长河里，每个人都可能成为文明的创造者，但教育唯有依靠教师去创造。一个国家，一个民族，若没有了教师，或者说没有了拥有教育思想与教育灵魂的教师，其教育必然走向衰落。国家的命脉与教育紧紧相连，而教育的命脉与教师息息相关。从某种意义上而言，国家追求的就是我们追求的，国家向往的就是我们向往的，教师的人生与国家的未来融为一体，教师承担的责任不仅是履行好当代的教育使命，更是为国家打通发展的道路。"

那么，个性教育下的教师到底应该是怎样的一种状态呢？

（一）教师是有情怀的

教育之情源于对生命的敬畏，教育之怀源于对使命的认同。教师靠着自己的专业知识与技能道贯古今，因为浓厚的师者情怀而化育天下，备受尊崇。没有情怀就做不好教师，没有情怀就谈不上立德树人，这是教师这个职业区分于其他职业的一个最为显著的特征，是教师最鲜明的个性。

1. 教育使命和国家责任

首先，教师的情怀是一个关乎理想信念和站位的问题。为国育才，为时养器，这是任何一个时代教师不可推卸的责任和使命。选择了教育，就意味着选择了一种不一样的生活方式，它更注重丰富的精神层面，更注重操守，更注重价值意义。

教师的职业特性决定了教师必须有不同于其他职业人员的特点。教师职业是一种不可替代的专业化职业，其特殊性主要表现在对象的人本性、工作的育人性、工作的非工具性等方面，核心特质是以人为本的价值追求，以唤醒生命价值、培养具有中国灵魂和国际视野的合格公民以及社会需要的人才为使命。陶行知说，在教师手里操着幼年人的命运，便操着民族和人类的命运。选择了教育，就选择了执着的职业信仰、强烈的社会责任和深厚的家国情怀。

教育乃国之大计，关乎国家发展，关乎民族未来。站立在新时代的历史方位之中，置身于教育强国的宏伟蓝图之中，守教育报国初心、担筑梦育人使命、厚植教育情怀被赋予了新的历史意向与时代内含。教师要把握教育脉搏，履行学科担当、社会担当、时代担当，坚持教书和育人相统一，坚持言传和身教相统一，坚持潜心问道和关注社会相统一。

与国家共奋进，是近百年来每个生长与生活在雅礼中学土地上的人始终坚守的生命觉醒，是一代又一代有着"及时奋发精神，好担当宇宙"价值追求的雅礼教育

人具有的历史自觉和责任担当。

其次，教师的情怀体现的是对教育规律的认识，对人的尊重。教育要关乎未来，关乎生命成长，是等待的事业。

教育的出发点和终极目标都是指向人的发展的。我们的教育对象是充满个性差异的生命个体，是涌动着自主追求与生命尊严的价值主体。俄国教育家乌申斯基说，教师个人对学生心灵的影响所产生的力量，是任何教科书、任何思潮、任何奖惩制度都代替不了的。教师能否站在学生生命成长的角度看待教育，直接取决于其对教育认识程度的高低。这个定位强调的是教师要助力学生精神生命的发展。教师要具备进入学生心灵的本领，真诚地以一个生命关注、尊重和引导好另一个生命，最终共同成长。

而生命发展规律也带给我们启示：学生的发展是从自发到自觉、从简单到复杂的过程；真正的成长一定是自主性的发展、个性化的发展。教师要尊重学生生命发展的特性，驱动学生生命发展的内在力量，积极应对学生成长的复杂性，帮助学生完成成长的社会化进程。教师要把目光延伸到学生的整个生命进程中，让每一个学生都有属于自己的"诗和远方"，成为更好的自己。在为学生搭设身心成长的"云梯"时，教师在成就学生的同时也成就了自己。

走向未来的教育，越来越体现出多元的差异、一体的发展、融合的关系等特征。雅礼教育在长足的发展进程中，坚持秉承用生命影响生命、尊重个性发展的理念，通过丰富的课程、多元的选择、分层的形式，构建新型和谐的师生关系，推进有温度、有人文关怀的教育生态的建设。

最后，教师的情怀还体现在对核心价值的坚守与捍卫上。不人云亦云，不走极端，为人处世有自己的意见和标准。"己所不欲，勿施于人。"可见教育的客观、公正、平和。

从教师职业的本质属性和发展趋势来看，教师的教育信仰主要表现为对教育终极价值的追求和自我人生境界的提升。教师职业的终极价值是教书育人，这是自教育概念诞生起就万变不离其宗的核心旨归。

如今，教育引发了社会更密切的关注。费尔南多·萨瓦特尔指出，教育是"勇者之为"。当面临"我是谁""我在做什么""我能做什么"的哲学追问时，如果仅仅把教师这一职业当作谋生的手段，我们就会迷失在终极价值和工具性价值的关系中，产生心理挫败感。而当教师的职业行为受内在的价值信念驱动，与科学的价值体系保持一致时，我们就会表现出高度的稳定性，躬耕于方寸讲台，潜心钻研教育，有甘于平凡的定力和淡泊名利的坚守。教育信仰作为根植于教师内心的坚定信念和精神动力，是对教师作为个体的人格期待和意义关照。

在"发展公平而有质量的教育"的时代背景下，我们要牢牢把握对教育事业的忠诚取向，对教育学即人学的道德取向，对教学基于实践的理性取向，增强职业认同和价值自信，持续提升教师职业价值的内化水平。

雅礼中学的教育路径给予了教师们坚定自身价值的平台，以自己的生命体验为人师表，促进学生的健康成长，在美好的教育愿景中，实现教育的价值追求。（图 2-3）

图 2-3　雅礼中学"十佳优秀班主任"颁奖典礼

2. 人格独立和精神自由

教师的情怀源自知性角色的回归与再构。教师作为知识分子的代表，人格独立和精神自由往往被认为是教师群体最重要的标签。教师既要有传统知识分子的"为天地立心，为生民立命，为往圣继绝学，为万世开太平"的精神气度，也要有当代知识分子人本、仁爱的人文素养和理性、创造的科学精神。

在教育的根本命题中，理想的教师是知识分子：学识与人格兼具，精神与气度兼容，勇于探索真理，充满公共情怀。作为知识分子的教师，要引导学生批判性地观察社会，加强其价值引领的社会关怀。德国教育学家斯普朗格强调，教师作为知识分子，其从事的教育的最终目的不是传授已有的东西，而是要把人的创造力量诱导出来，将生命感、价值感"唤醒"，"一直到精神生活运动的根"。[①]

教师在教育场域内将公共事务作为日常教学素材融合到课堂教学中，运用知识和智慧思考、判断社会问题，提出更为合理的问题解决之道，并在各种宏大叙事中以专业化语言说教育的公共伦理，培养具有社会责任感和历史使命感的公民。这些都反映了教师作为知识分子的本质内涵：关照学生的精神成长，构建澄明的人文世界，奠基理想的社会生活。

教师的情怀发自对本真生命意义的追溯和诉求。教师要不被世俗所裹挟，不被工具性价值所牵引，在朗朗乾坤之间，立浩然正气，成卓然品格。

教师的特殊定位决定了职业生活是教师生命意义的源泉。教师的内心深处，有一种深沉、热烈、执着的情感和信念，连接着教师个体的生命意义与价值系统，以精神力量的方式引领着教师健康而自然地发展。教师要保持自身人格的独立，时时叩问自己的本心，追寻自己的本性，针砭生活的时弊，呵护求真的科学精神，践行向善的专业伦理，促进达美的生命成长。

对于教师群体而言，教育可以上升为一种对人类精神的守望和对社会理想的捍卫。在教育生活中，以深切的人文情怀、深入的批判意识、深刻的反思意识，关注学生的成长，守护社会的公正，是教师内心自我价值探寻与精神境界抵达的至高境界。

教师的情怀彰显于对个性化思想的充分表达和对专业自由的推崇之中。教育是开放的、多元的、百家争鸣式的"大气象"，教师是学术独立、风貌不同、各有精神的"大先生"。"和而不同"的个性教育如千岩竞秀，万壑争流，云蒸霞蔚。

坚持思想自主，忠于自身思考，独立进行判断，遵从超越、批判的价值标准，追求客观公正，以真正"自我"的方式出席教育生活，表达自我旨趣和境界。这样

---

① 参见邹进：《现代德国文化教育学》，73页，太原，山西教育出版社，1992。

的"自由之思想"与"独立之精神"，既是教师专业自觉的必然产物，也是教师教育信仰的合理表达，更是对个性教育的价值认同和生动诠释。

只有这样的教师，才能发自内心地体会每个学生都是独特而具体的存在，才会以丰富充盈的人格特质和精神状态组织教育活动，通过教学自由带给学生生命温暖与心灵慰藉，促进学生的潜能激发和个性化成长。

雅礼中学的个性化教育理念追求的是生命品性和公共关怀，强调"以人为本"的理想坚守与践行，将人格独立、思想自由、公共情怀和批判精神等在真正意义上落到实处，呈现出雅礼中学的恢宏气象。

3. 为人正派和品格高尚

教师要用生命影响生命，用人格造就人格，用灵魂塑造灵魂。个性教育下的学生和教师的个性都会得到充分张扬，而支撑它们的基础和柱石毫无疑问是品性和品格。学生极具有模仿性，会效仿教师的一言一行。师范之意义，学高为师，身正为范。任何时代，教师都是道德的代言者。

教师的情怀承起于千百年来"学有所教""有教无类""因材施教"的教育梦想。无数先贤为延续中华文脉、培养治世良才不懈求索。

中国传统师道中，师德为百业道德之首，强调立德善教。"师也者，教之以事而喻诸德者也。""师者，人之模范也。"从《礼记》和《法言》可见，教师身份的确立是以伦理道德成就为准绳的。"经师易遇，人师难遭"，南宋史学家胡三省在为《后汉纪》的这句名言作注时写道："经师，谓专门名家，教授有师法者；人师，谓谨身修行，足以范俗者。"我们既要做能"授业解惑"的经师，更要以能"传道"为师者的最高要务。教师作为育人者，其德在某种程度上甚至比才还重要。北京师范大学的校训是"学为人师，行为世范"，强调的都是道德行为高尚的人才可为师，才能成范。

教师的情怀厚植于新时代背景下强国强教的宏图大业里。传播知识、传播思想、传播真理，塑造灵魂、塑造生命、塑造新人，是对教师国家使命和社会责任的最有力诠释。

当代师德文化以立德树人根本任务的落实为基本出发点和最终归宿。"国无德不兴，人无德不立""学为师之骨，德为师之魂"，中国传统文化中师德的本质意涵是当下落实立德树人根本任务弥足珍贵的生长资源，要内省于心、外显于形、实化于行。教师需要在政治品格、精神操守、行为规范、专业素养等多元一体化方面，集经师和人师于一身，涵养师者匠心，锤炼高尚品格，立德治学施教，在学生的人生轨迹中产生持续终身的影响。

教育无远弗届，要真正用心做教育。在雅礼中学这座肩负国家责任、担当文明进步的学堂里，我们谨记使命，潜心育人，与时俱进，共筑生命华章。

（二）教师是有思想的

教师是人类灵魂的工程师，教师的劳动是思想的劳动。这是教师区别于其他职业人员又一个显著的特性。教师是教育活动的主导者，是启迪学生智慧、成全生命成长的陪伴人。教育是真、善、美的事业；教育工作是面对人的生命，发现与培育真、善、美的过程，是对生命光辉的最大成全；教育思想是为了让每个孩子能够拥有定义幸福、追求幸福的自由，基于人的生命特质与社会要求，对真、善、美的获得途径进行的思考。教育是人的活动，与生命的成长紧密相连。

1. 教师思想涵育教育生命

教育是一项对人类灵魂起塑型作用的工程，教师是人类灵魂的工程师。灵魂工程师的工程水平深刻影响着这项生命工程所能达到的高度。教师是否具备教育思想，具备怎样的教育思想成为评价教师优秀与否的重要标准。灵魂的塑造就如璞玉的雕琢，如何将鲜活的生命从石头里解放出来？优秀的教师善于用思想和智慧演绎、成全生命的艺术。他们因材施教，善于因形而异、因形而动，善于把好与坏、丑与美自然转化，实现辩证统一。面对多样而复杂的生命，具备教育思想的教师总有办法，没有办法也能生成办法；如果教师没有教育思想，那么他们往往愤怒，往往机械，往往无助，也往往将鲜活的生命变成顽石。教育始于让我们为难之时，教育灾难始于让我们为难之后。教师的"无知"与"无法"，恰如医生的误诊与无法，可能带来的不是希望而是毁灭。医生对生命进行拯救，教师对灵魂予以成全，两者都责任重大，并非人人都能胜任。（图2-4）

2. 教师思想诠释教育本质

每一个生命个体都是个性与共性的统一，都是变化与不变的统一。从个性与共性的角度去看，每一个学生都有着自己的个性特点，又能体现学生普遍的心理规律；从变化与不变的角度考察，每一代学生都有学生不变的特质，也有因为时代变化而造成的生命变化。基于此，教育者的思想必然要充满智慧，能够实现原则性与灵活性的统一。而这种教育的智慧根源于对教育本质的理解：爱与成全。如果不是这样，就容易在原本温情的教育里滋生傲慢与偏见。其内在逻辑是：对教育本质的理解产生教育的智慧，而实现对教育本质的理解的基本路径就是共情。教师的共情使教师能够从学生的视角找到问题的症结和教育的出口，因而教育的共情产生师生之间的教育共鸣。这个过程体现得最好的教育方式组合就是启发式教学与自我教育。一种让人豁然开朗，另一种让人自我反思。

图 2-4   "雅礼讲坛"是学校研讨教学与学术的重要载体

3. 教师思想扩展教育视野

我们要意识到教育的万能性是不存在的，但可能性是真实的，实现让每个孩子获得相匹配的最佳生命教育是现实的。如何找到教育的最佳路径？那就是给予自己和学生"时间＋空间"。教育一样需要有"退一步海阔天空"的智慧，因为我们太想让孩子成为我们设想的那个完美形象的"复制品"了，导致"揠苗助长"和"好心办坏事"的悲剧一再上演。成长需要时间和空间，就像树苗需要阳光和雨露，这是生命的本能需要。泰戈尔的名言"不要以我们的所知限制儿童之未知，因为他们和你生活在不同的年代"说明的就是这个道理。

教师要根据自己的思想特质，在自己的教育思想中寻找最佳途径，同时，把自己的教育思想领域拓展出新的空间，并进行理性的实践。在这个过程中，教师可以说是功德无量的。一方面成全了自己，教师的教育思想获得了发展，人生的智慧也获得了启迪；另一方面成全了学生。人生有无数次蜕变的机会，最佳途径下的教育，使得这种蜕变是如此的与众不同、珍贵无比。

4. 教师思想丰富教育实践

苏格拉底曾说，"未经审视的人生是不值得过的"；同样，未经审视的教育是不值得教的。对教育思想的再考察能力，使得教育活动具有自我批判、自我完善和再生的能力。失去了这种再考察能力的教师，往往容易忽视单一教育的片面性和人性的复杂性，其结果往往导致教育开花结果的时候也隐藏着严重甚至是致命的缺陷。当然，教育不是全能的，教育的目标是朝向塑造完人的方向而不是追求完人的结果。但如果是教育本身的偏差造成了缺陷，那么就值得深思了。比如说，对个性的过度解放，造成集体意识的淡薄；对权利意识的过多强调，造成学生义务意识的匮乏；对学生人生发展的理想教育更多基于个人前途、物质利益，造成学生缺乏对深层次的生命价值的思考。诸如此类的教育常常造成学生是非观念模糊、意志力薄弱等许多问题。因此，当失去对教育方式的再考察能力，教师可能会在不自觉中走向教育本质的对立面。所以，保持这种再考察能力，能够让我们保持一种警惕；让我们习惯于做加法的同时，也能够告知学生做减法的意义；让我们习惯于润物细无声式的建构之时，也能够善于庖丁解牛式的解构。这样开出的"药方"才能够使生命阴阳协调。

5. 教师思想深化教育理解

（1）"三个面向"的厚重

教育是面向现代化、面向世界、面向未来的。每一个面向都要求教育思想的形成要基于对职业和生命的热爱与深刻理解。不同的教师因为不同的原因，存在理解上的某种差异，从而形成不同的教育思想，但是，建立在这种"基于"之上的教育思想都体现出教育的本质是爱与成全。教师的教育思想是他融入血液的职业信仰和职业践行的指引。这份职业千辛万苦、千头万绪，很难想象一名没有教育思想的教师能够从这份职业中找到自我认同和职业幸福感。

（2）教育思想的初心

苏格拉底之所以被视为古代雅典最有智慧的人，是因为他唯一知道的就是他自己一无所知。教育者只有认识到自己的无知，才能告知学生"学海无涯"的道理，才能影响学生在面对这"无涯的学海"之时保持谦卑和崇敬，"求学"才能让人着迷并成为终生的追求和信仰，生命的灵魂才能终生被人类文明和智慧滋润。同样，正是这种无知才能够让作为知识分子的教育工作者对包括教育在内的智慧如饥似渴，才能够让所有的价值追求聚焦于对职业智慧的纯洁追求，进而延展职业生涯的生命。正是这种"无知感"让热爱教育的人更加热爱教育，在纷繁复杂中牢记教育的初心，守住教育的本真。

（3）教师思想的挑战

美国心理治疗学家费登伯格提出：职业倦怠是一种最容易在助人行业中出现的情绪性耗竭的症状。教师是一项成全生命的职业，这项职业既简单又复杂，既枯燥又多样。随着职业年龄的增长，教师非常容易出现职业倦怠，进而造成思想僵化。譬如，目前中学教育中存在着师资不平衡的现象，不平衡的重要表现就是不同教师的学习力存在较大差别，这种差别又取决于教师是否具备开放进取的心态，能否树立起终身学习、与时俱进的思想。长此以往，部分教师的职业倦怠会让其在自己的职业生涯中"不思进取"甚至"得过且过"，让职业生命变得麻木，让感知生命成长的能力变得迟钝。因此，教师思想的激活问题是一个关乎中国基础教育的重要问题。某种意义上，教育思想的进步就如同教师对生命进行教育探索的"阿波罗计划"一样，每一小步就是生命发展的一大步。教师有了这种思想，既是对生命成长的一种尊重，也使教师保留了对生命进行教育的资格。

哲学巨匠康德指出，人非工具，人是目的。教育的终极目标是培养幸福的人。只有建立在对生命成长与职业生命思考基础上的教育思想才能获得对生命更高层次的洞察力。这是教育人对教育的最高敬畏。

（三）教师是成长发展的

教育改革越向前发展，教师的支撑作用就越发明显。没有一支优秀的教师队伍，任何教育改革都不可能取得最终成功。这也符合教育改革的"供给侧"原理。教师作为教育改革的重要因素，本身就是供给侧的重要组成部分。教育要培养人才，要涵养生命，要改变他人，这需要教师自身的强大原动力。

教育是涵养生命的过程。教师有什么样的生命状态、生命品质和生命格局，学生自然就会呈现什么的生命状态、生命品质和生命格局。因此，回归到教育实践中，作为今天的中学教师，我们培养学生、教育孩子的过程，与其说是培养他人的过程，不如说是自我修炼的过程，改变他人都是从改变自己开始的。

教师的成长发展决定了教师群体的千姿百态，教师的个性也因教师自身的改变而变得更加突出。在教师成长和发展的道路上，我认为有三个方面值得重视。

1. 追求生命的自觉

教师和学生一样，都是生命成长的个体，学生的成长发展需要设计和引领，需要尊重和包容，教师的成长和发展同样如此。没有人天生可以做教师，教师都是"培养"出来的。

在江苏省石城中学陈瑛老师看来，"学校的成功与教师杰出的能力和他们进取的精神密切相关，这种能力与精神并非全部是职前培养的，学校的现实环境也是培植、巩固和不断发展它们的重要场所"。教师与学校的关联和学生与学校的关联一样，都在这个神奇的文化场域中发生作用。教师只有在有生命气象的学校中成长和发展，才会具有教师的生命气象。学校对教师的尊重和包容，对教师的培养和指导，是教师专业发展、生命成长的不可或缺的温床。优秀的教师都是在工作过程中成长起来的，教师的教育教学实践是教师发展的基础。

由此观之，教师从走上职业生涯，从"学校"回到"学校"的那一刻起，便完成了从"学生"到"教师"身份的转化；同时，也开始了另一段"学生"生涯，在学校里，和学校、学生一起共同成长。

如果说，学生的最终发展都要落实到自主发展上来，这个过程需要教师、家长、学校、社会共同去引领和促使；那么，教师的发展成长几乎可以省去这些外在的力量，因为教师的发展从来都是自主的、积极的、能动的。教师的自我更新、自我发展是一种源自自身内在需求的成长和发展。

教师对人生意义的理解，必然需要站在信仰层次上。教育对每一个教师而言，应是信仰的追求，始终不渝，奋斗不止。这种信仰是坚信人的可贵，坚信可以通过后天的努力促使人的不断成长、能力的不断提升、品质的不断升华；是相信教育的力量，坚信可以通过知识的传递、科技的创新、文化的传承促使民族和社会不断，走向未来更为广阔辽远的天际。教师的教育人生，就是以"小我"的生命实践去追求"大我"的人生价值，就是用生命影响生命，最终实现师生共生共长、和谐进步的过程。

教师生命影响学生生命，教师格局发展学生格局。教师的生命应该是怎样的一种状态？呈现怎样的一种品质？又应该是怎样的一种格局？在学校、教师、学生"三位一体"的文化场域中，教师的生命应该扮演怎样的一种角色，起怎样的作用？

这些都是值得我们去研究和思考的问题。

一个充满活力的教师，他应当身心健康，有良好的体育锻炼和心理调适习惯，积极进取的心理状态和淡泊宁静的心境相得益彰，有强烈的内在效能感，精神生活丰富，有创新活力。

一个拥有品质的教师，他应当业务精湛，有自己的教育风格，能艺术地开展教育活动；视野开阔，学养丰厚，有自己的教育思想，能不断超越专业限制，不仅注重学生的学科知识能力培养，更能从根本处着眼，帮助学生不断打开精神格局。

一个格局宽阔的教师，他应当有强烈的社会责任感、教育的使命感和担当意识。能为学校的发展担当，与学校的发展同呼吸、共命运，有坚定的教育信仰，能不断提升职业精神境界。

这就是我们想要的理想的教师的样子，学校应该按照这个样子去引领和培养教师，引领教师的职业设计和定位。

我们总说要培养学生的品行和能力，但却自觉或不自觉地用刷题刷分来取代正确的培养途径和方式。当教师眼里只能看到"分"的时候，试想家长和学生又怎么能够看得到"人"？我们总是相信每一个人都有每个人的不一样，多一把尺子就会多出一批人才，可是我们却又总是机械地用同一种标准衡量我们的投入和产出，试想又有多少人可以达到我们理想的目标？有时候，真的不是孩子太不争气了，是我们的所欲所求太霸道了；有时候，真的不是家长太焦虑了，是我们在引导他们分分计较。

我们常说要关心每一个孩子，要无差别地对待每一个弱势群体，但当这些活生生的例子就在我们身边的时候，我们却采用了几乎一致的态度。试想，我们又怎能培养出大爱？我们总是告诉孩子要勇于质疑和创造，可是我们有的时候连倾听一下孩子思考的过程都没有耐心，总是急于把正确的知识和道理告诉他。试想，质疑和创造的能力不正是被我们亲手扼杀了吗？有时候，真的不是教育太艰难，而是我们的想法太简单；有时候，真的不是问题太多了，而是我们自己总是在不停地制造现实的困境和麻烦。

2. 享受学术的尊重

"过一种幸福且完整的教育生活"，这是我一直以来倡导和追求的教育理想。很多刚入职的青年教师难以明白这一点，因为他们常常被现实的生活压迫得难以去直面思考这些问题。"为教学而教""为工作而教""为薪水而教"是青年教师们更真实的选择。说到底，是教师们没有认识到教师职业的成长目标到底是什么，教师不清楚自己未来的样子，或者，他们尚不敢确认和相信学校与校长究竟能够给他们的未来带来什么。

因此，除了给教师职业以规划和引领，帮助教师找到成长的目标之外，学校和校长还必须给教师以成长的快乐，要让教师尝到成长的"甜头"，感受到作为教师的幸福与快乐。

我常鼓励教师们聚焦课堂，专致教学，做学问，做研究，在"师德立身"和"学术立校"中找到教师的存在价值。

学术，一个本是与大学的工作经常关联的词汇，在雅礼中学得到了应有的尊重。学校提倡学术立校就是为了激发教师的教研热情，在自己的专业发展中寻求职业成就和幸福感。雅礼中学的近百门校本课程的开发就是学术研究得到重视的体现，众多国家级、省级课题的研究开展也带来了学术研究的成果。更为普及的是，以教研组、备课组和教师个体为单位的校本研究、微课题研究营造了雅礼中学浓郁的教研学术氛围。通过搭建雅礼讲坛、教学开放周、教师沙龙等载体，教师有机会将自己的学术成果进行展示，充分尊重了教师的学术地位、学术成就。以长沙市邓志刚语文名师工作室、朱全民信息技术名师工作室、程悦康物理名师工作室、杨伯群体育名师工作室为代表的名师工作室研究更是为全市、全省的教育教学研究提供了阵地和摇篮，起到了很好的引领示范作用。（图 2-5）

图 2-5　全国教育科学"十三五"规划课题集中研修

　　师德立身，学术立校。一支充满活力、品德高尚、专业突出的雅礼中学教师队伍成为学校内涵提升的重要保障。2015年，我将"师德立身，学术立校"的要求规范进一步发展成内涵更加丰富的"做有品格的教师"，提出在新的教育发展形势下，雅礼中学持续高位运行，教职工要突破现有视域，教师修养要进入新境界：教师道德品格要高尚，要经常检视自身修德修能的不足，善于反思，善于完善；自律品格要坚守，潜心于传道授业，恪尽职守，弘扬正气，赢得尊严；教育品格要优秀，优化教育教学素养，做让学生、家长与社会满意的教师。这个论述得到了全校教师的高度认可，现在，"做有品格的教师"已成为雅礼中学教师的行动纲领。

　　2019年，为适应新高考背景下的教育教学改革，以雅礼中学为主体，以集团学校为主要力量，我们又先后成立了9个高考文化学科的集团名师工作室和1个德育（班主任）名师工作室，通过组建名师工作室，把有教育理想的教师聚集在一起，共同研究，相互借鉴，一起成长，进一步繁荣了学校的学术氛围。

　　学术立校使教师的教育生活得到尊重。学术成长要求有宽松的环境，有充分的思想自由。在社会主义核心价值观的引领之下，教师的生命状态自由奔放，学生的生命状态也会得到舒展。学校里有很多优秀的教师，他们时常受到学生们的追捧。因为在孩子们眼中，这些教师给了他们足够的精神力量。

　　在雅礼中学的校园内，这样的教师随处可见。

　　以下为雅礼中学胡军哲老师撰写的一篇文章。

但开风气不为师

胡军哲

　　历史给人大波澜。通过历史，人们可以在有限的人生里看到无限广阔的大千世界，这就是历史给人的震撼。历史教育对于人的培养起着十分独特的作用。它为学生提供一种特有的训练，我们可以从一些看似枯燥艰涩的东西开始，逐渐去领会一种学术的境界，去掌握一种求真的技能，去积累一种贯通古今的智慧，去培养一种对人类命运的关怀。理性和良知的训练，才是使人终身受益的东西，这也是我们的校园会成为"精神家园"的重要原因。

　　历史课程教育的落脚点是培养具有健全人格的"人"，为此，组刊将通过"学子展台""学业指引""校本课程"等栏目，来涵育并展示学生的学科核心素养。新时代的号角已经吹响，新课程改革走向深入，新高考推行在即，历史教育的方向已明朗，历史教师大有可为。我们理应奋勇当先，不负时代。切实提高专业素养与育人水平，为学校教育教学质量的全面提升贡献力量是我们创办组刊、加强教研组建设的初衷。因此，我们期待着在"教学研究""教学设计""考试论坛"等栏目中，组内教师的佳作不断涌现。

"一事平生无龁龁，但开风气不为师。"这是龚自珍1839年辞官回家途中所写的诗句。1924年，胡适在答章士钊的诗中写道："但开风气不为师，龚生此言吾最喜。同是曾开风气人，愿长相亲不相鄙。"两位文化人都以著书立说来开启一代风气，其书生意气、开阔胸襟，为近代知识分子的情感、行为树立了典范。历史学科博大精深，任何人永远都有自己不懂的地方；历史教育任重道远，任何个体在前行的道路上难免孤单。

一个人可以走得更快，但一群人可以走得更远。

3. 重视青年教师的塑造

青年是事业的未来，青年教师最具有成长性。进入21世纪后，随着社会经济的不断发展，价值多元越来越影响新一代的青年人，现在从事教育的这一代教师与20世纪八九十年代从事教育的教师已经大不一样了。青年教师有着青春的热情和理想，也有着鲜明的个性，他们更具有生命活力，更要求生命品质，更有希望呈现更高生命格局，也更容易得到学生的亲近和喜欢。毫不夸张地讲，今天的校园，是青年教师的"主场"。

提升青年教师的教育教学能力是帮助青年教师成长的关键。班级管理和课堂教学，说到底还是一个"技术活"。既然是技术活，就有范式可以遵循，有方法技巧可以借鉴。让青年教师快速站稳讲台，成为合格的班主任和科任教师，就是要始终牢牢抓住班级和课堂这个"牛鼻子"，让教师们专注于班级和课堂，去反复演练和研磨，领会其中的奥妙。只有打牢了这个基础，才能真正有所创新，才能形成个性与特色。（图2-6）

教师成长和发展一般都会经历如下四个阶段：模仿性教学阶段、独立性教学阶段、创造性教学阶段和形成独特的教学艺术风格阶段。学校培养青年教师的教育教学能力，就是要让教师有专注力，进行观摩和模仿，留足时间和空间让教师琢磨、反思和提炼。

图 2-6　雅礼中学"青蓝工程"2019—2020 师徒结对仪式

　　提升青年教师的学术研究能力是帮助青年教师成长的又一关键。青年教师具有创造性，有学术研究的热情，他们的基础素质都很好，有良好的进行教育教学研究的能力。青年教师总是和学生们在一起，更懂学生，知道学生在想什么、想要什么，他们总是能够最先想到解决学生问题的办法，总是能够以更高效、直接的办法抵达学生心灵的深处，在学校研究的领域，他们是"天然专家"。

　　课题研究、行动研究、指导学生社团、参与班级管理、开展学科活动，这些都是青年教师参与学生成长和学校建设的很好的途径。我曾看到过很多青年教师喜欢和孩子们一起做社团，一起玩。有时候，你会觉得他们的行为方式与标准的、传统的教师相比有些"离经叛道"，但却是学生们欢迎的、喜欢的。没有人比这些年轻人更懂孩子，只有懂孩子的人才能教好孩子。

　　既然如此，学校就应该理直气壮地包容并鼓励青年教师的个性成长，要让青年教师的活力和创造力被激发出来，让青年教师站到学校舞台的中央，让他们真正成为学校教师队伍中的"主角"。

　　为青年教师释压，允许青年教师试错，鼓励青年教师创新并发展个性，发挥青年教师的课程改革创造力，持续激发青年教师热爱教育、研究教育、奉献教育的热情，这考验一所学校的文化自信力、管理自信力，也考验一个校长的胸怀与气度、定力与决心。

我愿意看到青年人在校园里迸发出活力与创造力！

六、个性教育之学校观

众所周知，教育的实现，必须依靠学校来完成。但是，随着社会的不断发展，尤其是信息技术革命的不断推进，社会上也不时流露出一些对学校教育的不满。一方面，由于千篇一律的学校教育强调以文化学习为主，学生们因考试和升学而不堪重负，繁重的学业负担让家长和孩子们"望而生却"；另一方面，在所谓"公平"原则的指导下，学校几乎对全体学生实行一种统一的培养模式，压抑甚至扼杀学生的个性成长。当学校成为各种升学和考试分数的"竞技场"的时候，学校的价值也就荡然无存了，剩下的就只有冰冷的数字。

各级教育行政主管部门和各级各类学校显然已经深刻意识到这一点，因此，每一个学校都在致力于自己的内涵发展、特色建设，都希望建立起自己独特的课程体系，涵育不同的学校文化。然而，收效并不明显，尽管我们付出了不少努力，但学校之间的差别仍旧更多地停留于生源的差别、质量的差别，学校与学校的竞争依旧更多地表现为生源的竞争、升学成绩的竞争。这种竞争很可能导致学校对学生的择优和人民群众对优质教育资源不足的不满。显然，它与我们国家要求的"发展公平而有质量的教育"并不相符。因此，要回到党和国家的教育发展战略上来，切实解决"择校热""择校难"的问题，关键就是要改变学校的同质化发展，实现学校的特色发展、个性发展。

（一）学校是有活力的

学校的个性化首先表现在学校的活力上。

1. 活力是学校最本质的特征

当我们走进一所学校，这所学校首先会给我们留下一个整体的印象。这所学校的环境怎么样？学生和教师的精神状态怎么样？学校的管理秩序怎么样？其次，我们才会把这些与这所学校的教育教学质量、社会赞誉度联系起来，从而判断这所学校是否优质，或者揭示出这所学校成功或不成功的原因到底在哪里。所以，最初的整体印象很有研究价值，它是我们了解一所学校最重要的基础。

我们在观察学校的时候，首先映入眼帘的当然是校园环境、师生状态、管理秩序等，这些是一个学校重要的显性存在。校园环境美观整洁，师生状态积极昂扬，管理秩序规范有序，这样的学校就不会糟糕到哪里去，因为从学校的环境、师生的状态、管理的水平，我们可以窥见这所学校蕴含的活力。有活力的学校就是有生命力的学校，学校有了生命，学校就会生长起来。

花草树木、虫鱼鸟兽和人类，构成了这个美好的自然，学校同样如此。从社会学的意义而言，学校是一个集中了土地、房舍、教育教学资源、管理机制等方方面面的集合体。其中，校园里有生命力的学生、教师是最重要的存在，没有他们，学校不可能称为学校。我到过一些地方，目睹过一些校园的破败凋零，真是"无可奈何花落去"！没有了学生、教师，就算拥有再好的教室、再好的校舍、再好的资源，学校也丝毫没有生机。

有了人的存在，学校自然就会有生命的气息。建设花园似的学校，是所有教育管理者的目标。让草木竞相生长，让鲜花盛开，让水自由流动，让虫鱼可以自由自在，让校园更加自然、有美好的生态，这是对生命的尊重，对活力的诠释。一个对自然都不尊重的学校是不会尊重生命的，一个连校园环境都不能做到美观、漂亮、整洁的学校是不可能绽放出生命的活力的。

校园聚集了数以百计甚至千计的学生，学生本身就是最具有活力的存在，他们天真烂漫、青春热情，犹如大自然里的生命一样，"草木蔓发，春山可望"。有一个良好的环境，有阳光雨露，有土壤水分，有关怀呵护，他们就会恣意生长、活力迸发。无法想象，一个没有了活力的校园会让这些鲜活的生命变成怎样糟糕的样子，一个失去了活力的校园又怎能让学生的个性熠熠生辉？

学校是儿童和青少年的"家园"，学校是孩子们的又一个"家"，这个"家"无论在时间还是空间上，都是学生成长期间最重要的一个部分。如何使学校有像家一样的温馨和舒适感，这考验着教育者的智慧。除了给孩子们营造一个很好的自然环境，还要给孩子们营造一个很好的人文环境，只有这样，才能保持学校的活力状态，让校园散发着青春的味道。

2. 场域是学校最真实的存在

学校是资源的集合体，一所学校能够发展成为什么样子，关键就在于它开发、整合和利用资源的能力有多大。学校本身就拥有很多的资源，如厚重的历史文化资源、不断形成的教师团队资源、学风教风等；社会也会不断赋予其更多的资源，如政府可以配置、社会可以赠予；当然，学校自身也可以发掘拓展。文化传统决定着学校的精神传承、校风校貌，教师资源决定着学术风格、教学质量，学校地域和周边的环境也可以对学校的个性与气质产生不同的影响。以学校为中心，学校、家庭、社会，学生、教师和家长会形成一个文化场，场域内有各种资源，有各种力的作用，形成了活跃的、丰富的、动态的"场效应"。

学校生命是文化场中的生命，受到各种各样场域资源的影响。越丰富的资源，越多的作用力量，对于生命成长的影响越大。

为什么我们毕业的时候，会称呼培养了自己的学校为"母校"？这就体现出了文化场的作用和力量。母亲十月怀胎和学校三年、六年的培养一样，都是在孕育个体的"生命"。母亲孕育了个体的第一次生命——有形的身体；学校孕育了个体的第二次也是更高级别的生命——身体的成长，学识的增加，思想的成长等。而个体本身，汲取来自母亲的营养，在母体内不断得到丰富的滋养，才有了呱呱坠地；各种资源的力量不断作用，才有了走出校园，走向更高的人生平台，为终身发展奠基。这样的成长，才是真正有生命意义的，才是个性的成长。

3. 生长是学校最显性的行为

个性是什么？个性就是大自然里生命的千姿百态。如何才能孕育出这大自然里千姿百态的生命？我想，每一个生命都是一粒种子，它的生长、发展需要赖以成长的土壤，这个土壤就是学校，就是一所所散发着活力的学校，一所所让这些种子破土发芽、旺盛成长的学校。

教育是什么？教育就是要让生命成长。所有的知识都忘记之后，留在学生身上的道德、品质、能力和素养，这些就是教育之结果，就是生命之本身。教育就是要让生命自由，让思维发展，让格局提升。学校教育依赖于学校这个场域来完成，学校就是学生生命成长的地方，这个成长包括身体的成长、精神的成长、品质的成长。

一所死气沉沉的学校，意味着学校最宝贵的活力已经失去。如果学生、教师都被绑在考试、升学的机器上，如果每一个人都被繁重的、不得不学习的压力压得喘不过气来，如果学生和教师总是在教室、食堂、寝室三点一线上来回奔波，这样的学校土壤就禁锢了种子的发芽，这样的学校就像沙漠和荒丘，纵使再良好的种子，也不能在这里孕育出生命，更不要说培养学生的品质与精神、个性与特质了。

当然，有活力的学校也应该是有序的，它必须在规范下释放活力。所以，我们强调学校的管理秩序必须规范有序，规范意味着文明，有序意味着可以控制和激发。学校里生命的生长一定不是野蛮生长，它是在教师的引领之下，按照教育规律的生长。追求学校的活力就是要追求严肃而活泼、紧张且有序。唯有如此，才能培养出易于领导却不被驱驰、易于管理而不被束缚的学生，才能激发学生的创造力，发展学生的个性。

（二）学校是有品质的

个性源于品质，个性化的学校必须是有品质的学校。一所方方面面都乏善可陈的学校谈不上是有个性的学校，这样的学校也培养不出有个性的学生，培养不出有生命品质和生命格局的学生。

美国加州大学洛杉矶分校的约翰·古德莱德教授曾经于20世纪80年代在全美做过一个大规模的调查研究。调查组发现，学校之间存在着一种"奇怪的、难以描述的雷同"——"学校是不同的，但学校教育在哪里都是一样的。学校在它们的管理系统和人际关系上是不同的，但学校教育在任何地方都是大同小异的。"这种学校的趋同性掩盖了学校品质的差异，优质的学校和糟糕的学校的差别就在于各自的品质不同：优质的学校讲品质，糟糕的学校则鲜有品质可言。①

有品质的学校，会尊重教育发展的规律，尊重人成长的规律，会少一些功利性。这样的学校关注的是生命本身，是人的发展和成长。它面向未来，奠定学生未来发展的基础。

有品质的学校，课程设计会丰富多彩，会基于学生发展的多元性而进行顶层设计。课堂会更加凸显学生的主体作用，会根据学生的学情来巧妙设计教学，会时时刻刻关注到学生的情感体验。在能力培养方面，课堂会更加重视学生对于问题的发

---

① Goodlan, J. I., *Educational Renewal：Better Teachers，Better Schools*，San Francisco，Jossey-Bass，1994，pp. 89-91.

现和解决，不断提高学生面对不确定的未来的能力。

有品质的学校，注重的是学校内涵的发展、历史文化的传承、师生的精神成长和综合能力的提升，会直指生命、直指个性。所以说，学校的个性化还体现在学校的品质上。

1. 学校是师生精神的城邦

学校作育人材，教会学生知识，帮助学生养成良好品行，培养道德和精神。相聚于斯，成长于斯，学生在一个文化场域里一起被浸染、被熏陶、被学校各种各样的教育资源产生的力量所作用，身上深深地烙上"母校"的印迹。

学校对学生产生的最大的影响是对其精神的影响。这种精神，是全体师生对学校文化的认同、价值的认同、行动方向的认同，每一个在学校文化场域里的人，都会自觉践行这样的理念，坚守这样的价值，会生长出对这所学校浓浓的爱。许多日子过去，人们就会发现，这样的学校与众不同，有着不一样的精神气度，有着鲜明的个性，有着自己的良好品质。

学校有精神，则必然生长出个性，这是学校与学校之间最大的区别。当我们听到一所学校的名字的时候，那所学校的样子、呈现出的状态以及带给人们的印象会立马在脑海中呈现。就如同一提到以"公勤诚朴"为校训的雅礼中学，人们的第一反应是这所学校十分重视素质教育，学生很阳光、自信，学生的能力很强；一提到以学习成绩见长的学校，首先想到的就是那里的学生勤奋刻苦、非常自律、基本功扎实。学校的名字已经很明显地把两所学校区分开来。

一个学生，在什么样的学校里读书生活，其实也就是选择了一种什么样的生活方式，身上也就自然而然地带有了什么样的气质和个性。我在 2016 年春季学期开学典礼上进行过如下阐述：

雅礼中学，不单是一个雅礼学子生活与学习三年的地方，更是我们共同的精神之邦，一座历经 110 年风雨洗涤、岁月锤炼而来的精神之邦。她流淌着现代科学文明的基因，也闪耀着中华优秀传统文化的灿烂光华。十余万校友曾在这里找寻人生的信仰，点亮内心的灯塔，培养独处的能力，而后走向四方，建功立业，他们始终将这里视作精神的源泉，鞭策自己成为国之栋梁、文明巨匠。回乡之时，他们必会返回这片滋养其精神的土地，共添雅礼光辉。

我们培养的学生也会对学校的文化和精神念兹在兹，他们心灵深处种下了学校的精神因子，随着时代的变迁，这些东西会生根发芽、不断壮大。

雅礼中学百年校庆时，校友黄炳灵这样描述雅礼精神：是"东西优良文化传统自然结合的产物"，包括强烈的责任感、猎犬精神、全面发展以及勤俭、节约、朴实的生活、学习和工作作风等。他这样写道：

雅礼协会的先驱如盖葆耐、解威廉、胡美等，其后继者如俞道存等，短期来雅礼中学执教，特别是抗日战争时期来此执教的耶鲁大学教师，他们是踏着雅礼精神之路来中国工作的。雅礼中学老校长黄溥、劳启祥，我们的老师应开识、盛群铎、何家声、王光鼎，1942年病故的历史老师左复及其他教职工，他们把一生献给了雅礼中学，难道他们不是雅礼精神的表率吗？老校友何凤山更为典型。他不顾个人的安危，在第二次世界大战中挽救了成千上万人的生命，雅礼校友为之感到骄傲。

已故校友王宗石，1936年毕业于雅礼中学，抗日战争时期回雅礼中学教语文。1957年，他开始为其所著的《诗经分类诠释》收集资料，在被错划为"右派分子"的艰难时期仍不放弃学术研究；后来，长期辛勤收集而来的资料全部被毁，1971年他重新开始辛勤工作，又经20多年，终于，其作品在1993年出版。此后，该著作又经不断修订再版。他还协助应开识老师建立了长沙雅礼校友会。他的事迹实乃猎犬精神的典范，不应忘记。

百年以来，雅礼中学为国家培养了成千上万的人才，为国家和社会做出了杰出的贡献。

生命有舞台，精神有城邦，而雅礼中学，应该是雅礼人共同的精神城邦。在目前基础教育的版图里，雅礼中学既能坚守教育的本真，又能取得如此辉煌的成绩，实属不易，这也是雅礼中学的学生之幸。我总是期望我们的孩子能传承雅礼中学的精神，去创造更美好的风景。

2. 创新是学校品质的基石

社会上有很多优秀的企业，它们一直在追求产品的品质，创造企业的品质。其实，学校也和企业一样，唯一不同的是，我们的"产品"是人，我们没有自己的工业流水线，我们把教育教学的全部行为附加到学生身上，让学生变得更好、更强。

所以，学校里的所有时间和空间内，全部的教育教学行为都是生产。要创造良好的品质，成就品牌，我们就必须把自己的每一个教育教学行为、把学校的全部行动优化到最大值，就需要把任何事情都做到极致。

这一直是我和我的同事们信奉的守则：要么不做，要做就做到最好。教育中没有浅尝辄止的事情，"一旦邂逅，就会厮守"，所以我们在教育的道路上，从来就是"从一而终"的，把普通的事情做一辈子，把一辈子的事情做到极致。

在雅礼中学，我们经常会承接一些省市级的教育教学展示活动。最开始的时候，是因为雅礼中学名气在外。我们是窗口学校，需要起到引领、示范和辐射的作用。久而久之，这些活动多起来，学校难免会产生一些疲劳。这时，别的学校可能就会从经验主义出发，把原来的方案拿出来，依葫芦画瓢，照搬照做。但是在雅礼中学，这种念头是不被允许的，任何一次承接的省市级展示活动都是学校一次总结提升和创新进步的机会，任何一次活动都必须以第一次的心态去对待和完成。活动要有内涵、有特色、有效应、有品质，这已成为我们雅礼人的共识。这一点，雅礼中学的干部能做到，教师能做到，学生也能做到。在活动中，尽管有些苦、有些累，工作很繁忙，但是工作后收获了成长和价值，这对大家来说是最甜蜜的。

品质亦在于创新，没有创新，就会被时代淘汰，学校要想跟上时代的步伐，必须依靠创新。这些年来，雅礼中学的创新实践来源于对教育发展形势的科学判断，来源于对课程改革和人才培养理念的深刻解读。无论是学校开展集团化办学满足人民群众对优质资源的需求，还是通过现代信息技术推动学校教育现代化，或是在拔尖创新人才培养、课程改革等方面引领基础教育潮流，都反复证明了创新是学校品质不断提升的保证。只有站立在时代的前沿，才能立于不败之地。

3. 意义是教育行为的归宿

生命的意义是什么？我想，生命最大的意义在于保持着旺盛的活力，不断地创造着价值。每一个人都有些害怕晚年的到来，生老病死，本是人世常态，但是因为生命的活力不再，我们对于价值的创造能力也随之下降，生命的品质在降低。"风光无限好，只是近黄昏"，正是表达了人们对生命到了暮年的无奈。

人终究要面临与世界告别的那一天，这是自然的法则。但是，生命会因个性的绽放而与众不同。有个性的生命，能为历史的经卷添上动人的墨迹，能为文化的大观园带来一派蓬勃的景象。臧克家说过："有的人活着，他已经死了；有的人死了，他还活着。"有品质的生命，会让个性更加光辉。学校的品质，决定着学校的生命、教师的生命、学生的生命是怎样的一种状态。

泰戈尔说过，教育的目的应当是向人传递生命的气息。学校教育是为了提高人的生命质量而进行的活动，学校的教育教学行为必须以人的发展为根本，完善个性生命的过程，凸显人性的光辉，促使学生认识到生命的价值和地位，最大限度地挖掘生命的内在潜能，提高生命的品质。

试想，在我们的学校里，如果教师总是引导着学生去感受生命的力量，认识生命，欣赏生命的美好，热爱生命，直面生命的困难，珍惜生命，领悟生命的意义，挖掘生命的深度，那么学校会呈现出一番怎样的生命状态？师生的生命品质将会多么优质，生命格局将会多么高远？在这样的生命大观园中，生命的个性将得到怎样璀璨的绽放？

（三）学校是有担当的

学校是独立的，也是世俗的。独立指的是精神和人格的独立，要始终保持清醒，要有学校的特定价值和责任担当，始终高扬理性的旗帜；世俗说的是学校的工具意义，教育肩负着党和国家百年大计的育人使命，"为谁培养人"是教育必须回答好的根本性问题。

所以，从教育的工具意义出发，学校要有责任担当，为国育才，为时养器，培养中国特色社会主义事业合格建设者和可靠接班人。从教育的理性价值出发，学校要有教育担当，立德树人，发展学生的核心素养，为未来作育人材，奠定学生终身发展的基础。从文化场域的建设理论出发，学校要有文化担当，有一定的文化独立性。它作用于社会，必须发挥好它的社会作用，为扩大自己的文化场域提供动力和源泉，不断扩大学校的社会意义。

1. 学校的责任担当：为国育才，为时养器

面向现代化，面向世界，面向未来，扎根中国大地，办世界一流的现代教育是新时代教育的前进方向。

为国育才是学校最为根本的担当，这个责任不容有丝毫懈怠，不容有丝毫置疑。一所学校能否长存，能否被社会认可，就在于对这份责任的理解是否到位，在于是

否践行了这份责任担当。

诚然，对责任的担当，不同的学校基于时代背景、社会环境、文化差异会有不同的理解。是完成国家规定的教育教学任务，保证优异的教学质量，还是推进人类文明的进程？我认为，这些都是学校责任担当的题中之义，但学校的责任担当最终都应指向"为国育才，为时养器"。

毋庸置疑，学校归根结底是要培养优秀的中国人，走好自己的道路，实现自己的发展。

雅礼中学一直践行着这条硬道理，特别是抗日战争时期，学校西迁至湖南省西北部的沅陵县办学，时局危如累卵，学校异常艰难。但即便是在这样的时刻，学校也没有放下自己育人育才、承续国家教育命脉的责任。陈能宽、邹承鲁、厉以宁等一大批优秀学子在湘西山区的简陋校舍里刻苦攻读，日后成为国家建设的栋梁；邵子风、应开识、钱无咎等大批学术名师在艰难困苦中，言传身教，影响了一批又一批青年学子。

在民族羸弱的时候，一所所学校构建的教育风骨，让民族保持着希望。今天，这种责任担当应有更为丰富的内涵。不仅要完成教育任务，办出教育特色，而且要在落实立德树人的根本任务的实践中，为每个进入学校的生命个体的终身发展奠定可为国家建设做出贡献、可在未来国际竞争中保持竞争力的基础。

2. 学校的价值担当：涵养生命，奠基终长

学生受学校环境的深刻影响，被学校的文化所浸染，深深烙上学校的印记。什么样的学校培养什么样的人才，什么样的学生成就什么样的学校。

学校是培养人的，意味着每一个人走进学校，都应该受到尊重、得到培养，都应该学有所成，将来学有所用。学校要对每个学生负责，对学生的现在和将来负责，把人的生命意义凸显出来，引领学生思维、思想的成长，发展他的个性，驱动他的人生。

一所学校不仅对个体的终身发展产生影响，而且对家庭及与之相连的社会区域的教育认知产生影响。人们对教育的发展、学校的文化、教师的师德、知识的进步的感知，往往来源于学校。学校是纽带，是桥梁，将美好的教育与真实的社会相联系。

2019 年是中华人民共和国成立 70 周年。国庆前夕，学校在网络上推出《我和我的祖国》献礼视频，雅礼中学的师生因昂扬向上的精神风貌、热烈饱满的爱国之情，在全社会引起高度关注，并获得广泛好评。

学校对学生社会价值观的影响力是无形却无穷的，学校的价值担当是有声且有形的。

2019 年的 5 月，我收到了一封来自祖国南端的家书。

高中的时候，我要求自己一定要上一所优秀的大学，成为优秀的人，成为杰出的人才。可是，所有的人都要成为杰出人才，那谁去成为普通人呢？所有人都在教育我们要变得优秀，可是却没有人告诉我们如何平凡。

担当宇宙，杰出的人才可以，普通人同样也可以。其实我们很多人都一样，怀揣着梦想来到雅礼中学，可是高考不能满足所有人的梦想。在这场考试过后，重要的是，找准自己的定位和价值，而不是怨天尤人，浪费大学四年时光。

在新兵连的时候，我在海军陆战队，那里条件艰苦，淘汰率还高，几乎每隔几天就有人被送回家。在这么一个与之前的我格格不入的地方，我凭着一股不服输的劲头练三千米，谁料练得猛了，进了手术室。从手术台上下来，领导和我说："早知道你们雅礼中学出高才生，没想到还有你这么不服输的。"虽然当时疼得没办法说话，但是在那一刻，我感到无比自豪。

再后来，我被分配到了遥远的西沙群岛，而且还是最偏僻、最凶险、最艰苦的岛屿。一开始，我的心都凉了。而且这里自然环境和硬件条件恶劣，战备压力巨大。

刚来的时候，我每天晚上自己唱着《祖国不会忘记》，数着天上的星星，看着北方，心里很不是滋味。可是，我没有气馁，依旧在这里找到了自己的价值。我利用在雅礼中学打下的坚实的英语基础，成功地获得了领导的认可。于是，领导把重要的任务——对外喊话交给了我。

在这里，我慢慢地成长，慢慢地意识到，作为军人，我的价值不仅仅只有在枪林弹雨和充满硝烟的时候才能够体现出来，更多的时候，我需要做的是默默的守护；作为雅礼人，我把我的价值发挥出来，就是给您最好的回报。我通过电台发出去的每一道短波，不再只是中国海军的声音，而是中国的声音。

"China"不再只是一个简单的单词，它代表了主权，是我国货船回家的方向。它更向途经这片海域数不胜数的国际商运船只宣示着：即使这里距离遥远，但是这里，就是中国！

　　还记得高中政治老师说过，"你脚下所站立的土地，就是你的中国"。这一刻，我明白了。虽然脚下的是约 1 平方千米的土地，但是我守在这里，这里就是中国。祖国南海的海洋权益不可侵犯，许许多多像我这样的普通人，"担当"起了这份责任。

　　世界需要杰出的人才，更需要许许多多有担当的"普通人""螺丝钉"。作为雅礼人，我们应担当起这份责任，担当起宇宙。

　　前些日子很多媒体来做报道时，觉得我的语言功底和文字功底还不错，一直问我是哪个学校毕业的。每当这个时候，我就会憋不住地笑着告诉他们："我是雅礼中学毕业的呀！你可能没听说过，但是你一定知道'子所雅言，诗书执礼'吧。"

　　很幸运能利用这个契机，把心里话说给您听。虽然我也不知道我这些碎碎念到底表达了些什么，但是能把我的名字和您再一次联系到一起，我很幸福。这种感觉就跟我高中毕业的那个夏天拿到大学录取通知书时的感觉一样。

　　请您放心，接下来的时间里，我一定不会让您失望，我会守好属于祖国的南海，发扬好属于雅礼人的精神，担当好属于我们这一代人的宇宙。

　　这封家书出自雅礼中学 2017 届的毕业生欧逸超。大学期间，他选择投笔从戎，选择到西沙群岛舒展报国之志。这是一封打动了所有雅礼人的家书，我为青年经历学校教育后有如此明媚的人生价值追求而深感自豪。

　　涵养生命，奠基终长。学校坚守正知正念，方可为国家、为社会创造源源不断的精神财富，方可让快速发展的社会不断仰望精神的灯塔，更好地赓续文明。

3. 学校的文化担当：奋发精神，担当宇宙

　　雅礼中学有这样一个口号：今天我以雅礼中学为荣，明天雅礼中学以我为荣。这是学校和学生间最美好关系的印证。在学校时，学生会因是这所学校的学生而感到骄傲和光荣，是因为这所学校有自己独特的气质、有较高的社会赞誉度、有很好的教师、有优良的学风校风等，还有一个重要的方面是这所学校有自己的文化、有自己的行为准则、有自己的担当。若干年后，学生走出校园，在茫茫人海之中，他能够比肩和对照的其实就是学校生活赋予他的这些东西。于是，他有了他自己的价值判断、行为准则和责任担当。

今天，信息技术加速了变革，但学校更要保持精神养成的"慢节奏"，将学校打造成精神的城邦、精神的殿堂。

我始终认为，雅礼中学虽是一所中学，但于价值担当而言，她是一所精神层面的大学。她给予学生的知识也许并不是最丰厚的，但她给予学生的精神财富却是让人终身受益的。

2015年，学校女子篮球队去北京争夺全国冠军，在北京的雅礼中学的校友自发前往观战，为球队加油鼓劲，把客场变成了主场。很多学生进入大学后，依旧喜欢穿雅礼中学的校服。假期回来，到家之后，他们也一定要回学校看看老师和校园。

今天，"雅礼中学"在校友和师生的心中，不仅是一所学校的名字，更是一种文化符号，学校的一草一木、一言一行都对其产生着深远影响。21世纪以来，雅礼中学在落实素质教育、课程改革、国际交流、教育均衡发展、新高考改革及落实立德树人根本任务等时代进程中从未缺席，并勇于担当，办好人民满意的教育，给国家教育不断增添着美好。

在这样的担当和作为中，雅礼学子养成了"及时奋发精神，好担当宇宙"的精神气概。

我的教育实践

如前所述，个性教育的出发点和归宿是人的全面发展，培养有个性的人。相应的个性教育观包括课程观、学生观、教师观和学校观；相应的个性教育实践包括在课程观指导下的课程建设、在学生观指导下的学生成长、在教师观指导下的教师培养、在学校观指导下的学校发展。在学生终身发展、教师专业发展、学校内涵发展三位一体的办学实践中，培养全面而有个性的学生，是个性教育实践的核心。围绕这一核心，我认为课程建设是基本载体，教师培养是根本依托，涵养生命气象是总体目标。

一、课程建设

我始终认为一所学校的特色在于其课程的特色，一所学校要成为"学生个性的海洋"，关键在于课程。在学生终身发展、教师专业发展、学校内涵发展三位一体的个性教育实践中，我牢牢把握课程这个载体，通过构建丰富的课程，营造深厚广博的"生命场"，充分孕育学生"人之为人"的共性；通过构建多元的课程，充分尊重学生的个体差异和选择权，培养学生的个性，涵养学生的生命气象。学校构建的课程体系包括课程目标体系、课程内容体系、课程实施体系、课程评价体系。

（一）课程目标体系

清晰的课程目标体系是学校办学理念、育人目标的具体化，它指导课程内容体系、课程实施体系和课程评价体系的建构。在长期的办学实践中，学校形成了三大价值目标、四大基础目标、五大核心目标三位一体的课程目标体系。（图 3-1）

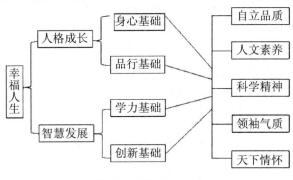

图 3-1　课程目标体系

1. 三大价值目标

（1）健康健全的人格

健康健全的人格指的是人格结构中各质素得到健康、全面和协调的发展。关于健康健全的人格，我给学生的定位是：阳光、从容、大气。

在人格上具有"阳光"特质的人，为人自信，待人热情，行事积极，具有"积极的自我观念""和谐的人际关系""正确的社会定位"。

在人格上具有"从容"特质的人，具有平和的生活态度；在衡量任何事物的价值时，他们看重的是事物在自己生活中的意义，而不是它们能给自己带来多少实际利益；能于千头万绪之中发现矛盾、分清主次、协调关系、确定轻重先后，然后张弛有序地处理各种事情、解决问题。

在人格上具有"大气"特质的人，胸怀坦荡，举止大方，目光长远，敢于担当。胸怀坦荡指的是一个人不偏私，不虚伪，光明磊落，正大刚直；举止大方指的是一个人不俗气，不做作，言谈得体，举动合宜；目光长远就高中生来说，表现在人生追求上，有梦想，有目标，不患得患失，不怨天尤人；敢于担当具体到学校，就是校歌中所唱的"及时奋发精神，好担当宇宙"。"大气"是内心世界的一种外在表现，是一个具有综合素质的人对外散发的一种无形的力量。它可以统摄前面的"阳光"和"从容"特质。

（2）融贯中西的智慧

融贯中西的智慧，指的是融会贯通中西文化的综合能力。这一价值目标以了解东西文化为认知基础，以文化自信和文化包容为心态保障。

以了解东西文化为认知基础。西方文化与东方文化有差异，虽然在本质上两者并没有优劣高低之别，但东方文化是我们的根。高中生应立足于本土文化，广泛了解西方文化，奠定一种更全面的文化基础，最终具备将中西文化融会贯通的综合能力，这对于发展人的丰富性有着至关重要的意义。

以文化自信和文化包容为心态保障。文化自信，是一个国家、一个民族对自身文化价值的充分肯定，对自身文化生命力的坚定信念。我国的优秀传统文化积淀着中华民族最深层的精神追求，包含着中华民族最根本的精神基因，代表着中华民族独特的精神标识，为中华民族生生不息、发展壮大提供了丰厚滋养。对本土文化高度自信，对西方文化则要包容并蓄。面向现代化，面向世界，面向未来，在文化上应引导学生开放胸怀，以包容的态度去对待。

（3）幸福完整的人生

课程的核心目标最终指向成就学生幸福完整的人生，它是健康健全的人格与融贯中西的智慧这两大目标的统合，具体指向五大方面。

一是身体与心理并重。身体是承载一切生命活动的载体，心理则涵盖所有思维活动与行为举止。身体与心理融合为一体，身心的完整即生理机能与心理机能的健康，这是幸福的首要前提。身体健康可通过自我锻炼与必要时借助外力加以实现；而心理健康牵涉情感、意志、认知等复杂的内心活动，且贯穿于幸福人生的整个生命过程，需渗入教育的细枝末节。

二是学识与人格和谐。学识传授与人格塑造同步进行，即智育与德育并重，让学生在科学知识的学习中自然体验到科学情怀，在人文知识的学习中深刻了解人文精神。学识才能的发挥依靠人格基础作为支撑，幸福人生的达成需要学识（智力因素）与人格（非智力因素）的共同推动。

三是自我与社会相融。成就学生的幸福人生，首先要成就学生健康健全的人格，让其在充分享受爱与尊重的过程中内心充盈，富有生机；要为学生的自我实现奠定竞争优势，这一竞争优势不仅指向学业提升，而且指向特长培养与综合素质提高。在培养学生完整自我的同时，还要培养其担当精神，在给予他人帮助的同时，强化幸福的自我认同感，获得心灵升华。

四是物质层面的幸福与精神层面的幸福契合。幸福完整的人生不能简单地将物质层面与精神层面割裂开来。对于物质层面的幸福，鼓励学生通过勤劳的双手、智慧的头脑、诚信的品行去创造，正确认识物质财富；在生存得以实现与生活得以满足的基础上，提升精神层面的幸福感，回归质朴与真实，让内心和谐。

五是当下与未来统一。幸福是一种高级的生活体验，伴随着多类因素而变化。要实现幸福人生的完整就要实现当下与未来的统一。为学生创造当下的幸福就是要让学生的个性发展拥有广阔的课程空间、厚实的活动土壤，让每个生命个体得以舒展，学生能自主地选择课程来培养自己的爱好、兴趣、审美，自主规划学业，对于高中阶段的学习有独特的、愉悦的、完整的生命体验；为学生奠定未来的幸福基础即为个体生涯规划提供指导，让个体通过学习多样课程和参与多元活动来了解自己，综合自身学力、爱好、气质、志向等因素确立生涯规划，坚定未来选择，让个体在未来社会生活中因有清晰的生涯规划而有尊严感、成就感、幸福感，进而实现个人价值。

2. 四大基础目标

（1）品行基础

"品"指品性、品格、品德等内在涵养，"行"指行为、操守等外在表现。品行基础由个体内化的道德意识与外化的社会行为组成。内化的道德意识是指个体在接受教育的过程中，通过良好的环境熏陶，形成正确的是非观与高度的自控力，并具有自我修身的自觉；外化的社会行为是指个体言行举止符合社会道德礼仪要求，展现优雅气质。

（2）学力基础

"学力"就是学生通过学校里的学习而获得的能力，它是雅礼中学的学生必须具有的核心素养，这种素养也可以称为"基础学力"。它不仅包括显现的知识技能，更体现在隐性的思考力、思维方式、情感态度、价值观方面。为学生奠定学力基础，即通过课程的实施激发学生对学习产生由内而外的兴趣，培养学生举一反三、触类旁通、主动获取知识的能力，让学生从"书生型"人才转变为"开拓型"人才，并具备广泛的社会适应能力，也就是生存力。学力基础指向的是终身学习的能力，无论学生在什么样的学习环境、文化背景、社会层次中，都能汲取最充足的养料，实现最好的发展。

（3）身心基础

身心是生理和心理的合称。生理基础在于健康体魄、锻炼意识与体育精神，即通过学校教育让学生的体质符合个体年龄阶段的要求，让学生终身有主动锻炼身体的意识与习惯，让学生自主培养对体育运动的兴趣，树立体育精神；心理基础在于让学生认可自我、展现自我，锻炼承受挫折的能力，拥有同情心，懂得感恩，珍爱生活，掌握心理自我调适的知识，正确面对与解决自我冲突带来的困扰，内心始终处于平和状态。

（4）创新基础

高中阶段为学生奠定的创新基础，重在培养学生的创新精神和创新能力。所谓"创新精神"，就是独立思考、理性质疑的精神；所谓"创新能力"，就是探索未知、勇于创造的能力。

3. 五大核心目标

第一，自立品质。身康体健是自立之前提，具有必备的生活技能是自立之基础，人格自由是自立之核心，品行端正是自立之方向。唯具自立之品质，方有天下之情怀。

第二，天下情怀。有合作意识，能与他人合作；有公民意识，能担当社会责任；有历史意识，能理解祖国的传统；有国际视野，能理解多元文化；有天下情怀，能关切人类命运。

第三，科学精神。崇尚科学，追求真理，具有对自然的认知力、对问题的思考力。

第四，人文素养。尊重人，理解人，关怀人；求善，求美，求真。

第五，领袖气质。具有卓越的创业精神、组织才能、领导艺术，具有高度的包容心、使命感、自我牺牲精神。

（二）课程内容体系

根据学校课程目标，我们提出了基础扎根型、综合拓展型、创新提升型三大课程体系。基础扎根型课程坚守国家课程的基础性，为国家培养合格公民；综合拓展型课程、创新提升型课程强化课程的可选择性，拓展和丰富学生的生命空间，促进学生个性化发展，培养学有所长、各展其能的多样化人才。

1. 基础扎根型课程

基础扎根型课程面向全体学生，重在为学生奠定身心基础、品行基础、学力基础、创新基础，体现课程设置的"重基础"，具体通过学科课程来实施。在学科课程的实施过程中，一是严格按照课程标准落实基础学力和学科核心素养；二是强调国家课程的校本化实施，打造有特色的课堂教学与有特色的学科拓展活动相结合的有特色的学科课程。

2. 综合拓展型课程

综合拓展型课程重在培养学生的兴趣、特长和个性。综合拓展型课程有两个关键词。一是"综合性"，综合拓展型课程重在通过系列、立体、综合、情境化的课程活动，培养学生的生命品质、生命格局和生命状态。在综合性方面，雅礼中学丰富的社团课程是重要载体。二是"拓展性"，在综合的基础上，拓展学生的兴趣和特长，增强课程的选择性。

为增强课程的综合性和拓展性，学校构建了社会人生类、科学创造类、国学精粹类、西方文明类、生活百科类、国际素养类六大类课程模块。

案例呈现

学校社团活动

学生社团是指学生为了实现共同意愿和满足个人兴趣爱好，自愿组成的按照其章程开展活动的组织。社团活动是校园文化建设的重要载体，也是学校课程体系的一部分。目前，雅礼中学拥有学生社团 32 个，各社团都有自己的章程、管理办法以及内部刊物，学校已成功地举办了 15 届社团文化节。社团活动以其丰富的活动形式和深刻的活动内容深受学生喜爱，是学校的品牌之一，且在长沙市有一定的影响力。

（一）六大课程模块与丰富的社团活动

表 3-1 中详细列举了六大课程模块中的多种社团活动。

表 3-1 六大课程模块中的社团活动

六大课程模块	社团活动
社会人生类	哲学家简介、主题讨论会、主持人挑战赛、各类大型演出主持实战、校园寻宝大赛、大型心理学知识讲座、三行情书分享、茶话会、交响乐进校园、CRACK 街舞 show、大戏专场表演、话剧表演大赛、德育短剧、微电影、周年台庆、专题采访、广播站开放周、以书换票、慈善晚会
科学创造类	微波炉测光速、时空的秘密、E 友会、工程师讲座、ET 前沿、快乐实验室、保护湘江活动
国学精粹类	"舞映雅韵"舞蹈专场表演、桔洲汉风游园会、雅苑成人古礼展示、棋王争霸赛、古典诗词吟诵、现场书法大赛
西方文明类	英语风采大赛、英语知识讲座、Spelling Bee 单词拼写大赛、外教授课、英语卡拉 OK 大赛、英文配音比赛、西方原著推荐、与美国大使面对面、午后有约——耶鲁大学外教带你走进西方文明
生活百科类	音乐会、动画放映、二次元 live 2.0 专场表演、笔芯收集、光绘摄影、阅读沙龙、跳蚤书市、"飞羽"羽毛球比赛、手工艺品义卖、烘焙教学、手工制作教学、超级杯足球赛、友谊篮球赛

续表

六大课程模块	社团活动
国际素养类	模拟联合国（以下简称模联）校内会、奥斯卡经典电影沙龙及电影知识竞赛、世界军事知识竞赛、幻灯秀专场演出、学徒计划、商业精英计划、Building bridges 耶鲁大学与雅礼中学联合支教

（二）社团活动举例

1. 《歌舞青春》音乐剧

（1）活动目标

通过舞台表演，加强演员对西方文化的认识，使观众对音乐剧有一定的了解与认识，拓宽大家的中西方文化视野。

（2）活动过程

外教老师策划并编写剧本（2013年11月）；剧本修改（2013年9月至10月）；选拔演员（2013年12月）；演员试镜（2014年1月）；排练（2014年2月至5月）；海报、门票设计及印制（2014年3月）；道具制作（2014年3月至4月）；宣传片录制（2014年4月）；门票发售（2014年4月至6月）；海报粘贴，宣传片播放，售票（2014年5月）；舞台布置（2014年5月）；正式演出（2014年5月）。

（3）活动评价

作为本次活动的组织者之一，外教老师在圆满落幕后感慨地说："很开心在学校结识了这么多活泼聪明、多才多艺的孩子们，我们在一起为共同的爱好而努力。看到他们对美国高中生的生活逐渐了解，我很满足。当然，更满足的是台下的观众给予了大力支持。"

作为剧中的女二号，1213班李爽感慨："这样一次活动更加丰富了我的舞台表现力和集体意识，我很荣幸，也很开心。"

特地从集团学校赶来欣赏音乐剧的英语老师竖起了大拇指："完美！又一次被雅礼中学的同学震撼，也为他们背后的辛苦付出和团结努力鼓掌，感谢他们为我们带来了这么贴近生活的展现西方文化的音乐剧。"

1322班蒋岚茜："本次音乐剧十分吸引人，全场都座无虚席。演员和老师们都全力以赴，不留遗憾。效果真的很好，无论是造型还是表演，演员们都下了很大功夫，真的是在歌舞青春啊！让我们欣赏到了一次国际化的、在我看来甚至不输原版的精彩表演。当最后一场表演落幕，看着台下观众献花，看着舞台上的演员和老师一同合影、拥抱、落泪，我很感动。在青春之际能有这样一段共同奋斗、单纯的不掺杂质的回忆，多么幸福啊！"

2. 模联冬季校内会

（1）活动目标

此次活动旨在让模联新社员切身体验正式的模联会议，提高其角色扮演的能力，坚定学术本位；增加其对模联的认识，发现自身的不足之处，提升自我。新颖独到的主题，能使社员们融贯中西智慧；每个代表独自代表一个国家，能促进其培养自立品质和领袖气质；贴切实际的国际问题能培养其天下情怀。同时，这次活动也能使社员更好地了解对方，增进友谊，使社员更加团结。

（2）活动过程

撰写策划书（2014 年 11 月）；查阅资料，选取当今世界的热点问题（2014 年 11 月）；召开社员大会，对参与本次活动的成员进行统计（2014 年 11 月）；印发资料，对讨论的问题进行知识储备（2014 年 12 月）；确定详细的活动分工（2014 年 12 月）；场地布置（2014 年 12 月）；活动举行（2014 年 12 月）；场地还原（2014 年 12 月）；活动总结（2014 年 12 月）。

活动时间为 2014 年 12 月 28 日，活动时长为一天。8：00—8：40，开幕式以及合影；8：50—12：20，第一会期；14：00—17：30，第二会期；19：00—21：30，第三会期。

（3）活动提案

本次模联校内会分为中文组、英文组两个组，中文组又分为两个会场。

（4）活动评价

1419 班陈姝睿作为英文组优秀代表奖的获奖者，这样评价这次活动："一个多月的准备就为了一天的会议。在浩瀚且枯燥的数据库中，我学会了怎样沉静下来，我学会了怎样理清头绪、有条理地做事；在严肃庄严的会场上，我学会了如何自信地表达自己的观点，如何通过外交来获取最大的利益，更重要的是我还收获了珍贵的友谊。这真是一次难忘的经历！"

这次活动还吸引了长沙市明德中学模联的主席前来，这增进了两个社团的友谊。

（5）模联冬季校内会新闻稿

以下是徐璟萱、宁绮晨就模联冬季校内会撰写的新闻稿。

模联冬季校内会于 2014 年 12 月 28 日在学术中心召开。此次会议共设有 5 个委员会，分别是英文组联合国大会裁军委员会、联合国安理会，中文组联合国安理会、联合国裁军事务厅和双语委员会主新闻中心。

模联是模仿联合国及相关的国家机构，依据其运作方式和议事原则，围绕国际上的热点问题召开会议的社团。同学们扮演不同国家的外交官，作为各国代表，参与到模联的会议当中。代表们遵守大会规则，在会议主席团的主持下，通过演讲阐述自己的观点，为了自己国家的利益进行辩论、游说，与友好的国家沟通协作、解决冲突，讨论决议草案，促进国际合作。同学们在模联的舞台上，充分发挥着自己的才能。

⋯⋯⋯⋯⋯⋯

从一开始的生疏陌生，到现在的游刃有余，代表和主席都在不断地成长。此次校内会在团委干部和指导教师毛建的大力支持下圆满结束，相信今后的活动将更加精彩！

（三）学校社团节活动举例

表 3-2 详细介绍了雅礼中学第十二届社团文化节的主要活动安排。

表 3-2 雅礼中学第十二届社团文化节的主要活动安排

日期	部门、社团	主要活动			指导教师
		具体时间	地点	活动内容	
11月28日（周五）	社团部	12：40	校园内	游园会	刘彩云
	电视台	12：40	千人报告厅	微电影《喂！小鬼》放映，电视台十四周年台庆	莫华新
	社团部、音乐社	17：00	千人报告厅	社团文化节开幕式	周舒、刘彩云
11月29日（周六）	社团部	12：40	千人报告厅	声乐专场演出	唐利英
	心理协会	12：40	教学楼522活动室	大型心理学知识讲座	罗萍
	女篮社	12：40	篮球场	友谊篮球赛	王基韬
	科创联盟	中午放学后	教学楼前坪	淀粉池跑步竞赛	向海荣

日期	部门、社团	主要活动			指导教师
		具体时间	地点	活动内容	
12月1日（周一）	魔术社	12：40	千人报告厅	幻灯秀	肖海错
	心理协会	12：40	南北栋阶梯	校园寻宝大赛初赛	罗萍
	电影社	12：40	教学楼321活动室	电影知识竞赛决赛	颜可
	读书社	中午放学后	教学楼前坪	跳蚤书市	王兴启
	计算机协会	12：40	信息楼四楼机房	E友会	彭宇
	Starlight公益社	中午放学后	教学楼大厅	以书换票	何飞虎
12月2日（周二）	读书社	中午放学后	教学楼前坪	跳蚤书市	王兴启
	计算机协会	12：40	科学馆四楼机房	P图大赛	彭宇
	足球协会	12：40	操场	雅礼超级杯足球赛	吴笛
	民舞社	12：40	千人报告厅	"舞映雅韵"舞蹈专场表演	周舒
	心理协会	12：40	南北栋阶梯	校园寻宝大赛复赛	罗萍
	英语协会	12：40	教学楼321活动室	外教授课	罗斯
	女篮社	12：40	篮球场	友谊篮球赛	王基韬
	羽毛球协会	12：30	体育馆一楼及室内跑道二楼新羽毛球馆	"谁羽争锋"羽毛球赛	李金健
12月3日（周三）	摄影社	12：40	教学楼321活动室	光绘	伍劲峰
	国学社	12：40	千人报告厅	雅苑成人古礼展示	龚政军
	电影社	12：40	信息楼四楼会议室	电影沙龙	颜可
	读书社	中午放学后	教学楼前坪	跳蚤书市	王兴启
	DIY创意联盟	中午及下午放学后	教学楼前坪	手工艺品义卖	陶微玲
12月4日（周四）	JUMP动漫社	12：40	千人报告厅	二次元live 2.0	廖正长
	军政社	12：40	教学楼522活动室	讲座：美国的崛起	余晓东
	羽毛球协会	12：40	体育馆一楼及室内跑道二楼新羽毛球馆	"谁羽争锋"羽毛球赛	李金健

续表

日期	部门、社团	主要活动			指导教师
		具体时间	地点	活动内容	
12月4日（周四）	心理协会	12：40	南北栋阶梯	校园寻宝大赛决赛	罗萍
	计算机协会	12：40	信息楼四楼	小米工程师讲座	彭宇
	女篮社	12：40	篮球场	友谊篮球赛	王基韬
12月5日（周五）	戏剧社	12：40	千人报告厅	大戏：NO.7	胡石柱
	军政社	12：40	教学楼321活动室	军事知识竞赛	余晓东
	读书社	12：40	信息楼四楼	阅读沙龙	王兴启
	Starlight公益社	中午放学后	教学楼大厅	以书换票	何飞虎
	社团部	17：00	千人报告厅	闭幕式展演	刘彩云

3. 创新提升型课程

创新提升型课程面向的是学有余力的学生，重在培养"身心俱佳，品行优异，学力超群，有所创新"的拔尖创新人才。在人文艺术领域，我们甄选有艺术天赋的学生，组建了名扬海内的中学生交响乐团；我们甄选有运动才能的学生，组建了名冠全国的男子足球队、女子篮球队。在自然科学领域，我们甄选有科学禀赋的学生，进行了系统的学科竞赛培训，让学生在所爱好的学科领域见识自然科学最新的成果，接受创造性思维训练。我们开设大学先修课程，让更多学有余力的学生感受学术创新和科学创造的氛围。

（三）课程实施体系

课程目标体系和课程内容体系在整体上指明了我们的课程应给学生什么样的成长养料，培养学生什么样的素质和能力；但就个体而言，他们的需要各异，这就需要在课程实施时将个性化这一学校课程的核心品质落到实处。学校构建了"尊重个性，贴近生命，走向自主"的课程实施体系。

尊重个性，即在实施中倡导学生自主选择课程。学生个性的差异性，决定了课程实施时必须尊重学生的自主选择。如何尊重学生的选择？学生究竟要在课程学习中选择什么？我们从个性的智能倾向和非智能倾向两种倾向出发，强调既要选择学习内容，又要选择学习方式。

贴近生命，即在实施中促成课程与生命的融合。课程是人类深广的文化世界和精神世界的重要载体，学生的课程修习过程就是个体生命世界向更宽广的自然、社会、历史、文化世界扩展和提升的过程。这意味着学生必须走向课程，与此同时，这种走进一定不是单向度的，而是课程与生命相互走进、相互贴近、相互融合的过程。在某种意义上，只有以课程贴近、走进生命世界的方式，才能实现生命世界向课程的靠拢和走进。（图 3-2）

走向自主，即在实施中鼓励学生自主构建课程。课程学习终究是学生自己的事情，任何人不能代替学生进行学习活动。课程实施的过程中，无论是尊重学生的个性，还是让课程贴近学生，都离不开一个大的方向，即尊重学生的主体性和创造性，让学生自主地学习课程内容，自主地选择学习方式，自主地让课程变换它的表现形式，与生命相互贴近、相互融合。（图 3-3）

图 3-2 校园内的植物成为生物课堂　　　　图 3-3 生动活泼的英语口语课程
　　　　最生动的"教材"

1. 实施有选择的课程

在国家课程的校本化实施过程中，我们强调分层分类教学；在校本选修课程的实施过程中，我们强调走班选课；在学生活动课程的实施过程中，我们强调学生自由选择不同的活动模块和活动方式。

（1）在国家课程中实施分层分类教学

①分层教学

分层教学强调学习内容的选择，对应的是学生的智能差异。基于每个学生在智力倾向上的差异，我们强调目标分层、内容分层、作业分层。

在目标分层上，我们强调语言智能不占优势、数理逻辑智能占优势的学生，可在语文、英语学科的学习上，选择达到基本学业水平难度的学习内容，以便腾出更多时间来学习数学等学科，参与与数理逻辑相关的社团活动和科技创新活动；语言智能、数理逻辑智能均不占优势，但音乐智能占优势的学生，在文化课的学习上只需达到学业水平考试标准，以便腾出更多时间来发展音乐特长。

在内容分层上，学生可以选择一定的学习内容作为自己侧重的学习方向。例如，体育课上，学校打破了传统的班级授课制，也突破了简单的男女分班上课的模式，通过引进具有不同特长的体育教师，为学生开设了篮球、排球、羽毛球、乒乓球、武术、健美操、足球等项目。学生在具备基本的体能、体育素养，掌握一定的体育技巧的基础上，可以根据自身需求有所侧重地选择一到两个项目，以使自己的运动智能得以充分的发展。（图 3-4）

图 3-4　开设不同项目的体育课程

在作业分层上，根据分层教育、因材施教的原则，对某些学习有困难的学生，减少他们的作业量，适当降低他们作业的难度；对学习能力较强的学生，适当拔高要求，设计一些难度较大的问题。布置的作业也分两档：一档为基本作业，人人必做；另一档为选择性作业，学生根据自己的情况进行选择，可全做、部分做或不做。

②分类教学

分类教学强调学习方式的选择，对应的是学生的非智能差异——不同的学习风格。

针对不同的学习风格，学校特别强调教师授课和学生自习的结合。一些学生习惯于接受学习，教师授课可以有效地为其排除学习障碍，提升其学习效率；对于另一些习惯于发现学习的学生而言，一味地进行接受学习，其学习的积极性、主动性就会大大减弱，其自身具有的"发现"的能力也会逐渐退化，故而，开设自习课，让其具有更多的可以自由支配的时间，以使其能够依靠自身的力量去获得知识、解决问题，从而实现自身的发展。

学校还强调设计不同的教学方式和学习方式，采用各种方法以组织多样化的课堂活动，来让不同类型的学生选择。就英语学习而言，针对言语听觉类型的学习者，通过播放磁带、音频，开设讲座，分组讨论等形式满足其学习需求；针对图像类型学习者，使用录像、投影、图片等，让学习者建立直觉的印象，从而满足其认知的需要；针对写触动觉类型学习者，则多设置书面表达的作业，使其写的欲求得以满足。

（2）在校本选修课程中实施走班选课

高中阶段开设选修课程，目的在于满足学生多元化的需求，使学生在个性的发展上具有更多的可能性。它在全面提高学生各方面的素养、开阔学生眼界、引导学生创新、发展多向思维等方面起着举足轻重的作用。

在课程内容的开发上，学校以社会人生类、科学创造类、国学精粹类、西方文明类、生活百科类、国际素养类六大类课程模块为基础，以问卷调查和访谈的方法了解学生的学习兴趣和需求，将满足学生个性发展需求的内容纳入选修课程的范畴中，从而实现宏观视野与微观构建的互动，切实将课程的整体规划与学生的个性发展需要结合起来，充分关注学生的不同学习要求。

在教学管理上，学校实行导师制，强调学生学习潜能的发挥和个性的发展，关注学生模块课程的修习要求、学分认定和选修学习的个性化指导等，给予学生足够的时间来让学生学习自己感兴趣的主题，给予学生可供选择的科目来扩展其学习空间。

（3）在学生活动课程中实施模块化选修

雅礼中学学生的学习不只局限于班级教室这个狭小的空间里，他们还有充足的时间在其他教室、舞台、田径场、音乐厅、图书馆等多样的空间里开展多样化的活动，如社团活动、研究性学习活动、社会实践活动等。这些活动不是以行政班为单位来组织的，而是围绕某一模块和不同的活动场所，不同行政班级、不同年级的学生按照学习兴趣与学习目的进行组合，安排活动并进行体验性学习。

我们将学生活动课程与校本选修课程一道纳入社会人生类、科学创造类、国学精粹类、西方文明类、生活百科类、国际素养类六大课程模块。学校在六大模块下规划学生活动，学生在六大模块中选择自己感兴趣的模块和活动。

学生参与模块活动的方式，分为日常性和集中性两种类型。

日常性，即相关模块依托一定的社团，在每一周都有活动，并在一个学期或一个学年中形成一个完整的活动系统，使学生在动态的、发展的、长期的活动过程中，得到全面的提升。

集中性，即通过举办社团文化节，建设高雅校园文化，彰显雅礼中学办学特色，展示雅礼中学学生风采，以系列社团活动表达学生对青春的积极追求和对未来的无限热爱，同时，使广大青少年学生在共享优秀校园文化成果的过程中提升能力和素质。例如，在"雅礼中学第十二届社团文化节"活动中，心理协会举办大型心理学知识讲座，魔术社上演幻灯秀，民舞社进行"舞映雅韵"舞蹈专场表演，国学社进行雅苑成人古礼展示……日常性与集中性相结合，充分调动了学生的参与积极性，同时，学校从制度上、时间上给予支持，使学生活动课程模块化选修的实施得以顺利进行。

2. 实施走向生命的课程

叶澜教授曾这样定义教育："教育是直面人的生命、通过人的生命、为了人的生命质量的提高而进行的社会活动。"[①] 为了实施走向生命的课程，学校做了如下

---

① 叶澜：《卷首语》，载《中国教师》，2012（10）。

探索。

（1）课程教学内容的心理逻辑化

课程教学内容的生命化，根本途径在于变学科逻辑为心理逻辑。在课程内容的编排和呈现上，心理逻辑是相对于学科逻辑而言的。通俗地说，学科逻辑就是指学科本身的知识架构和学习规律；心理逻辑就是指人认识事物的规律，包括学生的身心特点、心理发展规律、学习的内在需要等。课程要贴近生命，必须顺应智慧发展的序列和逻辑，将课程教材的学科逻辑序列转化为学生的心理逻辑序列。

①课程教学内容的生活化处理

我经常强调，教师们在教材处理上要做到熟悉、贴切、鲜活、丰富、真实五点，让学生能够真正回到现实生活中，去领会课程内容。例如，在历史教学中，我校的方旭老师充分地利用了长沙市鲜活的地区教学资源，以第三次长沙会战为重点来讲抗日战争。

北门开福寺、东门袁家岭、南门冬瓜山于下午2时失守，但是第3师、预10师迅速反击，夺回冬瓜山、袁家岭据点。北面守军190师退守油铺街、湘雅医院、陈家山、清水塘、韭菜园、识字岭、回龙山、白沙井、沙河街、楚湘街之线。

短短的文字，将波澜壮阔的抗日战争史微缩到几个熟悉的地名间。战争不再是冰凉的陈述，不再是一种过往，而是一种最真实的显现。学生可以感觉到自己脚下的每一寸土，都曾沾着烈士的鲜血，从而更好、更直接地感受抗日战争在世界反法西斯战争中的影响。

曾代军老师也特别注重课程内容的生活化处理。他认为，政治课教学之所以有魅力，是因为生活充满活力，学生再回到生活中进行拓展，课程内容就有了生命的张力，就会于无形中提高学生的精神境界。在"价格变动的影响"的教学过程中，价格变动对生产经营的影响这一部分内容理论上很简单，于是，他让学生阅读教材后顺势提出问题："如果你是老板，你进行生产的直接目的是什么？"学生齐答："赚钱。""那是否可以这么说，投资的直接目的就是获得回报？""是。""那我现在问大家一个问题：如何让资本家的血管里流淌道德的血液呢？"学生感到很新颖、很有深度，开展讨论后，由代表发言。从学生的发言中，大家总结出，要让资本家的血管里流淌道德的血液，需要国家、社会、个人等各方面的努力。这样，一节课中不仅有教材理论的讲解，而且有对现实生活中热点问题的深化拓展，有思想的火花，有灵魂的碰撞。

②课程教学内容的结构化处理

所谓结构化，是指将课程教学内容加以归纳和整理，使之条理化、纲领化，要做到纲举目张，使课程教学内容不像一盘散沙，而像红线串好的珠子。知识是一点一点地累积的，而不应该是堆积的。心理学研究发现，学优生和潜能生的知识组织是不一样的。潜能生头脑中的知识是零散和孤立的，若你问他某一章讲了什么时，他会将知识点一一罗列出来，按水平排列方式、列举方式呈现；而学优生头脑中的知识是有组织和系统的，知识点按层次排列，而且知识点有内在联系。如果把学优生头脑中的知识结构画成一张图的话，那么这张图上将呈现出一个多层次网络系统。可见，只有结构化的知识，才能真正暗合学生的心理逻辑，内化为学生的能力和素质。

结构化包括串联、并联、辐射等。

案例呈现

案例1：地理教学中的知识串联

以地理教学而言，学校地理教研组从微观和宏观两个方面串联知识。就微观而言，按照地理概念的关系顺序串联知识。例如，天体系统部分涉及的概念较多，学习时易混淆，也比较难记，可按外延由小到大串联为：地月系—太阳系—银河系—总星系。就宏观而言，则按照思维训练和解决问题的方法与手段串联知识，如区域特征—区域优劣势分析—区域可持续发展，串联思维训练，不断提升学生地理学科的综合思维能力。构建串联知识结构时要注意以下几点。这一方法适用于串联一些具有共同原理的、联系较为紧密的知识；构建时要厘清知识间的联系；从程序型知识着手，从易到难、从熟悉到陌生来安排和串联相关的知识；每两个知识点间要有一个结合点。

案例2：生物教学中的知识辐射

知识辐射指从一个知识点出发，辐射出多个相关知识点。这种形式以某个问题或某个重要的概念为中心，从不同的方面寻求解决问题的多种途径和方法。知识辐射形式的特点：多个知识点的衍生是从一个知识点出发的，既有利于学生快速地掌握知识，又有利于培养学生的发散思维。在生物教学上，我们便可以抓住一个核心的知识点，然后围绕这个核心的知识点进行多方位、多角度的联系，使之形成由点到面的知识结构。

例如，光合作用的相关内容，可抓住光合作用的过程来构建。

光合作用需要光，主要吸收的是什么光？怎么设计实验证明？光对光合作用的影响体现在哪些方面？（光的强度，光照时间，光质）如何设计实验证明不同光谱的光对光合作用的影响？

二氧化碳是光合作用的原料。如何设计实验证明？

光合作用产生了氧气。怎么证明？光合作用放出的氧气来自原料中的何种物质？又有什么办法证明？

光合作用的产物有哪些？光合作用合成了淀粉，如何证明？

叶绿体是光合作用的场所。叶绿体的结构是怎样的？有什么特点？成分包括哪些？有什么特点？这些成分在分布上有什么特点？这种分布与功能怎么联系起来？只有叶绿体才能进行光合作用吗？

叶绿素是光合作用中的重要色素。哪些因素会影响到叶绿素的合成与分解？（联系光、矿质元素、温度等的影响）

光合作用过程中的物质变化途径是怎样的呢？如果将植物从光下突然移到暗处，那么会发生什么变化？如果突然不给植物二氧化碳，那么结果会如何？

光合作用的过程中，能量变化的具体过程是怎样的呢？（光能的吸收、传递、转化过程）

环境条件对光合作用的效率有什么影响？（光的影响，二氧化碳的影响，矿质元素的影响等）

C_3 植物和 C_4 植物在叶的结构上有什么不同？在光合作用的过程中有什么不同？

光反应与暗反应有什么区别与联系？光合作用与呼吸作用有什么区别与联系？

③课程教学内容的综合化处理

周川在《关于课程综合化问题的再探讨》中指出，由独立学科知识要素通过多维联系而组成的结构性知识系统是综合化的必然结果。对于综合化而言，重要的并不是知识的面面俱到，而是去寻求与建立知识间的具有共轭效应的有机联系，形成一种结构。综合化的知识结构还存在着一个内隐的结构，这个结构就是"联系"所代表的方法。特定的知识，隐含着特定的方法。不同的知识综合起来之后，各种特殊的方法也相互取得了联系，从而形成了一种具有普遍意义的方法结构。[①]

在课程内容的综合化处理方面，学校的做法有以下几种。以学科素养为专题进行综合；以生产生活为专题进行综合，如"生活与数学""数学在生产生活中的应用"；以学科思想方法为专题进行综合，将教材中各种学科知识串起来，重点发展学生的学科思维和学科思想，如函数思想、几何直观、运算思想、算法思想等；以学科史为专题进行综合，如"对数与指数发展简史""复数的产生与发展"。

（2）课程教学过程的生命化

我在跟教师们交流时经常强调，课堂是提升师生生命质量的重要空间，要让教学过程具有生命，让其盈溢着、浸润着对生命成长的热爱，这样才能唤醒每一个学生的生命意识，开发每一个学生的生命潜能，增强每一个学生的生命活力，提升每一个学生的生命质量。

①以对话为基础，构建生命化课堂

对话理论将对话与生命体验联系起来，认为对话是自我与他人、人与社会、心灵与世界进行沟通的基本方式，是个体生命存在的显现方式。没有对话，就不会有生命的充分发展，生命的光彩只会黯淡下来。对话不仅是一种交际手段，更是一种生命的内在诉求；对话不仅是一种信息交换，也是一种价值交换，同时还是一种感觉交换；对话不仅是语言、思想的馈赠，而且包括了人类生存方式的相互参照。[②]

生命化课堂倡导以对话为基础开展教学，这样，对话不只是一种教学的技艺，更是教学原则、教学思想的体现。它意味着教学从知识的机械传授走向知识的建构，意味着师生关系的人性化。通过对话，教师与学生、学生与文本之间形成一种精神

---

① 周川：《关于课程综合化问题的再探讨》，载《教育评论》，1993（1）。

② 谭学纯：《人与人的对话》，17、23、185 页，合肥，安徽教育出版社，2000。

上的相遇交流，并通过彼此之间的相互作用，达成学生自主和自由发展的目的。对话教学使教师和学生成为课堂的主人。在对话中，教师与学生、学生与文本之间不再是认识与被认识、灌输与被灌输、征服与被征服的关系，而是一种平等、民主、充满爱心的双向交流关系。

②以体验为形态，构建生命化课堂

齐美尔认为，要体现生命的意义，单靠人的主观理解是不够的，生命个体要亲身去体验和创造。"体验是一种生命活动形态，是个体在当下的一种觉悟、领会、关照与慎思状态，是一种内化了的经验；体验是主体心灵与外部世界发生联系的一个张力场，是外部世界和自我生命的存在状态向心灵内部展开'演讲'的过程。"①

生命化课堂作为追求生命意义的精神活动的空间，必须通过心灵体验而达到人的心灵相通。因此，以体验为形态开展教学，使教学有了鲜活长久的生命力。这样的教学关注人的体验，关注人生命的完整性、潜在性、自主性、独特性，关注人精神的成长和人格的健全。注重生命体验的教学，它以人的生命发展为最高指向，是一种主客消融、物我同一的过程，它尊重生命、关注生命、拓展生命、提升生命，它蕴含着巨大的生命价值与意义。学习过程也不仅是简单的知识增长过程，而且是丰富学生精神世界的过程。在学习过程中，学生通过体验的方式来领悟生命的意义，不断丰富他们的生命。

③以生成为追求，构建生命化课堂

以生成为追求的教学，指的是在弹性预设的前提下，在教学的展开过程中，由教师和学生根据不同的教学情境，自主构建教学活动的过程。在课堂教学活动中，学生生命的主体地位必须受到应有的尊重，以学生的动态发展为内容，即让学生在活动中发展，在发展中提高生命的价值，使学生的知识、智能、情感、思想、态度、价值观等在动态中得以发展。

生命之所以美，是因为其有许多的不确定性和无法预知性，是因为几乎每天都有动态生成的美妙体验。叶澜教授提出要从生命出发，将课堂教学看作师生人生中一段重要的生命经历，用动态生成的思想来组织课堂教学。既然课堂教学是生命的

---

① 袁维新：《生命化教学模式的理论建构》，载《高等教育研究》，2007（4）。

经历，它本身就离不开各种各样的动态生成。"教师在课堂上要重视学生当下的生命状态，课堂教学目标要与学生生命成长的目标一致，要能根据每个学生的学习状况和课堂实际情况灵活地组织教学。教学过程中不能拘泥于预设的教案，要善于捕捉课堂本身的动态生成，要灵活运用教育教学机智，把学生的生命力量引出来，这样的课堂教学才有动态性、生成性、真实性和独特性。要将充分的、弹性的课堂教学预设与瞬间的、动态的生成有机融合，我们的教学才能体现生命的灵动，才能充满生命智慧的灵光。"①

3. 实施学生自主建构的课程

课程实施的过程中，无论是尊重学生的个性，还是让课程贴近学生，都离不开一个大的方向，即尊重学生的主体性和创造性，让学生自主地学习课程内容，自主地选择学习方式，自主地让课程变换它的表现形式，与生命相互贴近、相互融合。这涉及自主建构。

自主建构是在自我实现与自我发展的内在需要和强烈愿望的驱动下，个体通过与周围环境的相互作用，自觉、积极、主动地使自身处于不平衡状态的认知图式逐步达到相对平衡状态的过程。② 它主要涉及学生与教师、学生与学生、学生与知识三类关系。在这三组关系中，学生始终处在至关重要的位置上。而自主建构权利、自主意识与自主建构能力又构成了学生个体自主建构知识的三重前提。

（1）国家课程中的自主建构

新的课程观强调主体性，其中包含着两个层面的内容。一方面，教师是课程的主体，这是指教师既是课程实施的主体，又是课程的创造者和开发者，教师本身就是课程的内在要素之一；另一方面，学生是课程的主体，这是指学生的现实生活和可能生活是课程的依据，要发挥学生在课程实施中的能动性，学生创造着课程。

①自主产生问题

许多语文教师在教授《礼拜二午睡时刻》一文时，感觉无从下手。究其原因，可能是篇幅较长，难以从整体上把握；也可能是文章运用了魔幻现实主义的创作手法，对于习惯阅读传统性作品的人而言，有很强的陌生感；还可能是其中所揭示的

①　郭上达：《生命化教育实践探索》，硕士学位论文，华中师范大学，2012。
②　李茜：《学生自主建构能力生发机制研究》，载《教育探索》，2013（12）。

是一种超越了道德、伦理、价值观的爱，其意蕴比道德性的东西更广阔、更深刻。而学校中的一位教师在教这篇课文时，将主动权交给了学生。既然文章难懂，不如让学生主动地说出难懂之处，让学生在阅读的过程中以旁批的形式将自己的疑惑写出来。于是，我们收集到一系列问题。

"礼拜二午睡时刻"，这是故事发生的时间吗？午睡时刻会发生什么故事？

"锈住"和"拽不动"是细节描写，这细节是否是在告诉我们此窗许久没人关过，这车厢许久没人坐过，她们是"稀客"？

没钱，只能坐这么差的三等车厢的她们怎么还买鲜花这样的奢侈品？

怎么就这么"安详镇定"呢？这记录的是人物真实的内心吗？

多次写到"镇子"且"一模一样"，这意味着什么？

此处为"更凄凉"，前文为"荒凉"，这意味着什么？

第三次写到鲜花，这鲜花是谁送的？

谨慎之极，如"悄悄地走进""尽量不去惊扰别人""用手指甲敲了敲"；又固执之至，如"又去叫门"。这是为什么呢？

妇女"固执""平静""执拗"，这是为什么呢？

这里有对"母亲说"的补充描述。回答很简短，口气很坚决，不过声音还是那么温和，流露出各种各样的复杂感情。她为什么这样？

"卡络斯·森特诺"是谁？他与女人之间是什么关系？

被人打死的小偷是谁？他与女人是什么关系？

他是你儿子？你千里迢迢过来是为了祭奠"小偷儿子"？还这么镇定、"不动声色"？

为什么冒汗？仅仅是因为天气热吗？

对女孩动作细节的描写。这应该是第二次写脱鞋了，她的这些动作说明了什么？

生活中这样看热闹的人是很多的，更何况这是"小偷的母亲"。只是我纳闷，他们不是午睡了吗，怎么知道来了人，且认为是"小偷的母亲"呢？还是就是为了看别人的"痛苦"？他们以看别人的痛苦为乐？

…………

学生在阅读《礼拜二午睡时刻》一文时，大都会不自觉地产生大量疑问，但学生的这些疑问往往是零碎的、不成体系的、转瞬即逝的。任教老师通过让学生做旁批的形式，让其将疑问写出来，也就是让学生尝试着提出问题，并将这些问题前后勾连起来，做整体性的思考，以此破解文章的密码。当然，这样还不够，教师又通过收集全班同学的疑问并加以展示，也就是将不同个体的疑问勾连起来，让学生能够站在更为全面的角度，看到问题与问题间更为周密的环环相扣的关系，从而对文章产生水到渠成的悟解。实质上，学生尝试着提出问题，就是在没有教师协助的情况下，对这篇文章进行思考与探究，也就是从课程的源头上，强调了一种鲜明的独立意识，而这种独立，又是自主建构的鲜明的表现。

②自主解决问题

强烈的问题意识仅仅作用于学生自主建构活动的开端，自主地解决问题的过程才是学生发挥自主建构能力最显著的体现。

自主解决问题，如果按照时空来分，那么可以分为课堂内自主解决问题和课堂外自主解决问题。国家课程大部分是通过课堂教学来加以实施的，因此，课堂也就成了自主解决问题的主阵地。一方面，我们要求教师适当地给予学生自主解决问题的空间，让学生在熟悉教材、掌握一定可靠材料的基础上，尝试着去寻找问题的答案；另一方面，毕竟课堂内的时间是极为有限的，我们不得不将自主解决问题的空间延伸到课外，而且，在课外，学生能够获得更多的时间保证和资源保证，故而为问题的自主解决提供了更多的便利。比如，学生可以有更多的时间进行讨论，在沟通交流中一步一步走向问题的解决；也可以通过走访，在掌握第一手资料的基础上，进行分析整合，以解决问题；还可以通过互联网，寻找相似案例，借鉴他人解决问题的方法。

自主解决问题，如果按照人的关系来分，那么可以分为个人自主解决问题和合作自主解决问题。从某种意义上讲，合作自主解决问题，是对个人自主解决问题的延伸。有时候，随着问题的深入、难度的加大，限于个人的知识水平，我们很难解决，而且，为了解决问题，有时还需要做大量的调查、实验。这时，围绕一个或几个问题，形成一个稳定或临时的问题解决小组，调动每一个组员解决问题的积极性，充分发挥每一个组员的优势，形成合力，将极大地提高解决问题的效率，也能够让个人置身于团体中，通过问题解决过程中的人与人的交往，促进其自身的成长。

③自觉进行反思

荷兰著名数学家、数学教育家弗赖登塔尔教授强调，没有反思，学生的理解就不可能从一个水平升华到更高的水平。可见，在学生的自主建构活动中，反思是必不可少的环节。而自觉的反思行为是自主建构能力的又一重要表现。

我们并非一刀切地对学生进行自觉反思能力的培养，而是根据学生已有的反思能力进行分层，有针对性地对待。不同学生群体的反思指向存在差异。按发展水平的差异，可以将学生群体分为新手型、适应型、成熟型和专家型。[①]

新手型学生的知识大多来源于书本，以教师教授的学科知识为主。对于这些知识，他们往往缺乏自己的理解，他们的认知是表面的、抽象的，也没有具体实例的支撑。因此，对这一类学生反思能力的培养，我们以他们对自身学习技能的反思为突破口。首先，由教师创设问题，引发学生产生认知上的冲突；其次，通过进一步的探讨以明确问题；最后，在教师的引导下或者由学生独立提出假设与解题策略，试探性地推理、解释或解决问题，从而使学生在解答中不断收集相关信息，同时将信息反馈到明确化后的问题中，进而使问题更加清晰具体。

适应型学生基本上是以学习技能的反思为切入点培养起来的。他们的学科知识相对而言较为丰富，具体表现为他们掌握了基本的学习技能，并能熟练地在熟悉的问题情境中运用。但是，这种运用多为长期练习的结果，这一类学生在新问题情景中综合各种学习要素与条件、灵活运用学习策略的条件性知识不足。培养这一类学生的反思能力，我们主要采用案例反思法指导学生进行反思活动。具体做法如下。首先，要求学生反思自身的基本学习技能是否达到了教学目标的要求；其次，学生之间共同交流、研讨，以获得各种不同的认识，以改进自身的交流策略、组织策略、评价策略；再次，通过内省与资料收集，选择典型案例，深入剖析各种策略的基本要求；最后，通过小组成员对自身学习行为的记录，比较与基本要求之间的差异，以提高对学习策略把握的自觉性。

[①]　汪万根：《中学数学教育中培养学生反思能力之理论与实验研究》，硕士学位论文，江南师范大学，2003。

成熟型学生，是由新手型学生或适应型学生在不断的学习中转变而来的，他们已经形成了适合自己的稳定的学习方式，并在实践中积累了丰富的学习经验，对学习材料的处理有独到的见解，能关注自身的差异，有较好的学习效能感。不过，在其知识结构中，大量隐性的实践性知识没有被激活，也就是说，个体特殊的学习经验没有上升为一般的理性认识，这一类学生对其学习实践中蕴含的学习理念没有自觉意识。因此，对于这一类学生，我们引导他们将反思的焦点指向自身的学习理念，在教学实践中主要采用误区反思法。误区反思法重在挖掘各种学习问题背后隐藏的学习理念中的各种误区。首先，通过自我反省与小组头脑风暴的方法，找出各种学习误区，然后以聚类分析的方法找出各种典型类型；其次，对不同类型的误区进行归因分析，重点讨论影响学习有效性的各种观念。

专家型学生是由成熟型学生转变而来的，他们不但能够对自身的学习经验、学习策略进行反思，而且能形成自身的学习风格。他们既能对个性化学习经验进行总结，又能对学习活动甚至学习活动的普遍规律进行一定的理性反思。对专家型学生反思能力的培养，我们采用科研反思法，也就是采用某种形式的研究性学习方式进行。首先，组成学生科研小组，专家型学生把已有的研究成果向小组成员与教师甚至专家就以下三个问题进行陈述——研究背景、主要成果、值得思考的问题；其次，充分展开交流，提出建议；最后，引导学生对研究进行深化、对研究成果进行修改。

学校极为重视实施学生自主建构的国家课程，意在让学生在自主建构国家课程的过程中，培养自主建构的意识，提升自主建构的能力，能够主动地提出问题，主动地解决问题，自觉地进行反思，从而为自主建构校本选修课程和学生活动课程奠定基础。

（2）校本选修课程中的自主建构

在校本选修课程的教学中，将校本选修课程与研究性学习相整合，可以更好地发展学生的自主建构能力。在传统的选修课程教学中，教师一般自己选题，制定课程纲要，开发讲义，实施教学，组织考查。在鼓励学生自主建构课程内容和学习方式的教学思路的指引下，我们让选修课程变成学生自主的专题学术研究活动。基本的教学模式如下。

课程申报——确定专题学术研究供选主题。专题学术研究供选主题的确定遵循集中和分散相结合的原则。

　　集中体现在两个方面。一方面，供选主题要与学校课程内容体系形成对应的关系，并且归属到每一个模块当中，服务于学校的课程目标，和学校的特色相吻合；另一方面，学生的研究能够依托学校整体的教学环境，获取足够的课程资源支持。

　　分散主要体现在以下方面。申报的课程可以是教师拟定的课程，如苏轼诗词选讲、历史探秘、唐宋名家词赏析、雅礼文化、列国风情、修辞与写作、中国酒文化、《史记》选讲、汉文字与文化等，也可以是学生申报的课程，如中华饮食文化、唐宋名家漫谈、个性与职业、生活中的化学、生活中的数学等；可以是从国家课程中衍生出的课程，在课堂教学的基础上，做进一步的深入研究和探讨，也可以是从日常生活中提炼出的课程，以利用所学的知识进行研究；可以是基于每一个学科的研究，也可以是打破学科的界限，进行的几个学科的综合研究。

　　集中的目的在于规范，避免申报上的随意性，保证研究从一开始就是严肃的，就是沿着正确的轨道发展的；分散的目的在于灵活，使研究活动能够切合学生的个性，能够最大限度地满足学生对探索世界的需求，让学生的自主建构能力得到施展和进一步提升。

　　学生选课——确定专题学术研究主题。申报的课题经学校审核后列入课题目录供学生选择。学生需在指导教师的指导下制定自己所选课题的课程目标、课程内容、课程评价标准，目的在于通过课程目标、课程内容、课程评价标准的制定加深对自己所选课程的理解，从而确定自己是否对本门课程真正感兴趣、是否有能力修习该门课程。选课的过程就是预研究的过程，也是制订学习（研究）计划的过程。

　　在这一个环节上，学校是这样做的。首先，由教师组织学生进行培训，讲解课程目标、课程内容、课程评价标准等相关知识，即上升到"课程"的高度上，让学生能够以课程的视野来看待学术研究的主题；其次，学生利用所学的关于课程方面的知识，围绕研究主题，对课程目标、课程内容、课程评价标准做具体的阐述；最后，由教师和学生共同组成的审核委员会进行审核，不合格者需要做进一步的修改。这个过程是由教师和学生共同完成的，但是两者的角色并不相同。教师是指导者，主要从宏观上给予学生知识上的支持，并不插手具体的事项；学生是操作者，主要在具体层面进行拓展，并逐步丰富自己学术研究的理论知识。

　　这一环节对学生自主建构校本选修课程具有承前启后的作用。承前是指落实了课程申报，并探讨了课程实施的可行性；启后，是指为接下来课程的具体实施和教学的开展，做了理论准备。

组织教学——学生自主进行专题学术研究。这一环节的具体实施形式为走班教学。与传统的教学方式不同，校本选修课程与研究性学习整合，完全以学生自主进行专题学术研究的形式进行。在前几堂课上，师生共同拟定课程体例，确定课程教学的章节和课时。在以后的教学中，学生分工合作，利用课余时间围绕课程计划中每节课的课题，广泛收集资料，然后在课堂上由学生讲述自己收集的资料。

学生自主进行专题学术研究，并将其纳入"课程"中来。在具体的实施过程中，我们注重校本选修课程的实践性、自主性、开放性、探究性，以凸显其作为自主建构的课程的意义。

从实践性来讲，我们关注的是学习过程，而非学习结果或研究成果。也就是说，学生是否掌握某项具体的知识技能并不重要，关键是学生能否对所学的知识有所选择、判断、解释、运用，从而有所发现与创造。学生的学习成果可以是提出的见解、设计的产品方案，最后的研究成果也许微不足道；但是，学生通过诸如设计课题、查找材料、参与社会调查、进行动手实验、撰写研究报告等亲身实践，了解了科学研究的过程，掌握了调研的技能方法，学会了与他人交往和合作，明晓了问题解决的思路和途径。

从自主性来讲，把学生置于主体地位，让学生掌握自主权，可以使学生在活动中有很大的自由度。在整个过程中，学生自己确定活动时间、地点、方式等。教师不再是知识权威的象征，而是学生学习的指导者、帮助者和促进者；同学也不是彼此对立的竞争对手，而是亲密的合作伙伴。活动中，学生的主观积极性得到了极大的调动，这激发出了他们巨大的创造潜能。

从开放性来讲，学生可以根据自己的兴趣、爱好和能力水平自主选择研究内容。每个学生的知识结构、能力水平、兴趣爱好不尽相同，他们研究的内容早已冲破学科知识的逻辑系统，扩展到现实社会生活中来。在研究方式上，研究性学习不同于接受性学习，它不采取机械的方式，而是根据研究问题的实际需要，选择观察、分析、调查、讨论等灵活多样的方式。在时间和空间上，研究性学习突破了在校时间和空间的限制，可以随时在家里、街道、企业、实验室、农村，乃至大自然中进行，也可以利用互联网搭建的技术平台来进行。对于研究的成果，不同的学生按自己的理解去解决问题，因此不一定要得出唯一正确的答案。

从探究性来讲，学生根据自己的经验，按自己的兴趣选择和确定问题，然后围绕问题选择一些有助于问题解决的内容、方式和实施地点，根据自己的能力确定问题解决的进度，最后得出问题的结论。因此，研究性学习是学生相对独立的探索、发现的学习活动，它的学习效率完全取决于个人的努力。通过这种学习，学生不仅能掌握科学的结论，而且能感受到科学家发明创造的艰辛；同时，学生在解决问题的过程中，需要运用发散思维，从多角度、多方位看问题，可以促进以发散思维为主要特征的创造性思维能力的提升。

教学评价——评价专题学习的收获。此类教学评价的实质是评价专题学习的收获。专题学习结果的形式是多样的，如一篇研究论文、一份调整报告、一件模型、一块展板、一场主题演讲、一次口头报告、一本研究笔记、一项活动方案。结果形式的多样化，也指向评价的多样化。常用的评价研究性学习结果的方式有以下几种：评语认定或给出鉴定意见等质性描述；实验检验；指标评判；等级评定（优、良、中、及格、不及格）；给出分数。

当然，评价的目的并不只是得出一个客观真实的结论，更为重要的是，将评价的结果以科学、恰当、具有建设性的方式反馈给被评价者，从而使其对自身建立更为客观、全面的认识，促进其进一步的发展。

（3）学生活动课程中的自主建构

在活动课程的自主建构上，学校注重学生学习空间的开放性、学生学习时间的灵活性和学校管理的有组织性相结合。

学校提供活动课程模块——出示课程目标。活动课程不等同于课外活动。活动课程具有课程本身的目标体系，对学生的认知领域、情感领域和动作技能领域的素质发展做出了较为明确的规定；课外活动虽然也有总体目标，但往往只停留在笼统、模糊的层面上，更多情况下，我们会针对某项具体的活动，确定具体的活动目标。课程模块含模块目标、模块实施建议、模块评价建议。例如，"国学精粹类"活动课程模块，学校提供的模块目标如下：积淀文化底蕴，弘扬祖国优秀的传统文化，潜移默化地形成优良的思想道德品质，并逐渐完善自己的人格。模块实施建议如下：回归经典，把握精髓；活动多样，各有侧重；强调创意，推陈出新；雅俗结合，寓教于乐。模块评价建议如下：以活动的参与度、贡献指数、合作意识等进行多方面综合评价。

学生自定活动计划——自定活动内容和活动方式。学生在自主建构活动课程时，需要制订具体的活动计划，小到活动时间和活动空间的规划，大到活动内容和活动方式的设定。这样才能保证学生在自主建构活动课程时，有步骤、有计划地稳步推进。

引导学生进行活动课程的自主建构，在具体内容上还应从校内空间逐渐向校外空间延伸，让学生能够在更大的社会背景下进行自主建构。对于高一的学生，我们依托于学校的传统活动进行，如节日活动（国家重大节日活动、纪念日活动、民族传统节日活动以及科技节、艺术节、体育节等活动）、社团活动、值周等管理服务活动。将这些活动作为课程一部分，以学生为主体，由学生对活动内容、活动方式进行组织和设计，并将这些活动与研究性学习相整合，以课程的形式综合地加以实施。让学生在此类活动课程中培养活动课程的自主建构能力。对于高二、高三的学生，则组织外出考察、调查活动和社会各行各业的体验性活动，组织学生对社会现象或相关研究问题进行观察思考，开阔视野和思路，增进对社会的理解。该类活动包括参观教育基地、社区人文或自然景观，考察社区环境、社区传统、生活习惯、经济发展情况，对社区机关、特定群体、典型人物、热点事件进行调查、访谈等。我们将这些活动和研究性学习相整合，以课程的形式实施。根据职业生涯规划的要求，我们组织学生接触社会各行各业，亲身体验真实的社会生活，如组织军训、学工（商）学农、志愿者活动、科技文化活动、勤工俭学等。我们将这些活动当作研究性学习的组成部分，综合地实施。

（四）课程评价体系

苏霍姆林斯基认为："没有也不可能有抽象的学生。"[①] 一方面，学生是具体的人，具有独特的个性，我们不能用单一的、不变的评价方式去评价学生；另一方面，我们应当关注生命、关注人格，在课程评价上不仅要指导学生掌握知识、提升能力，更要引导学生自由地、充分地发展和丰富自己的人生。总之，学生的生命样态是多样而丰富的，这决定了课程评价的多样性和全面性。

---

① ［苏联］瓦·阿·苏霍姆林斯基：《给教师的建议（修订本　全一册）》，杜殿坤编译，1页，北京，教育科学出版社，1984。

根据学生不同的智力倾向和不同的学习风格，我和我的同事在制订课程评价方案时，注重给学生提供这样的机会：让学生根据自己的兴趣和特长选择适合自己的评价方式，让每一位学生都能体验成功、获得发展。在具体的课程评价中，学校注重对学业、特长、趋势三个评价向度的关注，认可并鼓励学生的差异发展、个性发展。

1. 学业评价是基础

（1）考试评价

改革评价与考试方式，建立发展性评价制度。学校根据目标多元、方式多样、注重过程的评价原则，综合运用观察、交流、测验、实际操作、作品展示、自评与互评等多种方式，为学生建立了综合、动态的成长记录，全面反映学生的成长历程。改变仅仅用考试成绩评价学生的方式，推行学生学业成绩与成长记录相结合的综合评价方式，即采用平时学习表现与考试、考核成绩相结合的综合评价方式，突出过程性评价。在对学生文化科目的学习效果进行评价的时候，设立学习课时、学习过程、模块总测试成绩三个评价项目，实行综合考核。

①学习课时（占10%）

该项目主要体现学生学习的参与程度。通过听课记录检查，全程参加课时学习者记满分。若在模块学习前提出免于参加课时学习的申请，经学校批准后，可以免于参加课时学习，该项记满分。

②学习过程（占40%）

该项目包括课堂表现、书面作业、实验操作与实践活动、平时测试四个方面。

课堂表现（占10%）。主要包括学生模块学习过程中的积极体验和学习过程中态度。本项由教师根据课堂教学观察和对学生平时学习的观察给定。

书面作业（占15%）。在模块学习的过程中，能按时、认真完成教师布置的书面作业，质量符合要求者记满分。本项由任课教师根据实际情况予以确认。

实验操作与实践活动（占5%）。实验操作包括动手制作和使用工具仪器、保管和维护工具仪器、实施精确测量和实验设计等技能与方法。实践活动指模块学习过程中开展的系列实践活动。由学生自己提供报告，进行自评，既要考虑活动的参与性，又要考虑活动过程中的体验和收获。最后由教师给予确定。

平时测试（占10%）。指模块学习过程中，根据需要进行的阶段性的知识与理解测试。可以是笔试、口试或操作考察，也可以是其他形式的测试。分数的确定，可以是所有阶段测试分数的平均，也可以按计划，各次的测试分数占不同比例，最后将分数相加。

③模块总测试成绩（50%）

模块学习结束后，举行的总测试是对学生模块学习效果的全面、系统的考核。教师认真命制好测试题，对学生进行综合考核，全面反映学生的学习效果。

学生每一模块的学习，三项总分 60～74 分为合格，75～89 分为良好，90 分（含）以上为优秀。总分合格者，获得该模块的既定学分。

（2）学分评价

学业评价结果以量化的学分形式体现时，按"学分计量、绩点论质"的原则，引入"合格学分"和"绩点学分"的概念。"合格学分"反映学生课程学习的量，学生每修完一个模块，总分 60 分及以上者，即可获相应的合格学分，它可作为评判学生是否可以毕业的依据。"绩点学分"反映学生课程学习的质，用于激励学生，以学分绩点和学期平均学分绩点对学生获得的学业成绩进行评价。具体操作办法如下。根据学生各模块的总分，自 100 分开始，每 10 分为一档次，折合成 5 个不同的等第，分别赋予绩点 4，3，2，1，0，以体现不同分段的学分差别；学分绩点＝课程（模块）的绩点×课程（模块）的学分数；学期平均学分绩点＝学期所得各课程的学分绩点总和/学期所得全部学分的总和。

2. 特长评价扬个性

特长评价以量化的学分形式体现时，表现为"奖励学分"，即以学分的形式奖励在学科竞赛、体育、艺术、科技创新等方面有特长的学生，以使评价不仅有统一的标准，而且尊重个体差异和个性特长。具体来看，学生在学科竞赛、体育、艺术、科技创新等方面获得国际级奖励，最高给予 10 分的奖励学分；获国家级奖励，最高给予 9 分的奖励学分；获省级、市级、校级奖励，分别最高给予 6 分、4 分、2 分的奖励学分。特长评价以定性的评语形式体现时，更多地以肯定性的评语评价学生在各种学习活动中表现出来的个性特长。

特长评价是对学业评价的重要补充。如果说学业评价更多运用的是量化评价，那么特长评价则更多运用的是质性评价。学业评价有着统一的度量标准，要求学生求同；而特长评价则期望让学生百花齐放，尽情施展才华，要求学生求异。通过特长评价，学校鼓励学生的个性发展。在特长评价中，学校注重学生在特长发展中的过程性表现。

延伸阅读

雅礼中学的学生在校期间会参加各种各样丰富多彩的活动，正是这些活动，培养和发展着不同学生的个性特长。在特长评价中，学校特别看重学生在制订活动计划、参与活动过程、产生活动结果等方面的表现，并从这三个方面来评价学生特长的发展。

（一）活动计划的评价

在学校的六大课程模块中，每一个模块都有模块目标、模块实施建议和模块评价建议。每个课程模块下都包含着非常丰富的活动，这些都需要学生根据学校要求和自身需要制订活动计划，包括活动目标、活动内容和活动方式。因此，对学生活动计划的评价很重要。

活动计划的评价要点有二。第一是活动目标的合理性。活动目标最理想的情况应该是处于学生的最近发展区。不会太高，以至于无法达成；也不会太低，以至于几乎不用努力就能实现。目标包含的内容最好能够全面，既包含知识、技能，也包含情感态度与价值观。以生活百科类中的足球为例，如果学生想参加足球训练课程，那么其活动目标不仅应该包含了解足球的基本知识，如越位、手球、点球等，而且应该包含掌握足球的基本技能，如射门、盘带、过人等，最好还包括能够进行团队协作、顽强拼搏等情感方面的目标。当然，并不是每个活动课程的目标都需要包含这三方面的内容。学生的活动目标包含的内容越丰富、具体，并且切实可行，那么得到的评价会越好。第二是活动的内容和开展方式是否有利于活动目标的实现。活动目标的实现需要活动内容和活动方式的支撑。

围绕这两个要点，以下问题可以具体展开。活动课程目标是否与学校的课程目标和活动模块目标一致？活动的开展是否较大限度地利用了各种资源？活动的开展是否充分考虑了学校的实际情况？活动内容的设计是否围绕活动目标的达成？活动内容是否具体、明确？自主活动、体验、实践、动手操作的成分是否较多，是否体现活动课程的特点？

对学生活动计划的评价是为了帮助学生制订更合理的活动计划，帮助他们更好地修习活动课程。

（二）活动过程的评价

学科课程的知识具有很强的学科逻辑性，而活动课程的主要目的不在于系统知识的修习，而在于学生的态度、能力、价值观的培养。而这些特质只有在过程中才能形成，也只有在过程中才能显现。和学科课程相比，活动课程具有的显著不同导致对它的评价需要更加重视对活动过程的评价。

对活动过程的评价主要依靠学校的日常管理。根据活动课程的特点，学校特别注重活动课程的管理，尤为注重对学生活动过程的评价。学校编制了学生模块学习情况记载表。记载表包含学习课时记载表、日常表现记载表、书面作业记载表、实验操作（实践活动）记载表、平时检测情况记载表、模块测试情况记载表和学生综合评价及学分认定表。学生综合评价及学分认定表是根据前面的众多表格记载的情况进行综合评定而填写的，就是为了突出对学生活动过程的评价。

（三）活动结果的评价

相比于学科课程、校本课程，学生活动课程是最应该轻视结果评价的；但是如果对活动课程的结果没有科学的评价，就无法调动学生的积极性，无法实现活动课程的目标，最后使学生活动变得随意，失去活动课程的价值。

对活动结果的评价需要结合具体的活动课程，一般采取量化评价与质性评价相结合的方式进行评价。仍以足球训练课程为例。对足球基本知识的考查可以通过量化考试的形式进行，对基本技能的考查也可以通过量化打分的形式进行。比如，考查射门技能，可以通过让学生在一定范围内射门，规定总的射门次数，考查学生射入球门的次数，并且可以要求学生接地滚球、半高球、高球的数量；又如，考查学生的盘带，可以根据学生的不同特点提供几种考查的方式，带球冲刺达到一定速度、带球绕桩达到一定程度等由学生进行选择，这也是量化考查。而练习态度、团队协作的考查则可以利用量化评价与质性评价相结合的方式来全面考查，活动的出勤情况、平时作业的提交情况等量化材料，关于足球训练和团队协作的心得、教师和同学们的评价、团队活动的参与和反馈情况等质性材料都可以作为这一方面评价的印证材料。

3. 趋势评估促发展

短暂的学校教育，要为漫长的终身幸福做谋划。因此，教学评价的使命不仅应立足当下，更应着眼于未来，着眼于发展。

趋势评估主要根据各种评价结论和标准化的心理量表，在学校心理健康教育中心的参与下，对学生在学习中表现出来的个性、能力、特长、性格、习惯等进行综合评定，以评语和建议的形式体现。一方面，趋势评估为学生更好地了解影响自己学习效果的深层次的心理因素提供了依据，以便下阶段更好地学习，并养成良好的学习心理品质；另一方面，有利于教师和家长调整自己的教育策略，做出更有针对性的指导。

未来是不确定的，在趋势评估中，对学生的评价没有必需的、绝对的评价，有的只是建议和引导。这些建议是基于学生的心理测评和日常表现并结合学生的兴趣提出的，具有一定的科学性。趋势评估旨在为学生的未来发展提供必要的指导。趋势评估是对学生既有的学业评估和特长评估的补充。学业评价、特长评价、趋势评估构成了一个立体的评价体系，它不仅关注学生的过去和现在，而且关注学生的未来和长远发展，真正体现"为学生终身发展奠基"的教育理念。

延伸阅读

如果一个学生在考试中获得了比较好的成绩，那么我们要求他在自我评价中分析获得成功的原因，思考如何进一步运用自己的学习策略；如果一个学生在考试中获得了不好的成绩，那么我们要求他在自我评价中分析暂时落后的原因，提出改进的具体办法和下一个学习周期（一个月或者一个学期）的整体计划。这样的自我评价和量化评定有着本质的不同，它不单对学习成绩优异的学生有鼓励和帮助的作用，对学习成绩落后的学生也有指导作用。我们坚持这种形式的自我评价，令人欣喜的是，我们发现多数的学生能够辩证地利用考试结果来激励或反思自我。考试考得好，则以此增强自信；考试考得不好，则分析原因，改进学习方法。这种形式的自我评价真正地让考试为学生所用，真正实现考试评价"目标追求—评价—调整"的循环良性运转。这样的评价立场基于的是学生自身的立场，对每一位学生都具有正向引导价值。

而教师的评价与建议应帮助学生反思自我，唤起他们对成长的渴望，帮助学生发现他们所学的实际意义，营造和维持学习过程中积极的心理氛围，并促进评价的内化。为此，学校要求教师在评价中不仅关注学生平时的学习表现、学习态度、学习行为等，而且关注学生成长的效果，提供"教师对我（学生）说"的机会，用量化分数、个性化评语与期望寄语相结合的评价方式，指导学生不断修正自身的学习目标、学习态度和学习方法。教师的态度和评价对学生自我评价的形成起着主导作用。教师对学生的评价既要实事求是，也要正向引导，让每一个学生都看到自身的优点和缺点，明确往后的努力方向。教师的评价内容还包括对学生自我评价的反馈，尤其应该关注自我评价过高或过低的学生，让前者充分认识到自身的某些不足，让后者认识到自身的优势，从而更全面地认识自己。

家长的评价和信息反馈是弥补学生自评、教师评价不足的评价方式。学生的学习日志一周一次反馈给家长，家长及时根据学生记载的情况，再结合通过其他途径了解到的情况，对学生的学习过程给出相应的评价。

学校和家庭是学生学习活动的两个最重要的场所，教师和家长是学生学习活动最重要的参与者和协作者，教师和家长的评价的相互补充可以让评价更全面、更准确。

通过多年的课程评价工作实践，我们可以明显感受到作为评价主体的学生、教师和学校发生了很多可喜的变化——学生更加阳光了，教师充满着教育智慧和人生智慧，学校也成为师生的精神家园和幸福乐园。

科学的评价方式让学生看到自己的长处，增强了自主发展的意识和能力。很多受到良好评价的学生，能主动提升自我、发展自我、关注社会，积极创造美好人生，其创新能力和实践能力不断增强。通过学业评价，学生更注重平时的学业表现，学业基础更扎实了；通过特长评价，很多学业成绩不出色的学生自信心普遍增强；通过趋势评估，学生不仅关注自己的学业成绩，而且关注学业成绩背后反映的发展潜力和发展趋势，根据不同的发展潜力和发展趋势进行学业规划和职业生涯规划。我们惊喜地发现，在雅礼中学的共青团团员代表大会、学生代表大会上，关注学校发展的提案一年比一年多，"校长面对面"座谈会参与人数明显增加，参与志愿者服务的人数越来越多，学生主人翁意识越来越强。

在我们看来，幸福学校的特点就是"教师乐教，学生乐学，积极向上，和谐共生"，其中最核心的是"教师乐教，学生乐学"。以学生乐学为例，雅礼中学的课程评价倡导的全面、个性、多元的学生发展导向，使每个进入校门的学生的自我被激活、被点燃，保持基于个人天赋与潜能之上的向学之心。每一个雅礼中学的学生都充满自信、阳光与快乐，始终在学习中，在活泼地成长的状态之中。每个学生不仅自觉经受认知的挑战，从中获得知识上的满足，而且在情感与心灵的充盈中获得愉悦的精神体验，个性得到充分的张扬，创造力也得到充分的发展。

通过实施课程评价，我们倡导学校、教师与家长尊重学生的选择，为不同兴趣爱好、不同能力水平的学生提供适合的课程选择，努力将学校建设成为给学生提供更多选择的自由的学校，让学校成为一个大型超市，尽学校所能，开发并提供多元的、适合学生的课程产品，吸引学生进行选择。在这个"超市"中，学生就是顾客，能在其中各取所需。

二、学生成长

20 世纪 90 年代，学生的主体地位引起了人们的重视，并在一系列教育实践的推动下，得到了巩固与强化。在这一过程中，学生的需求越来越受到教育者的关注，而其中的核心就是学生成长的需求。教育，就本质而言，事关学生的成长。脱离学生的成长谈教育，就是脱离了教育的实质，这样的教育是流于形式、违背教育初衷、与社会发展背道而驰的；只有切实促进学生成长的教育，才是有活力的、具有生命气象的教育，才应是每一所学校、每一位教育工作者不懈追求、始终坚守的。

我认为，要充分满足学生的成长需求，单凭空洞的理论或一厢情愿的主观意愿无法实现，这其中，实践是必然的。在实践中，我们要保证一个立足、一个面向。一个立足，即立足学生本身。《国家中长期教育改革和发展规划纲要（2010—2020年）》中规定，要高度关注学生的身心健康发展，遵循教育规律，为学生健康成长创造良好环境，同时还要合理配置教育资源。叶澜也在其论述中强调教育对个体的意义，"就是使个体具有正确合理选择自己发展方向的能力，提高个人满足自己合理需要的能力和向新的需要层次跃迁的自觉意识与能力"。① 一个面向，即面向社会与国家。教育的目的就是让自然人变为社会人，教育的过程也就是社会化的过程，教育者通过教育，将优秀的制度、品德和性格传递给孩子，铸就孩子完善的社会性格乃至整个民族的个性。同时，教育也是指向国家发展战略的。2017 年 10 月 18 日，习近平总书记在中国共产党第十九次全国代表大会上强调，"建设教育强国是中华民族伟大复兴的基础工程，必须把教育事业放在优先位置"。2018 年 5 月 2 日，习近平总书记在北京大学师生座谈会上的讲话指出，"教育兴则国家兴，教育强则国家强"。

　　21 世纪初，雅礼中学立足于学生本身，面向社会与国家，探索学生成长的路径，经历了长期的教育思辨与教育实践，确定了要坚守什么、扬弃什么、创新什么，探索出一条真正促进学生成长、为学生终身发展奠基之路。2020 年 8 月，我受邀参加湖南湘江树图区块链创新中心暨区块链底层技术及应用湖南省重点实验室揭牌仪式，揭牌人之一是 2006 届雅礼青年校友、加拿大多伦多大学助理教授、性能全球最领先的第三代分布式底层公链系统（Conflux）创始人、上海树图区块链研究院院长龙凡博士。（图 3-5）他说，自己的理想就是"用科学改变世界"，希望区块链技术能够被更多人、更多行业应用，抓住计算机技术中心化系统向去中心化系统迭代的历史机遇，打造一条能够为世界所用的分布式系统，改变计算机底层代码被欧美垄断的现状，探索建立在分布式系统之上的区块链信息世界。他希望通过创立湖南湘江树图区块链创新中心和区块链底层技术及应用湖南省重点实验室，带动更多的走出去的湖湘学子，把更先进的科学技术、理念带回家乡。看着当初朝气蓬勃的少年已经成长为当今前沿科技界的领军人物，我的内心澎湃不已。共享着新一代青年的荣耀时刻，我更是欣喜不已。任何教育理念和实践都需要经过时间的检验，而龙凡以自己的成长经历、人生抱负、事业成就，为高中阶段在雅礼中学所接受的教育做了最好的注解。立足于学生本身，面向社会与国家，以个性教育促进学生的成长，雅礼中学正在向时代和社会交出优质的答卷。

---

　　① 叶澜：《教育概论》，184 页，北京，人民教育出版社，2006。

图 3-5   与 2006 届雅礼青年校友龙凡（左二）的合影

（一）学生成长的目标

2021 年修正的《中华人民共和国教育法》第一章第五条指出，教育必须为社会主义现代化建设服务、为人民服务，必须与生产劳动和社会实践相结合，培养德智体美劳全面发展的社会主义建设者和接班人；第六条指出，教育应当坚持立德树人，对受教育者加强社会主义核心价值观教育，增强受教育者的社会责任感、创新精神和实践能力。国家在受教育者中进行爱国主义、集体主义、中国特色社会主义的教育，进行理想、道德、纪律、法治、国防和民族团结的教育。这是国家在学生成长的目标上做的顶层设计。从素养角度讲，学生的成长包括德、智、体、美、劳方面的成长；从成长方向讲，学生要成长为社会主义建设者和接班人；从思想层面讲，要将学生培养成有理想、有道德、遵纪守法、热爱祖国、拥护社会主义、拥护民族团结的人。这一目标指向的是整个教育阶段，是一个宏观的大的目标，是一个总的方向。在这一目标与方向的基础上，不同阶段的学校可以依据本阶段受教育对象的特点、课程的开设特点等，在保证不同阶段前后衔接的前提下，提出不同的学生成长目标。

高中阶段是学生思维发展的关键时期，这一阶段的学生更倾向于独立思考、自由探究，在思维的广度、深度、敏锐度、严密度、批判度、创造程度上会出现有别于过去的巨大发展。因此，遵循学生思维发展的规律，顺势而为，挖掘其思维的潜能，拓宽其思想的范围，使之形成富有个性的思维品质，是着眼于学生成长的重要任务。高中阶段是学生在初中阶段形成的秩序的基础上，进一步强化秩序并内化于心的阶段。正因为如此，学生会思考什么是摆在第一位的，什么是最重要的，什么是急需完成的，并在不断的追问与自我的驱使下，有意识地追求真理，崇尚人性之美，从而促进人格的完善，实现人的成长。此外，这一阶段，学生的社会参与意识逐步增强，他们会主动承担志愿者服务等亲近社会的工作，活动空间也逐步从学校延伸到社会的各个方面。《光明日报》刊载的《青年工作从高中学校抓起》一文提出："高中必须进一步加强教育与生产生活的联系，让每个高中学生看到真实的现实世界，培养他们的正确思考。学校必须让高中学生走出校园，组织和引导他们参与到当前全面建设小康社会的伟大实践之中，让学生在学习、观察和实践之中学会思考，明辨是非，真正理解坚持党的领导与坚持'四个自信'的价值意义。"①

因此，在国家教育方针的指导下，结合高中阶段学生的特质，融合雅礼中学的办学理念，把培养体魄健康、心态阳光、动静合宜的生命状态，举止文明、待人真诚、处事求精的生命品质，学养高厚、胸襟开阔、担当宇宙的生命格局作为学生成长的目标，是对学生成长的全方位的关注与重视，是对当下有些学校急功近利、片面追求分数的一种深刻反思，是担当，是情怀，是对生命个体的负责，是对国家与社会的承诺。从具体层面来说，要坚持一个根本、两个维度。一个根本，即立德树人。人无德不立，育人的根本在于立德。把立德树人作为教育的根本任务，具有鲜明的时代特征。未来学校的发展致力于转变过去"重智、轻德、弱体、缺美、少劳"的不均衡教育现状，全面推进实施新时代普通高中育人方式改革，健全立德树人落实机制，把社会主义核心价值观贯穿于学校教育教学的全过程，把"立德树人"作为行动总纲，强基固本，涵养学校生命气象。两个维度，即综合素质维度和核心素养维度。综合素质维度强调学生在思想品德、学业水平、身心健康、艺术素养、社会实践上实现全面发展，强调个体发展的全面性，包括德、智、体、美、劳诸方面，树德、增智、强体、育美、培劳；核心素养维度则突出个体发展的关键性，关注学生发展应具备的必备品格和关键能力。

---

① 朱益明：《青年工作从高中学校抓起》，载《光明日报》，2020-05-05。

（二）学生成长的内涵

1. 身心成长，是学生成长的生命基础

人的成长包括身体的成长和心理的成长。其中，身体的成长包括机体的正常发育和体质的增强。体育不仅可以强体，更可健心。在我国古代，孔子将身体成长归结到一个"勇"字上，即"勇力"。比如，"子路问成人。子曰：若臧武仲之知，公绰之不欲，卞庄子之勇，冉求之艺，文之以礼乐，亦可以为成人矣"①。而在西方，与之呼应的有柏拉图的主张。柏拉图认为，身体教育和知识教育之间必须保持平衡。体育应造就体格健壮的勇士，并且使健全的精神寓于健全的体格。"体育方面，我们的护卫者也必须从童年起就接受严格的训练以至一生。"② 中华人民共和国成立以后，党和国家领导人尤为重视学校体育，开展了一系列群体性运动，推广便于在民间开展的体育运动，其着眼点也是人的身体的成长。特别是进入 21 世纪后，人们对于身体的教育、对于学生身体的成长，有了更多的认识。身体教育学的创立者张嘉泉认为，因为身体被普遍忽视了，所以没有身体的灵魂便成了可以任意塑造的对象。于是，本来多种多样的心灵被教师千辛万苦地塑造成千人一面的模型。于是，一个个没有身体的工具就产生了。因此，我们需要引导学生认识身体、保护身体、磨炼身体、控制身体、美化身体和运用身体。

雅礼中学有着重视体育的优良传统，并将其作为一种教育基因深植于雅礼人的教育理念之中。特别是 21 世纪以来，学校在体育竞赛方面取得了骄人成绩。学校是篮球、足球、田径三大项目国家级传统项目学校，是全国校园足球特色校、全国篮球高水平后备人才基地。女子篮球队多次获得中国高中生篮球总决赛及全国 U17 篮球赛事冠军（图 3-6），男子足球队多次获得全国校园足球高中组总决赛亚军、省赛冠军，田径队在全国中学生比赛中多次夺得冠军，学校为众多高校及专业队输送了大批高水平运动员。2005 年 10 月 12 日，党和国家领导人接见了全国群众体育先进单位和先进个人代表。作为学校代表，我从北京领回"全国群众体育先进单位"牌

---

① ［清］刘宝楠：《论语正义》，307 页，石家庄，河北人民出版社，1988。

② ［古希腊］柏拉图：《理想国：权威全译本》，郭斌和、张竹明译，113 页，北京，商务印书馆，2019。

圃。从那时起，我意识到时代的变化、社会的变迁、教育标准的提升，对学生身体的成长提出了新的要求；也是从那时起，我在学校更加坚定地推行发展"大体育"的理念。

图 3-6　雅礼中学女子篮球队

为什么要推行发展"大体育"的理念？荣誉带来的鞭策是其中的原因之一，另一个重要的原因是，生活水平的改善和学业压力的增加使学生群体中肥胖率、近视率不断上升。我深刻地意识到，体育不应是少数人的体育，体育应当成为学校这个生命场中所有生命身心健康的支撑，体育是每个学生的体育。要以发展"大体育"来为学生终身发展奠基，帮助学生获得终身体育的能力和习惯。

如何发展"大体育"？一方面，确保开足开齐体育课，人人参与体育锻炼，掌握体育知识，培养体育精神；另一方面，尊重学生的个性发展和自主选择，开设特色鲜明的校本课程，帮助学生掌握一至两项运动专长，培养运动爱好，以全面发展体能和运动技能，培养终身体育的意识，为学生的终身体育奠定基础。

经过长期的探索和实践，体育的校本课程建设已取得巨大成效。依据学生的需求和爱好，学校已开设篮球、足球、排球、羽毛球、乒乓球、武术、健美操、体操、田径等模块的教学课程，并实施选项教学，让体育课成了学生喜爱的课程。在雅礼中学学生的心目中，体育课已成为必不可少的课程之一。

案例呈现

校本课程——排球模块

（一）教学目标

第一，通过对排球运动的发展历程、竞赛规则及裁判法等的理论传授，加深学生对排球运动的理解，提高学习和参与排球运动的兴趣，提高欣赏排球比赛的能力。

第二，加强移动、垫球、传球、发球、扣球、拦网等基本技术及技术组合的训练，将基本战术融入教学之中，帮助学生提高基本技术和战术在实战中的运用能力。

第三，发展学生的协调性、灵敏度、力量、速度等身体素质，提高学生的运动能力。

第四，通过实战，带领学生体验排球运动的乐趣，培养学生对排球运动的兴趣，培养吃苦耐劳、团队协作、机智果敢的优良品质。

（二）教学内容与时数安排

排球模块具体的教学内容与时数安排见表 3-3。

表 3-3　教学内容与时数安排

类别	教学内容	学时
理论部分	排球运动的起源、发展、特点简介	1
	排球竞赛规则及裁判法	1
	高水平排球竞赛的欣赏	2
实践部分	移动、垫球、传球、发球、扣球、拦网等排球基本技术及技术组合	44
	排球基本战术	10
	排球实战	6
	身体素质练习	穿插至各课时
考核部分	排球基本技术和战术考核	8

学校从探索建设体育校本课程出发，形成了丰富的校园体育文化。每年度的学

校田径运动会已成为学生展现自我、超越自我的体育文化节的序幕，"三大球"项目是展现学生体育精神与集体荣誉感的重要阵地，每年度的"雅礼杯"班级足球、排球、篮球联赛成了学生最期待的体育赛事，每天的"阳光体育"活动让校园里尽显生命活力，学生在"学"和"赛"中找到了运动的乐趣和自信。（图 3-7）

图 3-7   "雅礼杯"校园体育赛事

学生的发展以身体的健康为前提，身体基础能打多牢固的关键在于体育活动开展到什么程度。学校有条不成文的规定："高三年级每天必须留足时间给学生参加体育运动，每周两节的体育课必须正常开课，每年学校体育文化节必须组织开展高三年级学生专项运动会。"设置这条规定，不仅是为了让高三的学生能通过体育运动释放紧张学习带来的压力，更是为了让学生保持好锻炼的意识和习惯。

所谓心理的成长，是指认知方面和个性方面的成长。认知包括感觉、知觉、记忆、思维等，个性包括需要、兴趣、情感、意志等。这两方面也是密不可分的。认知的发展，促进人的个性的形成与发展；个性的发展，促使人在按照自己的意向开展实践活动中加深自我认知。

研究表明，在青少年阶段，心理健康水平随年龄的增长呈下降趋势。高中生的心理健康水平低于初中生，其中，高三年级学生的心理健康水平低于高一、高二年级学生。另外，相关调查发现，我国高中生的心理健康水平在 1990—2004 年呈不断下降趋势，2004 年以后呈低水平平稳状态。可见，我国高中生的心理健康水平长期处于低水平。[①] 所以，高中生的心理健康问题应受到重视。高中生一般指处在 16 岁到 18 岁这个年龄阶段的学生，他们在生理方面的发展极为迅速，许多方面接近了成年人水平，但心理方面却表现得极不对称，呈现出不成熟的状态。他们的心态容易失衡，情绪也不稳定，在理想与现实、独立与依赖、理智与情感之间容易产生心理上的冲突。这些冲突如果不能及时解决，就会沉积而导致心理疾病。还有，高中阶段所学的知识体量增大、学习的节奏加快，他们的紧张程度也是先前任何一个阶段无法比拟的。特别是高中生需要面临高考的竞争，再加上家长的过高期望与无微不至的呵护、学校过于强调应试而忽略学生的心理健康，使得学生承受挫折的能力得不到有效培养，一个小小的挫折都有可能使之出现心理上的波动。由此可见，中学生处于身心发展的转折期，其生理基本发育成熟，但心理却还处于未成熟阶段，极易受内外因素的影响。

为促进学生的心理成长，提高其心理健康的水平，学校一方面加强心理组建设，积极推进教研，提升心理教师的教学水平、业务素养，并充分利用校内资源，开设心理课程，向学生讲授心理健康方面的知识，并把心理咨询作为重中之重来抓，及时解决学生的心理问题；另一方面建立学生心理档案，对每一个学生在不同阶段的心理状态做跟踪调查，对出现心理波动或心理疾病的学生，第一时间进行干预。除此之外，学校还组织开展有针对性的心理讲座，帮助学生解决普遍性的问题。熊智芳老师在题为"美丽女生'听'过来"的青春期女生心理健康教育专题讲座中告诉女生们："相貌的美高于色泽的美，而秀雅合适的动作的美，又高于相貌的美，这是美的精华"。要想成为一名美丽的女生，需要"外树形象""内强素质"。所谓"外树形象"，包括大方得体的妆容美、微笑待人的神态美、挺拔端庄的仪态美、文明优雅的言行美；"内强素质"，则应从人格人品、兴趣爱好、思想观念态度等方面提升自我。熊老师还强调，女生们要心存善良，敬畏生命造化，带着善心良意去体察世间万物，润泽心灵；女生们要爱好读书，借书以开茅塞，增学问，广识见，养性灵；女生们要理智对待感情，健全独立平等的人格，树立自觉承担责任的意识，摆正情感需求的位置。

---

① 王晓炜：《高中生心理健康影响因素及应对策略分析》，载《校园心理》，2020（4）。

2. 学业成长，是学生成长的重要内容

学业成长，从教育的过程来看，就是指学生在实现课业上的成长的基础上，通过自主探究、刻苦钻研，进而获得学问上的成长。其中，课业与学问均建立在知识层面上，两者相互关联，呈阶梯形态存在，即课业通往学问，学问以课业为基础。

课业上的成长，很多人误以为就是学习成绩的进步，这也反映了当今在升学竞争日趋激烈的情况下，人们对高分的追求。在这种背景下，一些学校、许多教师将"育分"当成首要任务，在应试方面把许多举措发挥到极致，引导学生把时间和精力投入一张小小的试卷上，进行着日复一日的重复劳动。当然，在这个层面，我并不否定分数的重要性，因为其牵涉到千千万万学子的发展和前途，也关系到家有考生的广大家庭的稳定与幸福。但是我更清醒地认识到，唯分数论只会极大地将教育窄化，使教学僵化，使学校成为一道道偏重于加工组装的流水线，使培养出来的学生千人一面，没有温度，没有生命，只有形，没有神。那么，如何在育分与育人上实现平衡呢？单纯从课业上来讲，就是引导学生以知识学习为契机，着力提升学生的学习能力，让学生从浅层学习走向深度学习。也就是说，在尊重学生学习自主权的前提下，优化学习流程，整合学习内容，强化学生之间的合作与探究，促进学生思维的发展，促使学生从接受性学习走向自主性学习，走向合作性、探究性学习。这样，一方面着眼于学生知识的丰富，另一方面着眼于其能力的提升；既在短期内提高学生的学习成绩，保证其分数上的进步，又面向未来，拓展学生的发展空间，使其有能力主导自己的人生。

案例呈现

《炮兽》深度教学研讨记录

时间：2013 年 3 月 22 日下午 4：00。

地点：办公楼二楼会议室。

参加者：龚政军、胡岭、张世程、王良、杨骐文。

记录整理：杨骐文。

具体内容

龚政军：起初理解三维目标时，我在想，过程与方法算不算目标？后来看过一些文章、经过一些思考后，我才觉得设置过程与方法目标是有必要的。知识与技能目标是浅层次的，过程与方法目标则指向运用，就是要通过一定的过程与方法，教给学生技能，让学生能将所学迁移到其他的阅读和写作中去。

总的来说，我对情感态度价值观目标的感触要多一点。我觉得情感态度价值观目标是无处不在的。其他的目标学生通过自学可以达到，但情感态度价值观目标的实现则有赖于教学，如教师人格的感染。问题是，怎样具体化？怎样在教学中培养人生观、价值观？我总在想，学生上了那么多堂语文课，步入社会后，究竟有多少知识和技能是他记得的？但哪怕有一堂课，学生能记起其中的某句话，这句话便会对他的生命和生活产生重大的或者潜移默化的影响，我想，这就是情感态度价值观目标的价值。

在这里，我提供一个三维目标案例，大家可以一起讨论讨论。很可能我们很多老师都是这样写三维目标的。

张世程：我很赞同龚老师刚才提到的观点。一个人毕业后，知识方面的内容很可能都忘了，只有最后剩下的，才是真正的素质。这些，我们可以通过情感态度价值观目标来培养。龚老师提供的《桥边的老人》这个案例，在"情感态度价值观目标"里，"激发学生的兴趣"这个目标太牵强了。不是所有的课文、所有的点都需要渗透三维目标，选取的点越少越好，最好在某一点上有突破。所以，三维目标的设计不要面面俱到。另外，如"体会战争给人民带来的灾难，学习海明威的坚毅乐观""激发和培养学生对外国小说的学习兴趣"，这样的目标就写得太大、太空，好像每一堂课都可以套这个目标。

胡岭：上次听有的老师说，三维目标的实现要从此及彼，也就是说，实现了这个目标，再实现那个目标。过程与方法目标的层次要比知识与技能目标的层次高，情感态度价值观目标的层次要比前两者高。而我的看法是，三维目标应当是一个立体的、相互支撑的结构，三者相互渗透、相互照应，不存在层次高低之分。

谈一点我的感悟。我认为三维目标的设计一定要集中，一堂课上，不能一会儿实现这个目标，一会儿又实现那个目标，结构和流程被人为地割裂开来，导致思路不清晰。在《炮兽》一课里，我的思路是通过场景描写中的对比，把握人物形象、性格；再通过人物形象、性格的把握，体会人道主义精神。这就使三维目标的设计围绕一个点来进行，使课堂流程单纯而集中。

在过程与方法目标的设计上，我比较注重学生的初感。放开手，让学生自己读、自己谈。如果学生的理解和感悟有偏差，我就可以有针对性地引导、纠错；如果学生的理解和体悟有他的独到之处，我就可以对预设进行适当的拓展和延伸。

最近，我在写硕士学位论文，是关于探究教学的。探究有不同的方式，有点式探究，有迂回探究。我在1010班上课时改进了教学，采取的是迂回探究的方式。在大多数学生能够道出自己的初感，但会忽略对比衬托在文中的运用的情况下，不直接提出"还有什么样的手法"这一问题，而是问"主人公是谁"。通过这个问题，以迂回之策实现教学目标。学生讨论得非常激烈。有的说炮兽是主人公，列出了好几条理由；有的说将军才是主人公，理由是大炮最后被制服了，炮手最后被枪毙了，只有将军笑到了最后。这其实就谈到了对比衬托的手法。整堂课主要都是学生讲、学生自己发现，老师只要稍稍点拨、总结一下就可以了。最后，我们再联系《九三年》，让学生悟出雨果的人道主义情怀。实际的课堂效果证明，这样的设计始终贯穿着一根红线，课堂进程明确、集中。学生在学的过程中不管对错，都有感悟。

龚政军：我很赞同胡老师的一个观点，三维目标是一体的、相互渗透的。不过在具体的教学中，要分情况来看。比如，在围绕着对比手法进行探讨时，理解对比手法的运用和感悟人道主义的情怀两个目标之间存在一定的距离。这个时候，我们就不可能渗透人道主义的情感态度价值观目标。

胡岭：我在设计里提到过，三维目标中，知识与技能目标体现在课堂内容上，过程与方法目标体现在课堂控制上，情感态度价值观目标体现在课堂升华上，三个方面是统一的，最终都指向情感态度价值观目标。但实际的操作中，则有一定的路径可循。

王良：我也特别赞同胡老师的观点。三维目标是三位一体、相互支撑的，或者说，是一个事物的三个侧面，各有侧重，不可偏废。其实，这个观点在上次的研讨中就已经澄清过，在理解时，大家也好像没有太大的问题。

关于三个维度的目标之间的关系，我们上次讨论达成共识的一个观点是，知识与技能目标是核心，过程与方法目标围绕知识与技能目标的达成而展开，情感态度价值观目标在实现知识与技能目标的过程中达成。杨老师上次提到过两种新课程病。其中一种是撇开知识与技能谈过程与方法、情感态度价值观，导致知识与技能目标的虚化。所以说，知识与技能目标是核心。另一种是只有知识与技能目标，没有过程与方法目标。我们上次之所以特别强调过程与方法目标，是因为我们的很多课堂只注重知识与技能的传授，走的仍然是传统灌输式的老路。

杨骐文：我插一句。"知识与技能目标是核心"，这句话我部分赞同。过程与方法目标的实现，在很大程度上的确是为了达成知识与技能目标。但也不全是。学生的学习过程中，还有许多生成性的东西。这些生成性的东西，往往会溢出原来预设的知识与技能的范围，它们往往是不可测的，甚至在学生时代都没办法外化，但往往会以内隐的方式，作用于学生的灵魂深处，深远地影响学生的未来。所以，过程与方法目标除了为达成知识与技能目标而存在外，还有其独立的、并不指向既有的知识与技能目标的价值；或者说，过程与方法目标的实现，还有一个使既有的知识与技能增殖扩容的作用。

学问上的成长，就是指学生在课业学习的基础上，形成一定的钻研学问的能力，具备一定的钻研学问的精神。相对于课业，在内容上，学问更具有系统性、广博性与深刻性；在过程上，学问更多依赖于研究，需要从事学问的人主动寻求根本性的原因与更具可靠性的依据；在身份上，从事课业的人，可称为学习者，从事学问的人，可称为研究者。引导学生由学习者过渡到研究者，有助于他们向更高层次的知识形态进发，成为各个领域的专家、学者。雅礼中学的校歌中有这样一句歌词，"经天纬地才能，由学问成就"。"经天纬地"一词，出自《左传·昭公二十八年》（"经纬天地曰文"），本意为"以天为经，以地为纬"，后以其比喻规划宏伟的事业，引申为治理国家。校歌表达的意思极为鲜明，治理国家的才能是在钻研学问的过程中成就的。雅礼中学的校训为"公勤诚朴"，其中的"勤"，指向的就是对学问和事业的态度。它告诉雅礼人，无论是"成就学问"，还是练就"经天纬地才能"，勤奋永远是事业成功的基石。可见，"勤奋钻研学问"既是雅礼人的传统，也是雅礼人的不懈追求。著名的经济学家厉以宁在雅礼中学求学时，曾广泛而深入地研究东方、西方的文学作品。长期的读书生活陶冶了厉以宁的性情，对文学的钻研开阔了他的视野，扩大了他的胸怀，促使他的思想人格日趋成熟，也为他后来投身经济领域奠定了基础。

为促进学生学问上的成长，我们着力于学校课程建设，不断充实课程内容，构架起六大课程模块体系。社会人生类模块将文化作为课程的方向，旨在让学生在具体的研究中，回到文化的源头上，延续共同的心理意识和精神基因，从而在现实生活中形成一种精神的认同、思想的共鸣、文化的相互濡染，在认同与被认同中获得最大的心理满足；科学创造类模块强化科学教育的统整性、综合性及实践性，特别是增加了项目研究活动，以项目为基础，以学生为中心，通过问题解决来锻炼学生的实践动能，并推动他们整合多学科知识，充分体验学术研究的过程；国学类精粹模块引导学生研究我国具有五千年悠久历史的汉民族文化及学术体系，并在研究中养成品格，形成价值观，整合一个自由而全面发展的人之知情意行；西方文明类模块涵盖语言、历史、政治、经济、科技、艺术等内容，旨在让学生通过研究，在广博的知识储备的前提下以理性的思维、历史的观点、辩证的方法融贯中西文明；生活百科类模块是指在充分挖掘教材中现有生活化因素的基础上，注重跨学科的学习，打破学科和课堂的界限，使生活的各个层面相互交叉、渗透，在整合中开阔学生的视野，使其初步获得现代社会需要的能力；国际素养类模块指向跨文化交流的能力，具体而言，就是让学生拥有流利的口语、国际礼仪知识、较强的国际适应能力。

学校通过六大课程模块的整合，将日常的学习上升到学问与学术上来，充分调动学生的研究积极性，在已有课程整合的前提下，致力于学问研究，在研究中培养、发展能力，在能力的逐步提升中形成研究学问、学术的精神。同时，六大模块涵盖了现实生活中的各个领域，对其研究的过程，是认识、比较、判断、选择的过程，也是涵养学识、能力与精神的过程，这将为学生发展奠定坚实的基础。

3. 人格成长，是学生成长的根本需求

中国著名教育家蔡元培说过，德育实为完全人格之本，若无德则虽体魄智力发达，适足助其为恶，无益也。杜威也指出，一切教育的最终目的是形成人格。对于"人格"一词，哲学、社会学、法学、心理学、伦理学等领域有不同的阐释，但从蔡元培与杜威的表述来看，他们更倾向于伦理学层面的阐释。伦理学研究的人格就是人区别于其他动物的本质规定性，专指道德人格，就是个体通过加入道德关系，参与道德生活，意识到自己的道德责任和道德义务及人生的价值和意义，从而自觉地选择自己做人的模式，培育自己的道德品质，丰富和完善自己精神的世界。[1]

---

[1]　赵晓晨：《中学德育塑造高中生健全人格的有效性研究——基于十多所高中的调查研究》，硕士学位论文，陕西师范大学，2016。

　　许惠英在《人格教育论：青少年的人格培养》[①] 中，对人格教育、人格成长做了极为详细的阐释，我们可以结合该书来认识人格。人格是指向社会的，呈现于人与社会的关系中，强调人通过自身与社会的互动，主动地融入社会中去，愿意亲近社会、服务社会；人格是指向自我的，强调人通过与自己内心的对话，充分地了解自己，公正客观地评价自己，给予自己合理的建议，并自主地指导自己的行为，调节自己的心理；人格是指向人与人的关系的，强调人在人际关系中，能够尊重他人、理解他人，给予他人以温暖，也能够自然而然地感受到他人给予的温暖和精神上的支持，获得安慰、勇气和力量；人格是指向情绪与态度的，稳定的情绪和坚定的态度是健全人格的重要表现，患得患失、优柔寡断、畏首畏尾、怨天尤人等，都与人格不健全有直接的关联；人格是指向鉴赏力的，强调人能够凭自己的生活体验、艺术修养和审美趣味，有意识地对审美对象进行鉴赏，从中获得美感，能在审美鉴赏的基础上，对审美对象的性质、价值、形式和内容等进行分析，并做出评价；人格是指向创造力的，强调人需要具备产生新思想、发现和创造新事物的能力，不易受功能固着等心理定式的干扰，对事物具有不寻常的独特见解。据研究，创造能力强的人具有以下人格特点：兴趣广泛，反应敏捷，思辨严密，善于记忆，工作效率高，从众行为少，好独立行事，自信，喜欢研究抽象问题，生活范围较大，社交能力强，抱负水平高，态度直率。

　　基于上述分析，再结合中学生的特点，促进学生的人格成长，就是促使其人格和谐、健康发展，自主适应家庭生活、学校教育和社会环境。从自身的角度来讲，拥有自信、阳光、积极、开放的个性特征，拥有正确、稳定的人生观、价值观、理想和信念，拥有良好的生活、学习习惯和兴趣爱好。从对外的角度来讲，有强烈的探索外部世界的热情，面对问题、困难、挫折不退缩、不回避、不放弃，有与外部世界和谐共处的能力，具有亲和力、包容性，又明辨是非，不随波逐流，能够在自身成长完善的基础上，帮助他人成长完善，愿意在为社会、为国家的奉献中实现自己的人生价值。

　　结合雅礼中学的办学传统、文化底蕴和办学思想，在深刻领悟时代特征的基础

---

　　① 　许惠英：《人格教育论：青少年的人格培养》，北京，学苑出版社，2000。

上，我提出从三个方面有效地促进学生的人格成长。第一，让学生成长为有"阳光"特质的人，即为人自信开朗，待人热情大方，行事积极，能够容纳自己、接受自己，也能为他人所悦纳，能够认可别人的存在和重要性，体验到自己在许多方面和大家都是相同的、相通的而主动与人分享。第二，让学生成长为有"从容"特质的人，即具有平和的生活态度和工作学习的态度，能够以从容的心态生活，在衡量任何事物时，看重的是它们在自己生活中的意义，而不是它们能给自己带来多少实际利益，能在纷繁复杂中发现矛盾、分清主次、协调关系、确定轻重先后，然后张弛有序地处理各种事情、解决问题。第三，让学生成长为有"大气"特质的人，即胸怀坦荡、举止大方、目光长远、敢于担当，有家国情怀，有社会责任感，能够具有校歌中弘扬的"及时奋发精神，好担当宇宙"的精神。以上三个方面中，"大气"是内心世界的一种外在表现，是一个人的综合素质对外散发的一种无形的力量，可以统摄前面的"阳光"和"从容"。三者结合，构成一个整体，不可分割。

延伸阅读

学生人格成长的心得

有句话说，一个人身上的优点、缺点，都可算得上是人生中的重要的财富。如此，我常想，我身上的财富都有哪些？我感觉，我比较突出的一条优点，是善于自我反省。每一天里，对于每一件事，回忆起来，我总能总结出很多道理，即所谓的经验与教训，这无疑有利于我的成长。我的缺点也不少，如有惰性思维、怕吃苦、懒得深入钻研，这是很不利于学习与生活的。克服缺点的过程，也就是积累财富的过程。我想克服缺点，并培养出更多的优点，其中最有效的方法是加强自控能力。自我管理时，绝不拖拉；处理事情时，心无旁骛；面对诱惑时，趋利避害。这不仅需要我个人的自我磨炼，而且需要父母的监督与提醒。虽前路漫漫，但我亦将上下求索。

——2014级申迪扬

孩提时期，大人们少不了要对我进行评价，而其中往往少不了这样一句话："都好，就是胆小害羞了些。"为了克服这个弱点，我在自己成长的过程中又培养了一个优点：尝试并接受。就拿当前的生活来说吧，一向对英语"不感冒"的我"机缘巧合"地成了英语课代表。刚开始的紧张焦虑，在一天过后便成了责任感和学习动力。

还有，从未想过哪天自己会和舞蹈搭上缘分，一时的念头却让我成了街舞社的一员。现在看来，要不是当时看似冲动的尝试与之后的接受，自己的高中生活中恐怕要留下不少遗憾。相信一次次的尝试与接受，会使自己变得更加自信。

——2014级杨宏辉

记得高一1405班的某位同学在看完我的音乐剧表演之后，毫不掩饰地告诉我，他觉得我做什么都很认真。进入雅礼中学这个小社会，我有一丝自卑，但我并没有让自卑影响自己，而是决定做一个"小透明"。随着时间的推进，丰富的机遇与挑战开始在我眼前晃来晃去，我接受了，并且认真地做了每一件事。每当做 Hannah 的开放性作业时，我总会一直问自己："这次有没有发挥出所有的创新力？"每当舞蹈又排练了一遍时，我总会向自己确认："这一遍有没有用心跳？"在校园生活中，我让自己用心去做每一件事。所以，我在校园活动中渐渐脱颖而出了，靠的便是这一点平凡却不简单的品质。每个人都有其独特的优秀品质，我因自己拥有一颗态度认真的心而备感幸运。

——2014级陈逾纪

我敬佩的人不止一个，而是一群，是一群富有智慧并塑造时代的女性。比如莎乐美，她是尼采眼中的女神、弗洛伊德的密友……事实上，莎乐美最大的魅力并非在于外表，而在于她的独立和智慧，在于她的精神性感。于情于智，她都堪称这些大师们最重要的灵魂伴侣，她给予这些大师们灵感和创作的激情。又如居里夫人，她的成功有两个主导因素，一是智慧，二是坚持。经过无数个白日的努力，经过无数个夜晚的冥想，她搅拌着那锅工业废渣，分离、提纯，再分离、再提纯，终于为我们带来了镭。现如今太多的女子，把姿色当气质，将傲慢当高贵，拿肤浅当纯真，夸饰表征而轻视内里。我想，真正能代表当代女性的人，不是那些故作姿态、外表美艳的人，而是那些思想深邃、理性而富有智慧的人。这样的女性，才有"经典之美"。这样的女性，才是我敬佩的、时代认同的高贵女性。

——2014级刘雅琦

（三）促进学生成长的策略

1. 场域上，强调学校与班级互补融合

学生的成长，首先是置于学校这个大棋盘上的。这个棋盘上有纵横交错的线，

有井然的格局。而这一切，目的在于给学生提供一个成长的广阔场域。

我想，这个场域，不只是一个物理空间的问题，它应包括教育理念与指导思想。在学校，这种教育理念与指导思想一定是旨在促进学生的成长，且能得到广大师生、社会公众的认同，并一以贯之地落实到教育教学各个层面的。在雅礼中学，"为学生终身发展奠基""办一所影响学生一生的学校""涵养生命气象"是全体师生耳熟能详的内容，已成为教育教学过程中始终如一地践行的标准；全面实施素质教育，在"育人"与"育分"中守衡，为学生终身发展奠定品行、身心、学力和创新的基础，已成为雅礼人共同的教育价值取向。

除教育理念和指导思想之外，这个场域还应该包括促进学生成长的具体着力点，也就是落实教育理念和指导思想的载体。因此，课程的设置与师资的配备、教与学的过程、师生的关系、活动的形式和开展方式等都是需要我们精心考虑与仔细论证的。比如，活动开展方面，为了避免主观性和随意性，每一个活动的每一个环节，我们都要充分考量。提出想法，需要以教育学、心理学为依据，需要符合国家育人的方针，以保证活动在源头上不偏离学生成长的大方向；形成计划，充分考虑各种因素，人为的、自然的，主观的、客观的，教师方面的、学生方面的，每一个任务都落实到人，每一个人都对自己的职责了如指掌，做到有的放矢；具体实施，遵循学校调控、教师指导、学生主导的原则，充分尊重学生的活动主动性、活动积极性，同时，注重收集数据，及时反馈，精心分析，对活动中出现的情况及其原因做深入调查，以备改进，对于一些形式成熟、内容充实、效果良好、师生反响强烈的活动，我们将其作为常规活动加以固定下来，使之成为传统性活动。雅礼中学的社团活动一直在全国范围内享有盛名，是雅礼中学的一张名片，是促进学生成长的重要力量。当然，我们也鼓励各学科组，包括图书馆，开展具有相应特色的活动，如语文组的演讲比赛、书法比赛、汉字听写比赛、征文活动等，英语组的英语节、Spelling Bee单词拼词大赛、英文卡拉 OK 大赛、YES 英文风采大赛、中外文化知识抢答赛、英文演讲比赛、英语配音比赛、耶鲁外教编导的英文大剧等，图书馆的真人图书馆活动等。

案例呈现

雅礼中学真人图书馆活动

（一）开展真人图书馆活动的初衷

"读一本好书，就是和许多高尚的人谈话。"歌德如是说。反过来，我们也可以这样讲，"和一位高尚的人谈话就是读一本好书"。"听君一席话，胜读十年书"，这是我馆开展真人图书馆活动的第一个出发点；第二，中学图书馆的工作在整个图书馆系统处于边缘地位，在整个教育系统也处于边缘地位，导致中学图书馆将工作重心放在了流通环节，也缺少一些创新；第三，中学图书馆的工作和一线教师的工作相比较，具有隐性的特点，教师每周上多少节课可以统计，上课的效果也可以通过学生的学业状况反映出来，而中学图书馆的工作不能，图书馆需要通过开展一些显性的活动才能体现自身的存在。基于人书互换的思维，也基于创新实践和功利性的欲体现显性价值的目的，我馆开展了真人图书馆活动。

（二）真人图书的选择

真人图书馆活动围绕"真人图书"来做文章。与普通图书不同，真人图书是整个真人图书馆活动开展的基础和效果保障，因此，必须对真人图书进行严格的筛选和甄别。从真人图书的内容核心看，道德素养必须要高。其读者为中学生，中学生正处在身心发育时期，其世界观、价值观、人生观尚未成形，必须要考虑阅读后果，尤其是通过面对面的交流，真人图书更容易将自己的三观传递给中学生。在这一点上，不容马虎，必须严加控制。从真人图书的内容内涵看，专业素养必须要高，有独特的人生经历。当代中学生讲究个性，崇拜有魅力的人。真人图书的专业素养越高，读者越能有所收获；真人图书的经历越丰富，读者越能开阔自己的视野。从真人图书的外在包装看，要善于且乐于交流与沟通。真人图书馆活动的实质就是进行面对面的交流，真人图书善于交流是最基本的条件之一。只有善于交流，真人图书身上的隐性知识才能得以有效传递；若不善于交流，除了现场效果会打折扣外，还有可能引起读者的误读。基于以上考虑，我馆对真人图书的选择相对严格，既有学生喜欢的教师，也有品学兼优和有特长的学生领袖，还有各行业符合条件的校友，但主要以教师为主。

（三）活动流程的把控

　　为了扩大影响，我馆开展的真人图书馆活动一开始就有了自己的口号：有趣、有料、有品。只有满足这三点，才能吸引学生参与，才能使读者有所收获。只有精心设计活动流程，才能达到真人图书馆活动的目的，就如同有了好的食材，还得有好的厨师加以调配烹制一样。以我馆为例，为达到有趣的目的，可适当进行一些有益的小游戏、小抽奖。比如，2016 年 3 月的一期，当期嘉宾为语文老师，因此，游戏设定为应人、应景、应时的关于春天的古诗词配对，即读者进场前随机领下句，当老师念古诗词的上句时，配对成功即为中奖；此外，为活跃气氛，如果可能，真人图书还可以进行适当的才艺展示等。为达到有料、有品的目的，对真人图书的选择一定要仔细，了解包括同事、领导及学生对真人图书的看法。只有这样，才能提升活动品质。同时，为了达到活动外在形式有品的目的，真人图书馆活动的场地环境应该是舒适的、温馨的，这样有利于读者与真人图书之间的轻松交流。活动前，也可安排学生乐手在开场前现场演奏轻音乐，从而凸显活动格调。由于真人图书馆活动属于面对面的交流活动，为了使参与读者都有机会交流，也为了保证活动效果，必须严控读者人数，我馆将人数设定在 30 人以内。[①]（图 3-8）

图 3-8　参加真人图书馆活动

---

　　① 王兴启：《真人图书馆活动在中学的应用实践及意义——以雅礼中学图书馆为例》，全国中小型公共图书馆联合会 2016 年研讨会论文，北京，2016。

　　学生在校，绝大部分情况下是以班级为单位进行活动的。虽然学校这一场域面向全体学生敞开，但因为活动条件、活动要求的限制，一些学生可能不能参与某些活动，或参与得不够彻底。因此，为了更好地兼顾全体学生，我们提倡在学校育人理念的指导下，以班级为单位开展具有班级特色、形式多样的体育、文化、娱乐等活动，使班级活动与学校活动相呼应，成为学校这一场域内活动的有益补充。

　　在学校，每一位班主任都是一个独立的个体，这一个体在许多方面区别于其他个体。他们有自己的思想、自己的情怀、自己的观点与见解、自己的教育实践，他们有着强烈的教育热情，想将自己的一些想法，通过教育实践落实到学生身上，以实现自己的教育理想与作为教育者的人生价值。因此，我认为，教育应该是对人的个性、独特性的保护与尊重。单就班级来讲，不保护与尊重"孩子王"——班主任的个性与独特性，不鼓励班主任开展有班级特色的各项活动，不为各项班级活动提供支持，就很难保证学生成长为一个个独立的个体。

　　在学校，绝大多数学生对班级有着深厚的情感。班上的同学之间，既是合作关系，也是竞争关系，他们既是朋友，也是"同事"，他们通过朝夕相处，构成一个稳定并长久维持的小社会。因此，以班级为单位开展活动，从某种意义上而言，可以激活这个小社会的活力，使学生都参与到班级运转当中来，并从中获得情感的满足、能力的历练，获得成就感和人生价值得以实现的满足感，而这正是学生成长的重要内容。从某种意义上而言，班级是促进学生成长的沃土。班级具有小的特点，可以保证每一位学生都得到养分、阳光与水；具有稳定的特点，可以保证学生成长的持续性，从而实现久久为功；具有直接的特点，学生与学生之间可以直接交流，学生与所在班级的教师之间可以直接交流，这就有利于学生充分体现自己的个性，表露自己的思想，表达自己的情感。从塑造一个班级到塑造班级中的每一个成员，从开展班级活动到使班级中每一个成员活动起来，班级始终是学生成长的有益空间。

案例呈现

校园"一站到底"系列活动策划方案

（一）活动目的

第一，涵养校园文化，提升学生的学习兴趣。

第二，活跃班级氛围，培养集体荣誉感。

第三，培养班干部团队的活动协作能力。

（二）活动安排

第一，准备阶段。

召集班级学术委员会成员、班委会成员成立出题组，准备初赛和复赛两个部分的题库，分别由学术委员会会长和班长负责。题目分为学科知识类和校园文化类两个部门，涉及九大学科和校园环境、班级概况、同学情况等内容。

第二，实施阶段。

比赛阶段分为"初赛——组内挑战赛"和"决赛——班级争霸赛"两个环节。裁判组（即出题组）不参与比赛。

决出冠军后，马上进入颁奖环节。

具体流程及要求如下。

组内挑战赛：全班同学以小组为单位，每位同学在指定时间（10分钟）内完成一套由出题组命制的选择题（共10道）。经裁判裁定后，每组1位同学胜出，并进入决赛。

比赛要求：不提前答题；独立作答，不交头接耳；按时提交；如有同分，由裁判决定胜出者。

班级争霸赛：采取流水答题形式，主持人选出第一位答题的选手，其他选手的次序依次决定。每答完一道题，裁判现场判定正误。答对者留下，答错者离场。最后留下的选手成为本期冠军，即下期擂主。若最后剩下两名选手，则启用备用题库，采用抢答的方式，决出胜负。

比赛过程中，每位选手有1次场内求助的机会，须指定某人，否则视为放弃。

比赛要求：决赛选手坐在每组第一号位置答题；观众可申请同场答题，提交纸质答案，全部正确者可在下期直接进入决赛；观众在选手答题时不得提示，若有此现象，取消下期比赛资格。

（三）活动效果

第一，增强了同学们对校园文化的了解、对学科知识的兴趣。

第二，增强了班级凝聚力，营造了浓厚的班级学习氛围。

第三，因为是系列活动，于出题组而言，出题是挑战，于参赛者而言，脱颖而出是挑战，而这两部分的同学又不固定，所以，整个班级营造了一种积极向上、奋勇争先的氛围，这就是我们的活动意义所在。

（四）活动反思

对有些知识的探寻，也许正来自那些似曾相识却难以说出正确答案的题目。

什么样的班级氛围才是最好的？积极向上，充满对认知的渴望。而什么样的知识是一个高中班级需要的？不仅仅是学科知识、社会常识，而且还包括关于我们自身的以及一些生活中的知识。特别是在实行班级授课制的前提下，对所在的班级和学校的认知更是我们不能忽略的，它让我们在集体中成长、在集体中感觉到幸福。所以，在出题时，我们特别设置了关于这一部分的题目。

出题组和参赛组有时候会形成挑战的对抗，一方在想怎么考倒对方，另一方又在想怎么不被对方考倒，这对于双方来说都是一个挑战。在"博弈"中，双方最终实现共赢。

从实施结果来看，同学们都表现得非常不错，除了现场的氛围有些过于热烈，青涩的主持人无法把持之外，大部分同学都能积极参与到这项班级活动中来，并从中有各种收获。

附部分选题

第一题：校歌中，"吸收欧美文明"的下一句是什么？

第二题："长沙精神"指的是什么？

第三题：古代诗歌史上的"双璧"是《孔雀东南飞》和哪部作品？

第四题：新的1914班集结于哪一天？

第五题："服阕"是什么意思？

第六题：以下哪个词是"出生"一词的原型？

A. born   B. bore   C. bear   D. beer

第七题："诚实守信有担当"是《中学生守则》中的第几条？

2. 形式上，强调过程与评价相辅相成

学生成长，本身就呈现为一个过程。在这一过程中，每一天都可能存在着变化，这一过程具有长期性、微妙性与复杂性。因为其具有长期性，所以在中学阶段学生成长的整个过程中，我们要加以关注和引导；因为其具有微妙性，所以我们要能够

察觉细微的变化，采取相应的策略，有针对性地对待，将工作做到细微处；因为其具有复杂性，我们需要从大量纷繁复杂的现象中，洞悉实质，就学生成长的需求、动力、目标和困扰等方面做出准确到位的分析，以进行引导。也就是说，在学生成长的过程中，学校里的一切因素都需要高度活跃，关注点、着力点都应在学生身上，横向，看到学生成长的各个方面，纵向，看到学生成长的各个阶段，以保证学生成长的每一步都走得踏实、走得稳健。

对学生成长过程的关注，我们可以以胡岭老师"指向学生心理成长的连续性班级主题活动的开展"为例。胡岭老师把三年作为一个整体，有序地推进心理健康教育，使之系统化、课程化，收到了很好的效果。在高一，胡岭老师组织了"走进雅礼""十五年后的自己给现在的自己的一封信""我的座右铭"的主题活动。"走进雅礼"的目的是促使学生在进入高中之初，主动融入雅礼中学，适应高中的学习和生活的节奏；"十五年后的自己给现在的自己的一封信"的目的是让学生畅想未来，描绘十五年后的生活，以确立人生目标；"我的座右铭"的目的是让学生从有哲理、有力度的句子里，寻找实现目标的动力。在高二，胡岭老师组织了"认识自己""认识他人""从自己到他人"的主题活动。"认识自己"的目的是让学生客观审视自我，正确看待自己的优缺点，以实现自我塑造、自我完善、自我提升；"认识他人"的目的是让学生树立人生榜样，从榜样的人生历程中吸取力量，奋发向前；"从自己到他人"的目的是引导学生主动融入群体，在人与人的交往之中，彰显大气、从容、阳光的人生风采。学生在高中阶段的心理建设，不外乎是增强适应力、确定人生目标、寻求人生动力、正确审视自己、树立人生榜样、主动融入群体。两年时间内，活动的持续开展，对于形成一个积极上进、有凝聚力的班集体的作用巨大，也为学生迈入高三奠定了良好的心理基础，为接下来一年的整体的心理稳定做好了最充分的准备。进入高三之后，在前两年活动的基础上，胡岭老师又开展了以"我心中的大学"为主题的活动，为学生注入一股奔涌向前的力量，引导学生去了解不同大学的发展历程、办学特色、大学精神等，并以此激励他们朝着自己心仪的大学努力。

学生的成长离不开评价。个体始终是处于人群之中的，他人往往是个体审视自我的一面镜子，这一面镜子对个体的言语行为做出反馈，使个体能够更好地认识自我，并根据其内容坚持、调整、纠正自己的言行，以便更好地融入群体中去。评价就是镜子的一种表现形式。就学生的成长而言，积极的评价可以让学生形成稳定的个性心理品质。如果能够从学生身上发现优点，并从正面激励、评价学生，那么学生会对自己所从事的事情保持浓厚的兴趣，从而发挥自己的特长与优势，长时间去钻研，形成鲜明的个性品质。积极的评价也是指导一切学习活动的出发点和落脚点。评价具有极强的诊断功能，有利于学生看到自己的学习成果、不足之处以及学习前景，以促使其积极主动地发展。当然，学生评价是一个非常宽泛的问题。比如，教师的评语是评价，教师在课堂中的点评包含着评价，教师与学生在聊天的过程中也会涉及评价。我们提倡公正客观的评价，也重视评价的激励作用。所以，我们从评价中将正面评价单列，以评优的形式加以呈现，以便更好地促进学生的成长。

我认为，要更好地发挥评优的作用，可以从评优内容、评优手段、奖励方式三个方面入手。

评优内容多元化，实现"面"的拓展。美国心理学家加德纳认为，智力的内涵是多元的，它由八种相对独立的智力成分构成，包括语言智力、数理逻辑智力、空间智力、音乐智力、运动智力、人际智力、内省智力、自然探索智力。每种智力都是一个单独的功能系统，这些系统可以相互作用，产生外显的智力行为。也就是说，我们的学生在各个方面的能力的发展上是不平衡的，可能某个或几个方面的能力突出。因此，如果学校不尊重学生各方面能力的发展，单纯以学业成绩为唯一的衡量标准，那么，大部分学生无法意识到自己在某种能力上的优势，对其优势的发扬更无从谈起。我认为必须拓展学生评价的内容、标准，尊重学生的个体差异，对学生表现出来的优点，不管是学习方面、活动方面、社交方面，还是自审方面，都应该给予积极的评价和肯定，使学生在评价中体验成功，在荣誉中品味乐趣，在比较中认识长处，从而更积极地为成功和荣誉努力。

评优手段多样化，激发"点"的热情。在评优手段上，有些学校运用的是学生投票或教师内定的方式。前者，过程过于死板，无法引起学生的兴趣，学生在投票的过程中，容易被一些主观因素控制，偏离评优的目标；后者，则由教师按照自己的意愿进行操作，不但缺乏公平，而且还容易忽略一些本应该获得肯定评价的学生，伤害他们的积极性，使班级出现一些不稳定的因素。所以，我认为评优手段，作为评优在形式上的体现，应该摒弃陈腐的做法，大胆地引进一些先进的理念和元素，使之符合现代学生好表现、好竞争、有个性的特点。比如，自荐和他荐相结合，有效调动学生的积极性；展示与竞争相结合，为评优工作注入激情；定期评审与不定期抽检相结合，建立评优的长效机制。

奖励方式实效化，满足中学生的需求。奖励是评优工作中非常重要，但也容易被忽略的一个环节。有教师认为，小孩子嘛，随便给他们发个笔记本和荣誉证书，意思一下就可以了。在物资匮乏的年代，笔记本、钢笔等学习用品的确是广大学生梦寐以求的东西，但物质相对丰富的今天，这些已经难以有效地刺激学生积极进取的欲望了。所以，在奖励方面，必须讲究实效化，既要让学生意外，感到惊喜，又要满足学生的需要，让学生意识到学校是真的了解他、关心他、关注他。具体可以遵行以下几个原则：丰富性原则，切忌重复；精神性原则，讲求品位；个性化原则，力求新颖。

3. 内容上，强调社会与人生统筹兼顾

学生的成长，无可否认，是面向社会的。学校是孩子从家庭走向社会的中间阶段，学生在学校成长的好坏，直接关系到其能否更好地适应社会、更好地奉献社会。如果我们只是将学校当成一个象牙塔，将孩子置于一个相对封闭的环境，脱离社会加以培养；那么，哪怕孩子被保护得很好，也很可能会成为一个不能断奶的人，更谈不上成为国家的有用之材、栋梁之材了。

因此，我一贯主张引进部分社会化的组织模式和运转模式，让学生在相对社会化的组织形式下开展活动，涉足自己感兴趣的领域，做自己喜欢做的事情，从而增长见识、提升能力、积累经验、磨炼意志等。例如，戏剧社从年度大戏、表演风采大赛、社团节闭幕式、短剧、小剧场、戏剧类课程、讲座等，到表演、导演、剧务、舞美、宣传、外联，从台前到幕后，从前期准备到正式演出，都是在教师的指导下，由学生按照高度组织化的形式运转的。其中，表演组定期参加表演课，参与短剧的拍摄，参加小剧场，还可选择性地参与表演风采大赛，表现突出者有机会出演年度大戏；导演组定期参加导演课，组织表演组的同学拍摄短剧、进行戏剧演出，并为小剧场等戏剧类活动提供剧本，表现突出者将有机会导演年度大戏；剧务组在短剧拍摄过程中或者小剧场、年度大戏等戏剧演出排演过程中提供后勤服务，如道具的前期准备及现场搬运、服装租借等；舞美组学习千人报告厅等地的灯光控制，在短剧拍摄过程中或者小剧场、年度大戏等戏剧演出排演过程中负责音效、灯光调控以及联系化妆师等；宣传组负责制作海报、宣传片，进行戏剧社各活动的宣传，为年度大戏等大型活动制作门票，并进行售卖等；外联组为戏剧社各活动拉赞助，与外校进

行交流联系，总管社内各项财务收支。可见，戏剧社的每一次演出，都是一群学生努力的结果，是一群学生各司其职、相互配合的结果，社会化的程度极高。（图 3-9）

图 3-9　雅礼中学社团文化节

前面讲的是让社会走进学校。此外，我们也鼓励学生走出校门、走进社会。不走进真实的社会，就不能更真切地感受社会。如果在学生渴望融入社会的阶段，我们不引导学生接触社会，就会给学生的长远发展带来困扰。在走进社会这个方面，我们不走过场，不流于形式，强调学生对社会要有奉献精神，让自己的能力、才干得到历练。我们通过这种形式培养出一批投身社会、服务社会、品质优良的学生。1803 班长邓臻颖同学是其中的代表。她热心于社会公益活动。比如，她参加了 2019 年长沙市垃圾分类实践活动；在 2019 年"鱼约净水"志愿活动中，带领 200 多名雅礼中学志愿者走出校园，向社会募集 4 万余元公益基金用于购买生态鱼苗，被湖南电视台公共频道等媒体宣传报道；在新型冠状病毒肺炎疫情期间，她与雅礼中学的志愿者们展现出了强大的担当精神，开展支援湖北省黄冈市志愿服务活动，将募集来的 49 万余元善款用于购买医疗物资，捐赠给抗疫一线。

"小鱼治水"公益活动是学生自发组织的环保志愿活动中持续时间长、社会影响力大、实践意义强的一项志愿活动。[①] 自 2016 年起，活动已持续开展了 5 年多了。

---

① 李楠：《放生四万余尾鱼苗入湘江，雅礼学子"小鱼治水"在行动》，载《潇湘晨报》，2020-06-01。

"小鱼治水"活动口号为"放养一尾鱼，净化一片水"。活动全程由青年志愿者们自主组织、自主实施，他们走上街头募集善款，宣传环保知识，并用募集而来的善款购买生态鱼苗，投入湘江，净化水质。2020年5月31日，志愿者们将4万余尾生态鱼苗投入湘江，得到了社会媒体的广泛关注。2020年6月，"小鱼治水"作为优秀志愿服务项目在长沙市"成长季·雷锋家乡学雷锋—守望梦想"志愿服务项目展示暨实践活动上得到推介，并获长沙市学雷锋志愿服务项目大赛金奖。（图3-10）

图3-10　"小鱼治水"公益活动

学生的成长，是面向其广阔人生的。在促进学生成长的过程中，我们要看到学生的可塑性与发展的可能性。在《性恶》一文中，荀子指出，"凡禹之所以为禹者，以其为仁义法正也。然则仁义法正有可知可能之理。然而涂之人也，皆有可以知仁义法正之质，皆有可以能仁义法正之具，然则其可以为禹明矣"。[1] 也就是说，禹之所以能够成为禹，是因为其能实行仁义法度，而仁义法度具有可知、可行的特点。既然如此，普通的路人拥有了了解仁义法度的资质，具有了实行仁义法度的才能，他们也就具备了成为禹的基础。从普通的路人到禹，荀子充分认可了人的可塑性。人是一种未特定化的存在，这就决定了人始终处在一种不完善、未完成的非确定状态。这种状态表明，人未被最后限定，具有非限定的可塑性，这也就为人各方面的

––––––––––––––

① ［战国］荀况：《荀子》，杨倞注，141页，上海，上海古籍出版社，1989。

发展提供了充足的空间和极大的可能性与自由度。因此，我们对学生成长的关注，都应建立在学生可塑性与发展可能性的基础上，都旨在成就学生精彩的人生。

4. 特色上，重视个性与创新综合发展

创新是一个民族进步的灵魂，是国家兴旺发达的不竭动力，培养富有个性的拔尖创新人才是时代的需要。《国家中长期教育改革和发展规划纲要（2010—2020年)》明确提出，高中阶段教育要"推进培养模式多样化，满足不同潜质学生的发展需要""探索发现和培养创新人才的途径"。对于拔尖创新人才，我们进行了这样的定义：具有优秀的思想品质与执着的进取精神、较强的分析与质疑的能力、积极的创造动机、良好的创新习惯与创新能力的人才。拔尖创新人才培养的本质是尊重学生个性并积极促进学生个性的充分发展，深度发掘学生的潜力和创造力，以适应国家和社会发展对拔尖创新与复合型高端人才的需要。21世纪以来，我们在拔尖创新人才培养上开启了一条具有雅礼特色的发展之路。

（1）培养目标

坚持个性、自主、开放的教育策略，积极探索有利于拔尖创新人才成长的培养体系。在全面发展的前提下，引导学生的特长发展与个性发展，不断提升学科专业能力与创新能力。在培养过程中，激发学生自主学习的主动性与积极性，培养创新思维和创新意识，促进学生不断提高创新实践能力与高效学习能力。同时，促进教师的专业水平与能力的整体提升，推动教师由教学型教师向学科学习导师和学术研究导师转化。

（2）培养特色

第一，重视个性发展与全面发展。全面实施素质教育，促进学生德、智、体、美、劳全面发展，尊重学生的个性选择，发展学生的学科爱好与学科创新能力，突出特长优势，以更好地促进全面发展。

第二，重视与高校课程的链接。在学科竞赛课程设置中，学校开设了北京大学先修课程，主要有电磁学、线性代数、微积分、地质学、计算机学等。这些高端课程的设计，拓宽了学生的视野，提升了学习兴趣，激发了学习潜能。

第三，具有完备的学科竞赛培训机制。学科竞赛构建了以总教练牵头、主教练负责、竞赛组协作、班主任协同的联动机制，探索拔尖创新人才特色课程构建，重视课堂教学理论与实践的结合，形成了完整的竞赛自编教材体系。

第四，具有良好的竞赛教练遴选与培养机制。培养骨干教练，发展年轻教练，坚持传帮带，重视学训研，不断加强教练梯队建设。

第五，建立拔尖创新人才贯通培养机制，成立了贯通培养中心，组织新苗杯等赛事，开展夏令营等活动，积极为拔尖创新人才提供发展的机会与平台。

第六，通过承办大型赛事，如 NOI 冬令营、夏令营，全国数学竞赛等，推进学科竞赛体制的完善与拔尖创新人才培养能力的提升。

（3）发展情况

21 世纪以来，学校共 23 人入选五大学科竞赛国家代表队，共计获得国际金牌 15 枚、银牌 3 枚，亚洲物理学奥林匹克竞赛（以下简称"亚赛"）金牌 4 枚，实现五大学科竞赛国际金牌大满贯，国际奖牌名列全国前茅。学生获奖的具体情况如表 3-4 所示。

表 3-4　雅礼中学学生获奖情况

序号	年度	获奖等第	学生姓名	比赛地点	学科
1	2000 年	国际金牌	张一飞	中国北京	信息
2	2002 年	国际金牌	张一飞	韩国龙仁	信息
3	2003 年	入选国家队	刘淇	中国台北	物理
4	2003 年	国际金牌	何林	美国威斯康星	信息
5	2005 年	国际金牌	龙凡	波兰新松奇	信息
6	2006 年	国际金牌	龙凡	墨西哥尤卡坦梅里达	信息
7	2008 年	国际金牌	陈丹琦	埃及开罗	信息
8	2009 年	国际金牌	漆子超	保加利亚普罗夫迪夫	信息
9	2011 年	国际金牌	张子栋	中国台北	生物
10	2012 年	国际金牌	艾雨青	意大利米兰	信息
11	2012 年	国际金牌	钟沛林	意大利米兰	信息
12	2012 年	亚赛金牌	袁思涵	印度新德里	物理
13	2013 年	国际金牌	孙维维	俄罗斯莫斯科	化学
14	2015 年	国际金牌	贺嘉帆	泰国清迈	数学

续表

序号	年度	获奖等第	学生姓名	比赛地点	学科
15	2015 年	国际银牌	谢昌志	泰国清迈	数学
16	2015 年	国际银牌	刘研绎	哈萨克斯坦阿拉木图	信息
17	2015 年	亚赛金牌	李佳宸	中国杭州	物理
18	2017 年	国际银牌	毛啸	伊朗德黑兰	信息
19	2017 年	亚赛金牌	姚铭星	俄罗斯雅库斯克	物理
20	2018 年	国际金牌	李星桥	葡萄牙里斯本	物理
21	2018 年	国际金牌	陈伊一	罗马尼亚克卢日—纳波卡	数学
22	2019 年	国际金牌	黄奕远	匈牙利赛格德	生物
23	2019 年	亚赛金牌	邓文泰	澳大利亚阿德莱德	物理

　　2013 年至 2020 年，学校在五大学科全国决赛中共计荣获金牌 116 枚，居全国第二；2016 年至 2019 年，学校连续四年清华大学、北京大学、自主招生实际录取人数居全国第一；2020 年，清华大学、北京大学强基计划的入围人数及实际录取人数，均居湖南省第一。一大批优秀学子从这里启航，奠定了创新发展的深厚根基，在高校就读期间及走上工作岗位后，他们续写辉煌，在学术、科研、创新、创业领域崭露头角。雅礼中学的学子中涌现了以钟钊为代表的创新人才，以陈丹琦、龙凡为代表的学术科研人才，以胡闻为代表的创业典型。这里摘录部分媒体关于他们的部分报道。

刚毕业就年薪百万，他们如何脱颖而出？

　　钟钊本科就读于华中科技大学软件学院，毕业后，他去了中国科学院自动化研究所开始了硕博连读的生活，师从自动化研究所副所长、模式识别国家重点实验室主任刘成林，专业为"模式识别与智能系统"，研究方向是深度神经网络、自动化神经网络结构设计方法。

　　华为对这批"天才少年"寄予了厚望。2019 年 6 月，华为创始人任正非在公司经营管理团队的一次内部会议中曾这样说道："今年我们将从全世界招进 20～30 名天才少年，明年我们还想从世界范围招进 200～300 名。这些天才少年就像'泥鳅'一样，钻活我们的组织，激活我们的队伍。"（摘自 2020 年《三联生活周刊》。钟钊，2010 年高中毕业于雅礼中学。）

陈丹琦：新一代女神　斯坦福十年来最热门的博士论文得主

陈丹琦在斯坦福大学就读期间，其 2014 年发表的论文《用神经网络实现快速准确的依存关系解析器》（"A Fast and Accurate Dependency Parser using Neural Networks"）堪称深度学习依存分析方法的"开山之作"。她和克里斯托夫·曼宁教授提出的方法在保持精度的前提下，将解析速度提高了 60 倍。

很少有人的博士论文能够成为"爆款文章"，但陈丹琦做到了。据斯坦福大学图书馆介绍，她的关注解决"如何让机器学会理解人类语言"问题的毕业论文《神经阅读理解与超越》长达 156 页，上传仅四天就获得了上千次的阅读量，成为斯坦福大学近十年来最热门的毕业论文之一。而她的导师更是给予她高度的评价，认为她是"采用神经网络方法解决自然语言理解问题方面的先驱"。（摘自 2019 年信奥信息网。陈丹琦，2008 年高中毕业于雅礼中学。）

Conflux 创始人龙凡博士受邀出席 2019 数博会

2019 年 5 月 26 日至 29 日，中国国际大数据产业博览会在贵阳举办，Conflux 创始人龙凡博士受邀出席 2019 全球区块链技术发展论坛，并发表主题演讲。

Conflux 创始人、多伦多大学助理教授龙凡博士，两次国际信息学奥林匹克竞赛金牌得主，本科毕业于清华大学姚班，随后获得麻省理工学院计算机科学博士学位。研究方向包括系统安全、编程语言和区块链。博士毕业论文获得了麻省理工优秀毕业论文奖和国际计算机协会软件工程专业组杰出论文奖。龙凡博士在顶级计算机科学会议上发表论文超过 20 篇，被引用次数超过 1000 次。（摘自 2019 年网易新闻网。龙凡，2006 年高中毕业于雅礼中学。）

胡闻：驰骋无人驾驶领域　成就又一独角兽企业

创新产业的聚集最需要人才，作为小马智行团队的核心人物，胡闻本科就读新加坡国立大学芯片设计专业，硕士毕业于麻省理工学院。由于专业第一，他还获得了加州伯克利大学博士保送资格。毕业后，胡闻在华尔街开始了他的职业生涯，曾在美国前三的投资银行美银美林和瑞士银行从事上市、并购等资本市场工作。加入小马智行之前，胡闻担任中国工商银行投资部门工银国际的高科技团队主管，负责人工智能、大数据、先进制造等方向的投资。

谈起创业的初心，胡闻说要从10年前见过的第一个"黑科技"说起。"当时，我在麻省理工学院就读，看到了世界上第一台手术机器人——达芬奇机器人，它是由美国直觉外科公司研发的。这个机器人就像来自未来的产品，融合了顶尖的机器人技术、人机交互技术、控制技术、力回馈技术、防抖技术等，可以做非常精密的微创手术。那一刻，我深深觉得中国也需要这样的技术、这样的产品，如此才能造福中国人。从那时，我的心里便埋下了创业的种子。"（摘自2019年《广州青年报》。胡闻，2004年高中毕业于雅礼中学。）

在拔尖创新人才培养实践中，我们始终遵循学生的成长规律，注重个性化培养，促进人才创新发展、全面发展，厚植家国情怀，树立远大理想；我们始终坚持立德树人，为党育人，为国育才，培养社会主义的建设者与接班人。具有雅礼特色的人才培养体系正在不断走向成熟。

三、教师培养

教师是知识的传输者，是学校教育的实施者，是学生人格的影响者，是教育变革的推动者，是影响教育质量的决定性因素。教师多重身份的相互叠加，意味着教师培养是一项系统工程，更富挑战，也更需智慧。

个性教育，是为了培养全面而有个性的学生，溯流而上，这为教师培养提供了基本的依循；但教师培养既是为了成就学生，也是为了帮助教师实现自我生命的发展。在我看来，这两重目标没有主次之分，也没有先后之别，一切教师培养的举措都是为了达成这些目标。

一所学校要办出优质的教育，培养教师必然是先手棋。如果等待教师去追赶教育发展的脚步，那么，学校的教育必将缺乏活力、缺乏创新、缺乏质量。

（一）深耕教育情怀

21世纪之初，学校确立"国内一流，世界知名"的办学目标与"为学生终身发展奠基"的办学理念。目标与理念的达成关键在于教师，如何让教师们拥有持久的精神动力去推动目标与理念的实现，成为教师培养工作首要解决的问题。

如何让教师队伍拥有源源不断的精神动力？作为校长，我意识到市场经济已经兴起，人才流动的边界正在消失，物质生活的急速发展，必将给教师的精神世界带来冲击与影响，学校要在21世纪开创出新的教育格局，必须要拥有精神根基坚实的师资队伍。这样的精神根基首在师德，师德是高标准的人格道德，对于教师和学校保持正确的价值追求更显重要。

师德，于师者而言，与其说是道德的规约，不如说是内生的力量。虽然每个人步入教育领域成为人师的经历不尽相同，每个人实现职业向事业转换的心路历程也不尽相同；但必定相同的是，在长久的躬耕中，内心依旧需要原生的力量。

原生的力量迸发于心灵与追求自然切合的过程中，高贵的心灵切合的是高远的追求。心灵的高贵并非与生俱来，却与生相长。每个人生阶段，所沉淀的品行都会不同；每个人生阶段，所面临的人生格局都不一样。品行与格局相汇，促人思考，促人明智，促人慎行。良知不散，气度不减，心灵逐渐丰盈与高贵，心地自然宽广。心地宽广，穷极一生的教育追求才有了安营扎寨的空间，内心迸发的力量才会支撑我们度过那些外来价值观念冲击的时段，使我们不断焕发对教育新的渴望。

守一方教育净土，在于师者有一方高贵心灵。蕙心兰质，雅礼吐芳。走出校门的雅礼中学的学生，不穿校服也能被识别，其展现的优雅气质与雅礼中学的师者的言传身教丝丝相连。雅礼中学教师的群体品格既受时代推崇，也接受时代检验。

这几段话摘自我为学校编撰的《师德读本》所写的序。正如序中所言，教师的师德接受时代的检验，师德教育自然成为每个教师的必修课。无论是刚入教坛的青年教师、业务精湛的骨干教师，还是名满一方的卓越教师，师德成为无差别的评价指标。

我不主张教师们将教育口号时时挂在嘴边，但对于师德修养，我有所例外，因为师德的建设不会一蹴而就，也不会一劳永逸。为规范教师的从教行为，我主持制定了《雅礼绳墨 60 条》，对教师在备课、课堂教学、作业布置与批改、早晚自习、考试和考查、教辅资料征订、考勤、教育科研等 10 个方面的工作行为进行了具体细致的规范。《雅礼绳墨 60 条》的实施，使教师教育教学行为的计划性更强，备课、课堂教学、作业布置与批改等教学常规更加规范，教育科研的参与度更深、更广。为确立教师工作准则，我主持制定了《教师工作手册》，涵盖教师工作涉及的各个层面。为提升教师的精神境界，我提出了"师德立身""做有品格的教师""做影响学生一生的教师"等要求。为树立教师的学习榜样，学校开展了师德师风演讲比赛、知识竞赛、行风评议活动、"感动星城·十大魅力教师"评选活动、教师节表彰活动等。用先进的事迹教育人，用榜样的力量鼓舞人，用监督的力量规范人，学校着力在雅礼中学教师群体中培育一种"守道善身，为时养器"的高品位文化。

以师德引导每个教师的君子情怀，坚定教师"学高为师，身正为范"的立世准则。

师德是严格的自我约束，情怀则是宽广的自我舒展。一张一弛，精神的动力才可能源源不断。

我认为，教师应当具备三种情怀。一是要有家国情怀。如果没有这样的一种情怀，没有达到把自身和家国联系起来的高度，那么教师不可能很好地去对待自身的工作。二是要有仁爱情怀。教师不同于任何的职业，关爱学生是教师师德的灵魂。是否拥有美好的师生情感，是我们的教育能否达到良好的效果的一个关键所在。要成为一名"好教师"，就要具有仁爱之心。三是要有求索情怀。教育的事业是着眼于未来的，而且我们面对的是一个个活生生的不断成长、不断变化的生命。在不断变化的社会中，教师只有具有不断求索的情怀，才可能成为一名"好教师"。一名再优秀的教师，如果失去了追求，那么一定会沦为平庸，一定与好教师无缘；反之，一名普通的教师，如果始终保持着一种面向未来不断奔跑的状态，那么他一定会成为一名好教师。

教师的情怀一定是教师通过自身的探寻培养起来的。我从不在情怀探寻方面向教师提要求，但我会在每天入校后，先到教师的办公室走一走，听听他们的诉求，听听他们的建议，听听他们的困惑，听听他们的创意。每年教师节，我会要求学校按照最高规格举行庆祝活动，为教师送上最诚挚的祝福。每当有教师希望得到我的帮助时，我会竭尽所能为他们解决生活上和工作上的困难。情怀是在无声和无形中自然培养起来的，教师们感受到学校的关爱与温暖，自然会将爱播撒给学生、奉献于教育。

其实，不仅走上讲台的教师如此，校园中的每一位长者都可以成为老师，这是雅礼中学不一样的地方。雅礼中学尊重学术，尊重教师，同样尊重每一位为教育付出的普通劳动者，因为他们同样影响着学生，起到了教育的作用，他们同样应该受到尊重。

2006 年，学校翻修校史馆，名师照片陈列墙即将完工时，我注意到两位活在无数校友记忆里的校工的照片没有陈列出来。我当即要求增设两位校工的照片，他们虽然没有上过讲台，但为了教育奉献了一生，理应享受这样的殊荣，他们的教育情怀理应成为一面旗帜。后来，无论是教师们，还是来校交流的各界人士入馆参观，纷纷在此驻足，感受一份不一样的情怀。

我的同事邱云明，人称邱哥，他是雅礼中学教职员工中一位普通得不能再普通的职员，没有惊世骇俗的工作伟绩，只有平凡得不能再平凡的兢兢业业，但我敬佩他。

每天早上，我们从食堂开始相遇，他四季不变地拿着自己洗得光亮又略显陈旧的食盘吃早餐。遇到了，他永远都是面带微笑地主动打招呼，然后点一碗粉或者面，吃完后，再将食盘洗得干净透亮。一天好的心情，从早上见到邱哥那如阳光般灿烂的微笑开始。

邱哥负责学校门窗和教室课桌椅的日常维护，这看似简单，但要使各方都满意，也需要花费心思。教室的门窗坏了，办公室新人又要配钥匙了，大家都会第一时间找他；当遇到同事咨询相关问题时，大家也都会条件反射般地脱口而出"找邱哥"。

一位青年教师在学校教师节征文活动中，讲述了一段关于邱哥的小故事。有一次，高三学生刚毕业离校，高三楼层有很多各班自己购买的储物柜被遗弃。按工作职责，他负责整理，我们办公室的老师便向他询问有没有可再利用的柜子。邱哥也是认真，他竟然第一时间从众多被遗弃的或破烂或老旧的柜子中，精心挑出了好几件，后来还专门给每一个柜子配了最新的钥匙，并编好号，用一个专门的挂扣串好，送到了我手里。说真的，那一刻，我被感动了，我瞬间对他有一种特别的敬佩，这种对待工作负责、敬业的态度值得我们每一个人学习。还有一件事，也让我记忆深刻。我们办公室内靠窗户的那边，有几扇厚而老旧得不行的窗帘很不实用，夏天挡不住蚊子，冬天挡阳光。正所谓"食之无味，弃之可惜"，办公室的老师总在想着有什么好的办法，可以让它的价值真正发挥出来，以求既不失美观又不失实用。我们联系了总务处，学校把邱哥安排过来，不到几分钟的时间，邱哥就搬着楼梯带着工具箱前来，现场琢磨捣鼓了一番，改造方案便出炉了。下课后，我们一进办公室，只见这位并不年轻的老前辈站在不低的十字梯上，非常认真细心地敲打改造，他应该快六十了吧！一个相比以前更加完美的窗帘呈现在我们眼前！邱哥还特意和我们交代了注意事项，而且非常认真地把因窗帘改造而制造的杂物收拾得干干净净，面带微笑地说"好了"。

邱云明就是这样一位让大家感到暖心的人，在平凡的工作岗位上兢兢业业，低调、负责、敬业，对待同事和周边的所有人像对待朋友般友善。在雅礼中学，有一大批像邱云明这样的同事，他们都是大家学习的榜样。

21世纪已经走过了20多年，这20多年，除了退休与工作调动，很少有教师离开队伍。仔细思量，就在于这支队伍有了自己的教育理想和价值追求，有了自己的精神境界和教育情怀。这20多年，学校的教育不断迈上新台阶，正是得益于这支非同一般的队伍。

来源于精神层面的力量是最可靠的，也是最持久的。

延伸阅读

立德树人，以教兴邦

——在庆祝第34个教师节暨表彰大会上的讲话

尊敬的各位老师：

下午好！

在举国上下大力弘扬尊师重教之风，为教师的人生赋予新时代价值的时候，我们在这里隆重集会，庆祝第34个教师节，表彰先进、砥砺师德，承载使命、开创未来。在此，我谨代表学校向正在为培育全面发展、富有活力的一代新人而辛勤付出的全体教职工致以节日问候，向受到表彰的各位同志致以热烈祝贺！

教育是国之大计、党之大计。在民族复兴的征程上，党和国家发展教育的坚强意志与决心令人民振奋，令师者感动。习近平总书记在 2018 年 9 月 10 日于北京召开的全国教育大会上强调，全党全社会要弘扬尊师重教的社会风尚，努力提高教师政治地位、社会地位、职业地位，让广大教师享有应有的社会声望，在教书育人岗位上为党和人民事业做出新的更大的贡献。

庄严的话语中蕴藏着党和国家对教师的山海情怀，蕴藏着千千万万教师创造美好教育的深厚伟力。在更接近中国梦想的时代里，教师对推动社会向更深层次文明阶段迈进越发重要。

教师是教育得以创造、得以进步的根本力量所在，是人类文明从过去到未来的桥梁，是道德、良知、人格、真理与知识的化身。教师之德，德如高山，令人敬仰。教师之功，功在当代，利在千秋。

长久以来，在雅礼中学的大地上，我们的老师以宽广的格局、开放的视野、高尚的师德、丰厚的学识、师者的大爱，培育出一批又一批优秀人才，赢得了社会的尊重。今天受到表彰的同志，正是雅礼中学教师群体人格的真实写照，是全体教职员工延展教育生涯的具体参照，是弘扬尊师重教之风的底气之所在。

一种风尚带来万千气象。当社会不断深化尊师重教的共识，雅礼中学教师理当营造更为宏远的师者气象。我希望每位教职员工备感珍惜教师身份，备感珍惜社会认同，备感珍惜国家重托，将培养好学生视为实现自我人生价值的坚定取向；希望每位教职员工保持好内心宁静，保持好人格修养，保持好敬业奉献，传授真知、传扬美德、传递担当，让生命中遇见的每个学生自信而阳光地生长。

各位同事，在这个以教育兴邦的时代，愿我们携手共进、只争朝夕，以有限的教育人生创造无限的世界未来，让教育因为我们的努力而变得更加美好！

（二）建设教师文化

2007 年，湖南省普通高中实施新课程实验。在此之前，我和同事们对新课程进行了深入的研究，觉察到这将给教师带来新挑战，但同时，也将是进一步建设教师文化的良好契机。

新课程改革至少使教师在拥有新的教育观念、创生新的教学内容、运用新的教学手段三个不同层面发生改变。要实现这三个层面的不断优化，需要有新的教师文化；唯有新的教师文化，才有新的教育观念以及其他。教师培养至少包括更新教师教育观念、培育教师专业精神和提升教师专业知识技能水平三个方面。这就需要不断优化的教师文化。

新课程背景下教师文化的建设，毫无疑问会给教师的"舒适地带"带来冲击。雅礼教师团队是具有创造性的团队，但团队中也会出现一些需要重视的倦怠的现象，如单凭经验、习惯行事，用过去的方法应对现在及将来的问题，不愿意接受前沿的、新的理念和知识，等等。"苟日新，日日新"是一种最持久的力量源泉，教师队伍最应该"好好学习，天天向上"。

因此，我们要引导教师面向未来，敞开自己，拥抱变化。一场关于教师权威、教师形象、师生关系、师师关系等要素的讨论开展起来。教师们对这些教师文化要素有了重新审视。

教师权威。教师权威分为传统的权威、法定的权威、专业的权威、感召的权威。其中，专业的权威和感召的权威取决于教师的个人因素，所以，教师的人格魅力最能赋予教师以权威。雅礼中学的教师应该成为有魅力的、有影响力的、能深入学生心灵的教师。

教师形象。教师形象表现为外在形象和内在形象。外在形象指教师的言、行、貌，内在形象指教师的德、识、才。综合起来，教师形象表现为教师的职业道德、行为仪表、语言表达和业务水平。雅礼中学的教师应当内外兼修，四者统一。

师生关系。师生关系是指教师和学生的相互关系。教师类型大致决定了教师和学生的相处方式与师生关系。常见教师类型有强硬专断型、仁慈专断型、放任自流型和民主协商型。雅礼中学提倡做民主协商型教师，以建立良好的师生关系。同时，我们也认为，师生关系本身就是最重要的学校教育内容，必须格外重视。

师师关系。教师之间的相互关系是教师文化的重要组成部分。离散的、孤立的、冷漠的、冲突的、敌意的相互关系，都将损害教师的身心健康，影响教书育人事业。我们倡导互助多赢、合作共进、对话共生的关系，也支持教师之间的"良性竞争"。有了这样的关系和状态，教师才会自然地公开接受课堂观察并主动观察别人的课堂，才会主动分享教书育人的经验和成果，才会欣赏、发现、创造和共享。因为这样的师师关系，工作就是同事之间相互成全的美妙之旅。

引领这样的讨论之后，我提出了教师文化建设的基本思路和基本策略。基本思路即以平台搭建和常规改进为抓手，以提高师德修养、业务水平和教育质量为目标，实现职业道德、教育理念、知识结构、专业能力的统一，事业发展和人生修炼的统一。基本策略，一是让教师在学习中发展，二是让教师在实践中发展，三是让教师在团队合作中发展，四是让教师在研究中发展。

1. 具体途径

搭建平台：搭建可供学习、交流、叙事、案例研究的网络社区。

专业引领：辅导、咨询、评价，引领方向，提升观念。

同伴互助：对话、协作、帮助，信息交换，经验共享。

自我反思：内省、批判、变革，自我重建，自我完善。

2. 名师工程

第一，建立名师评价、选拔、任用、激励机制。

第二，建立学科带头人制度。

第三，建立名师教育教学资源库，发挥辐射、共享、示范作用。（图 3-11）

图 3-11　雅礼教育集团名师工作室成立大会

3. 青年教师培养

第一，要求青年教师"1 年适应，3 年胜任，5 年骨干，10 年名师"。

第二，建立教学导师、教育导师双导师制。

第三，发展青年教师协会。

第四，搭建青年教师学术研讨载体。（图 3-12）

教师素质的高低直接关系着学校发展的快慢。一所好学校，必然有一批思想素质高、业务水平高的教师。一支团结、创新的教师队伍能使学校充满生机和活力。

图 3-12　雅礼中学青年教师成长沙龙

教师既是知识种子的传播者，又是文明之树的培育者；既是人类灵魂的塑造者，又是人类社会发展与进步的开拓者，是年青一代健康成长的引路人和光辉典范。

教师文化对于师资队伍的建设有着不可估量的作用。这些年来，我始终将教师文化建设视为教师培养的重要抓手，打造出了一支优秀的师资队伍。至 2020 年，由 318 人组成的教职工队伍中，已拥有正高级教师 4 人、副高级教师 109 人、一级教师 124 人、特级教师 9 人、市级骨干教师 70 人。一大批名师、优师不断产生着巨大的能量，推动着学校的发展。

延伸阅读

在雅礼教育集团名师工作室成立大会上的讲话

尊敬的邓局长、各位老师：

上午好！

心怀创造更好教育的愿景，今天，我们共同迎来了雅礼教育集团名师工作室成立大会的举行。在此，我谨代表集团向各学科名师工作室的成立致以热烈的祝贺，向邓局长亲临指导致以诚挚的谢意！

　　教师是学校教育发展和变革的关键之所在，教师的理想信念、眼界格局、师德修养、业务能力及奋斗意志直接影响着学校的办学品质与发展前景。近年来，在雅礼教育的发展之路上，正是一群群优秀的教师凝聚在一起，助推雅礼教育一步步向前。正是源于这样的一种理解，在教育发生深远变革的时候，集团更需要依靠教师的智慧、教师的实践、教师的奋斗，来形成雅礼教育实现新发展的推动力。今天，我们欣喜于集团内师资队伍自我革新和自我优化的机制正在不断健全和完善，集团内的名师优师自觉发挥着引领作用，为集团整体发展不断增加底气，不断夯实基础。

　　教育是富有创造、饱含希望的事业，既有着更为广阔的前景，也充满着越来越多的挑战。这需要我们在实践中不断强化本领、提升素质，需要我们更加紧密地凝聚在一起，相互交流、共同进步。面向未来，集团名师工作室将承担起重大的使命与责任。我衷心期待每个工作室彰显朝气与活力、情怀与担当、创新与创造，不断激扬教育理想；期待每个工作室中不断产生贴合学生发展的教学方法、课堂理念、教育观点，不断优化学科教育教学资源，促进集团整体教育发展；期待每个工作室铸就学术精神，注重梯队建设，建立学科发展的科学体系，促进工作室可持续发展，为国家基础教育的发展不断贡献力量。

　　最后，再次对各工作室的成立表示热烈祝贺。我相信，未来会因为今天的举措而涌现出更多的名师！

教育新视域下的教师专业发展与品质提升

——在 2018 年长沙市首届卓越教师论坛上的讲话

各位领导、各位老师：

　　上午好！

　　首先，向各位老师表示敬意，因为你们是长沙教育的脊梁。今天，非常荣幸参加本次卓越教师论坛，感谢市教育局为我们提供了这个碰撞思想、点亮智慧、共话教育、共促发展的机会。

　　教育最大的危机是对未来的浑然不觉。当前社会正从工业时代向信息时代快速转变。教育作为社会进步的重要基石，正面临巨大变革，并将波及和影响每一个社会成员。面对现在和未来，对于更优质、更具个性化、更契合时代发展的教育，校长在进行怎样的思考？教师们在进行哪些转型？学校在进行哪些新的探索和变革？

今天，我与大家交流的题目是《教育新视域下的教师专业发展与品质提升》。

（一）教育新视域下的教师发展

教师是人类社会中最古老的职业之一，随着社会生产力的不断变革，教师的工作方式也在不断发生改变。信息社会的到来，促使教师在相当一段时间内逐步摆脱工业社会模式下的工作方式，接受并适应社会结构变革带来的新定位。诚然，教师作为人类社会中最恒久的职业之一，工作方式的变化并未改变职业的功能，经历社会发展的各个阶段后，教师依旧是为培养人才、开发人力资源、发展教育而存在的。

在信息社会中，教育与科技相结合，大数据、人工智能为教育提供支撑，已成为不争的事实。科技正为学校与教师改变传统的人才培养观念与教学组织形式提供便利、做好铺垫。那么，在教育新视域下，教师的发展面临着哪些变化？

第一，知识与素养。今天，任何人借助网络搜索，基本可以获得所需要的内容，以往学校传授的常规知识技能，现在已经被数字化和外包化，学生到学校来学习不再仅仅是被动地接受知识。在世界各地，尤其是教育发达地区，很多学生都在进行着项目式学习、团队合作学习、多学科融合学习、问题导向式学习、人工智能辅助学习、体验式学习、探究式学习等。我们的教育走到今天，经过几轮的课程改革，在技术观念上都有了一些全新的改变，但是其实质性的教育形态和方式仍然几十年不动摇。在整个主流学习方式上，我们始终不敢放弃"讲、讲、讲"这根拐杖，即便有新实践，也走得如履薄冰。社会生产力的变革要求学校将学生个体培养成终身学习者，能够掌握复杂的、计算机无法轻易实现的思维方式和工作方式。学生不仅需要培养持续适应的能力，而且需要培养终身学习和成长的能力。所以，过去的教师承担着传递知识和智慧的任务，现在的教师必须为发展学生的素养而努力。

第二，人工智能与人类智能。人工智能的兴起与发展，正改变着工业社会以来的职业类别。英国广播公司（British Broadcasting Corporation，BBC）依据被机器替代的可能性对职业进行了排序。在所列的被机器替代的可能性较低的前10个职业中，中等教育教学人员排在第一位，换言之，教师被人工智能替代的可能性最低，依旧会是人类社会中最为恒久的职业之一。不被轻易替代，并不意味教师可以忽视人工智能的发展。在未来，教师持有的人类智能与机器人具有的人工智能相伴相生，教师将在人工智能的快速发展中做出角色调整。

第三，创新与现代化。进入 21 世纪的第二个十年以来，教育现代化的进程不断加速，特别是作为"指挥棒"的高考正经历历史性变革，新课程、新教材呈现的理念颠覆着传统思维模式，面向 2035 年和 2050 年，标准化教育将逐渐被更为灵巧、更有利于人的全面发展的教育所取代。教育的现代化关键依靠教师的现代化，教师的现代化关键在于教师的自我创新，这种创新涉及理念思维的转变、教学模式的转型、科学技术的使用。唯有创新型教师，才可能有不断适应社会发展的教育智慧产生，换言之，创新已成为教师的必备素质。

（二）教育新视域下的卓越教师

教育的急剧变革，呼唤着广大一线教师成为教育智慧的直接生产者，呼唤着"专家型"教师的涌现。从芬兰、日本、英国等成功的教师培养经验来看，培养卓越教师，引领教师整体专业发展与品质提升，是建设优秀师资队伍的必然之路。进入新时代以来，我们国家正在将教师队伍建设提升到国家战略的高度，从《中共中央　国务院关于全面深化新时代教师队伍建设改革的意见》的颁布实施，到全国教育大会习近平总书记发表重要讲话，无不折射出国家建设高素质教师队伍的意志与决心。

卓越教师是教师队伍中的中坚力量，是一线教师中的学术领导者，在培育新一代人才中发挥着重要作用。面向未来，卓越教师将要为教育提供更强大的力量支撑。

第一，教育转型的原生力。教育正处于长周期的转型之中，将不可避免地面临各式各样的新问题、新挑战。这些问题与挑战将直接影响教师群体对职业的价值判断、心理承受及远景追求，这些问题与挑战也将在很大程度上依靠教师的群体智慧去解决与应对。教师永远是实现教育改革的原生动力，而卓越教师是原生动力的坚固内核。

第二，课堂教学的领导力。教师最本质的工作在于开展课堂教学。随着教学组织形式的变化，学校需要新型的教学领导者。这样的领导者需要在一线教师中产生，这样的领导者将与学校管理层共同形成学校教育的新型领导力，这样的领导者就是卓越教师——可以引领学术研究，可以改进课堂教学，可以开展教师培训，可以帮助青年教师成长。

第三，质量提升的持久力。教育现代化有两个重要维度：一个维度是数量，另一个维度是质量。数量已经不再是问题，关键是质量。高水平的教育教学质量是学校的价值体现，也是教师的价值体现，更是国家人力资本强盛的重要指标。卓越教师在教育教学方面有着丰富的智慧与经验，有着主动探究的热情与愿望，应当成为促进教育教学质量提升的持久动力。

（三）教育新视域下的职业境界

教师是人类灵魂的工程师，是人类文明的传承者，承载着传播知识、传播思想、传播真理，塑造灵魂、塑造生命、塑造新人的时代重任。教师的职业境界事关国家的教育发展层次，事关所培育的人才的综合素养，事关人文精神的传承与延续。在坚守立德树人、弘扬尊师重教的当下，已有坚定教育信仰的卓越教师当有着更为高远的职业境界。

第一，师德之楷模。中华文明赓续数千年，从未中断，这与在我们的文化语境里，师德总处于当时社会道德的最高水准密不可分。教师有德，道德的种子就会在千千万万的生命体内生根发芽，无论社会怎么发展，道德始终不会被吞噬、被践踏、被摒除。卓越教师承载着更大的期许与更多的目光，也具备着更大的影响力，是师生、家长眼中的师德之楷模，是引领道德发展的明灯。因此，崇高的师德是卓越教师的一种自然而然的职业境界与人生境界。也正因为有崇高的师德，卓越教师才能引领其他教师进入高远的精神境界，在传道授业的过程中对学生的精神世界产生积极和建设性的影响。

第二，人格之标杆。《资治通鉴》中有一句耐人寻味的话，叫"经师易得，人师难求"。意思是能以其精湛的专业技艺传授他人知识技能的教师比较容易找到，而以其渊博的学识、高尚的人格修养去教人如何做人的教师比较难找。当代著名的教育家徐特立也曾说过，教师是有两种人格的，一种是"经师"，另一种是"人师"。经师是教学问的，人师是教行为的。教师其实一生都在修行，在不断提升人格修养，以人格培育人格，以生命影响生命，在"经师"与"人师"的交融中实现自我的价值。卓越教师的卓越不仅是教学问上的卓越，更是教行为上的卓越。这种卓越需要长久的人格砥砺与坚守，需要内心拥有源源不断的力量，去传递正直与良善，去帮助一个个学生塑造美好心灵。

第三，情怀之源泉。教育是充满温度、洋溢温情的社会活动，是呵护人性、尊重生命的具体表达。科学技术的发展改变着人类的交往方式，并向人文精神的延续发出挑战，向人性在未来的归属提出疑问，同时也向教育提出宏大的世纪命题，向教师提出了精准的使命担当，那就是以人文情怀丰富与传递好人文精神。卓越教师从某种程度上而言，是教育信仰、教育情怀及教育精神的象征。卓越教师在具备崇高师德和优秀人格的同时，还应成为教育情怀、人文情怀的源泉，以言行滋润他人，成为凝聚群体、激扬情怀的核心。

（三）丰富教师评价

教育之势浩浩荡荡，教育面向现在和未来。教师该如何适应变革？学校又当如何以科学的评价方式引导教师实现新的专业发展？

构建可促进教师专业持续发展的科学评价机制，是我在教育实践中不断探索、不断创新的一项工作。从 21 世纪初以来，雅礼中学以"为学生终身发展奠基"为办学理念，以"办一所影响学生一生的学校"为一致的行动方向，以"涵养学校生命气象"为特色发展的内涵要义，雅礼教育从理念走向实践，又从实践走向文化。

我认为，促进教师专业发展评价应是有着正确价值导向的评价，是有着清晰目标和科学模式的评价，是最终指向促进教师生命发展的评价，是与时俱进、创新发展的评价。

1. 评价的价值导向：立德树人

教师是立教之本、兴教之源，教师在中华民族的文化语境里，有着特有的地位、责任及使命。教师服务于国家的最大价值就在于落实国家教育的根本任务，"立德树人"是学校开展教师评价、促进教师专业发展的根本导向。这一价值导向映射在教师身上主要指向两个要点。

第一，师德立身。业以师立，师以德立。师德立身是我们实施教师评价的基本起点，也是促进教师专业发展的首要前提。从教育实践来看，以师德为教师发展评价的导向，将充分激发教师的家国情怀、教育情怀，引导教师对职业产生强烈的认同感和自豪感。

第二，学术立校。在长久的教育行走中，我秉持着教师专业发展应当走向学术发展的理念。教育是一门永无止境的学问，教师不仅是知识的传授者，更是知识的研究者和创造者。教师通过探索教育规律、发展人格魅力、挖掘自身教育潜力，可以创造教育智慧的增长点。我认为，教师的学术能力和学术成果不仅仅体现在论文写作、课题研究上，更体现在教师始终坚守的主阵地——课堂上。教师学术发展，最终指向的是将学校的办学理念、育人策略及教育愿景转化为最生动的教学实践。

2. 评价的目标体系：让教师的生命更富有意义

一所学校有什么样的教师评价机制，就会形成与之对应的教师文化。传统的教师评价以促进学校发展为基本目标，以促进教师专业发展为根本目的。但教师作为自然界中的自然存在，除了拥有师者角色的社会属性，还拥有作为"生命个体"的自然属性。因此，教师的评价不仅要指向教师的专业发展，更要指向教师的生命发展。基于此，我们通过确定科学合理的教师评价目标，让教师的生命更富有意义。

一是构建"涵养学校生命气象"的教师生命发展评价目标体系。

学校是以生命影响生命的育人场所，学校应当成为师生生命交融共生、共享生命之华的地方。我们认为，倘若忽视教师生命的发展，在专业发展的过程中或发展至某一阶段之后，教师将缺乏必要的精神养分，缺乏必要的创新活力，缺乏必要的价值目标，教师依然会是一个承载学科知识和教学技巧的容器。

在真实的教育情境中，我们关注教师生命气象的三个维度，即生命状态、生命品质、生命格局，具体表现为以下几点。

生命状态：身心健康，生活丰富，乐教善思。

生命品质：师德高尚，学养丰厚，业务精湛。

生命格局：有教育使命，有社会责任，有精神信仰。

为进一步探索构建教师专业发展评价目标、评价模式，我以国家级课题研究"涵养生命气象的普通中学内涵发展实践研究"为契机，着力完善教师生命发展评价目标体系。

二是构建"为学生终身发展奠基"的教师专业发展评价目标体系。

教师专业发展的首要目的是更好地培育全面发展的人才，教师的专业价值对于国家、学校、社会都集中体现在人才培养质量上。面向 21 世纪，雅礼中学确定了"为学生终身发展奠基"的办学理念，即为学生奠定品行、学力、身心、创新四大基础，把学生四大基础的达成作为教师专业水平的评价标准。

品行培养：指向道德与审美。培养学生优秀的道德品质，树立正确的人生观、价值观，帮助其成为大爱、大德、大情怀之人；培养学生认识美、爱好美与创造美的能力，养成高尚的精神与品位。

学力培养：指向智能。丰富学生学识，发展学生智力，培养学生持续学习的能力，养成自主学习、终身学习的习惯。

　　身心培养：指向健康的身体、积极的心理和劳动品质。帮助学生形成健康向上的意识，培养拼搏、坚持不懈的体育精神；养成坚毅乐观、自信阳光的心理品质。

　　创新培养：指向探究和实践。保护学生的好奇心，培养学生探求未知的兴趣和热情，鼓励并引导学生提出质疑，培养学生思辨、批判、求实、创新的精神。

　　在帮助学生奠定人生发展基础的教育实践中，每位教师需要针对学生培养目标体系不断提升自身的专业价值。

3. 评价的实施体系：构建"四位一体"教师评价模式

　　教师的专业发展是动态的，需要契合时代的变化、社会的期望，需要契合人才成长规律和教育发展规律。为此，我们形成了"学校、教师、学生、社会"四位一体的教师评价模式。

　　学校评价：学校对教师的师德素养、育人理念、教学成效、学术研究、创新品质五个方面进行常规评价、学期评价、学年评价。

　　教师评价：学科组教师对同一学科的其他教师，从教学的知识内容、环境建设、教学组织、反思实践、学生成长五个方面，开展教研组、备课组专业引领评价。

　　学生评价：学生对授课教师从治学态度、方法技巧、人文关怀、收获提升四个方面，通过问卷调查和访谈调查开展生本评价。

　　社会评价：通过教学开放活动、家长访谈调查、教育质量评估等方式，教师接受教育同行、家长、教育行政部门等的社会评价。

　　"四位一体"的评价模式对促进教师专业发展和学校教育生态平衡发挥着"稳定器"与"助推器"的作用。

4. 评价的未来展望：发展教师核心素养

　　教师专业发展始终与教育变革紧密相连。信息技术飞跃式发展，正对传统教育模式产生"颠覆式"的影响，教育与科技相结合，大数据、人工智能为教育提供支撑，已成为不争的事实。面对"智慧教育"新生态，教师的专业发展该往何处走？学校对教师的专业发展评价又应当往何处走？这些问题将成为我们今后研究的重要课题。我们认为，有以下几对关系应当引发我们的思考。

　　传授知识与培育素养。今天，知识已逐步实现开放共享，人们借助互联网等信息技术工具，基本可以获得需要的内容。以往学校传授的常规知识技能，已逐渐被数字化和外包化，学生到学校来学习不再仅仅是被动地接受知识。社会生产力的变革要求学校将学生个体培养成终身学习者，能够掌握复杂的、计算机无法轻易实现的思维方式。所以，过去的教师承担着传递知识和智慧的任务，现在的教师必须为发展学生的素养而努力。面向信息化时代，教师首先需要发展的是信息素养。当前，大家普遍认为具备了一定的信息技术能力就具备了信息素养，这对教师队伍专业发展是非常不利的。教师信息素养涵盖运用信息工具、处理和创造信息、发挥信息效益等方面。

人工智能与人类智能。人工智能的兴起与发展，正改变着工业社会以来的职业类别。有研究机构依据被机器替代的可能性对职业进行了排序，在所列的被机器替代的可能性较低的前10个职业中，中等教育教学人员排在第一位，换言之，教师被人工智能替代的可能性最低，依旧会是人类社会中最为恒久的职业之一。不被轻易替代，并不意味教师可以忽视人工智能的发展。在未来，教师持有的人类智能与机器人具有的人工智能相伴相生。我们必须思考，人类智能与人工智能相比，优势何在？人工智能的最大局限在于阻隔了人与人之间的真实情感交流。教师之所以能带来这样的情感交流，是因为其具备人文素养。人工智能的迅猛发展，使得人与机器对话成为生活中的一种常态。人的生活可以借助工具，但不能被工具包围；人的心灵虽然可以在网络虚拟世界和真实情境世界不断穿梭，但终究还是需要依靠可触可及、可视可听的一切人文来滋养。教师发展人文素养，注重提升人本交互水平，这显得比以往任何时候更重要。

未来创造与教师创新。教师是活生生的课程。过去的课程以知识结构为主体，未来课程所要传递的不仅仅是知识，更是教师的思维、情怀与责任，教师本身将成为重要的资源。教师要想学生形成良善的道德感和社会责任感，自身就必须具备良好的道德责任感；教师要想学生获得审美能力，自身就必须具备高超的审美水平；教师要想培育学生的人文素养，自身就必须具备深厚的人文底蕴；教师要培养学生的创新能力，自身就必须打破固有模式，主动创新，这种创新涉及理念思维的转变、教学模式的转型、科学技术的使用等。唯有创新型的教师，才可能不断产生适应社会发展的教育智慧，换言之，未来创造首先需要教师创新。

（四）走向学术自觉

教师是一个个鲜活的生命体，是具有某项或数项专长的人才。每个人都有自己的教育主张、教育见解、教育实践，也有自己教育耕耘的一亩三分地。教师在校园里的主体性很鲜明，也很重要。因此，我一直坚持着这样一个观点，每一个教师都要朝着名师去发展，这样的名师不仅要在教学方法上很有造诣，而且要在教育理论上有很深的洞见与思考。教学方法与教育理论的统一就在于"学术立校"。纵观高中教育界甚至基础教育界，将"学术立校"列为学校发展条目的学校少之又少，但我和教师们一直坚持着，也坚持出了效果。有一个很直观的例子可以证明。长沙市在全市各个学校设立学科名师工作室，雅礼中学就有 4 个学科名师工作室。2019 年，教育部领航名师工作室也成功落户雅礼集团所属的雅礼洋湖实验中学和中雅培粹学校，各学科雅礼教育集团名师工作室也相继成立。（图 3-13）

图 3-13　2020 年雅礼教育集团学术年会暨校长名师工作室集中研修

学术立校的实质是推进教师治校，尊重学术独立，切实保障教师在教育教学工作中的中心地位和权利，将校园从传递知识的场所变成创造思想、文化和精神价值的"独立王国"。

让教育蕴含学术，以学术引领学校发展。如今，"学术立校"已成为全体教师的共识，全体教师已拥有较为丰富的经验。

1. 构建校本教研文化

着力培养教师独立思考的习惯和能力，营造求真、务实、民主的教研氛围，培育"平等对话、专业引领、互动共享"的校本教研文化，以研究与进修促进教师的成长，从而在学校内形成促进教师专业化发展的支持性环境，形成有效的研究型教师群体，使学校真正成为一个学习的共同体。

2. 课题引领

以重大课题为抓手，通过总的课题研究带动校内大批"微型课题"的开展与研究，拓宽研究范围，拓展研究深度，形成"理论与实证相结合、中观与微观相结合"的研究模式，使教育科研真正推动学校教育教学水平的提高。

3. 突出备课组、教研组在学科研究上的重要作用

学校应明确备课组长在本年级、本学科的带头人和负责人地位，并制定完备的备课组工作评价方案。备课组、教研组除经常性开展教研活动，组织集体备课，开展听、评课活动外，还要进一步完善课例研讨制度，通过"课例＋示范＋研讨＋互动答疑"的方式，改变传统讲座示教式的培训形式，让每位教师都有机会做"中心发言人"，使其在广泛的学术交流中找到真正源自教育的乐趣和自信。

4. 推行学术讲坛

思行合一、切磋交流是专业成长的必由之路，要倡导学术自由，强化文化承担，就必须鼓励教师为表述学术见解、思想自由地发出多元化的"声音"。沐千年湘楚古风，聚各方教育见解。学校应积极鼓励、激发教师走上校内外的"学术讲坛"，以学术争鸣提升专业素质，以思想碰撞生成教育智慧。

我们全部的教育教学行为，就是为了让孩子成长为"人"。这里的"人"，既是今天之人，也是未来之人；既是自我之人，也是社会之人。这个过程必须依靠教师来主导，来完成。即便有一天，人工智能取代了一切，教师育人的功能也无法被替代，因为人与人之间的感情、审美的价值和文化的意义都需要教师来传递。

新时代，科技在迅猛发展，技术已经走到了思想的前面，但是思想和价值依旧牢不可破地掌握在教师手中，因为教师不仅是这个世界、这个社会主流价值的实践者，更是人类文明的守护者。

拥有学术自觉的教师，其教学思想、人格魅力显影在课堂教学环节之中，深刻地影响学生的终身。

　　拥有学术自觉的教师在学生心里有着无穷的"魅力"。比如，数学老师"汤哥"，能"横扫包括二面角在内的数学概念，轻松幽默却功底深厚，大大咧咧却细心如父"；英语老师"罗妈妈"，不仅是"语法教母"，而且是电影、游戏、诗歌"大咖"，更拥有"不以物喜，不以己悲"的情怀；政治老师"男神田"，"明明有霸道总裁的气质，却偏偏靠暖男形象横扫文科班，把供给侧改革精辟归纳为'有效'和'有效率'"；历史老师"旭爷"，"身怀一代宗师气概，课始至课终未曾阅课本笔记丝毫，然流畅通尽，能一揽书中要点，亦能旁征博引"；还有语文老师"老王"，"讲起课来有时像沙场上窄袖银枪、呼啸往来的将军，有时又像楼阁里颓唐饮酒、失意挥笔的文人，私下里，也会顶着几撮呆毛一脸认真地看着你，亦师亦友，真挚坦诚地与你聊天"。

　　在雅礼中学举行的一次以"我的老师"为题的征文活动中，全校3000多名学生写出了200多名心中的老师，无一例外的是，这些老师在学生心中都"有个性"。

延伸阅读

雅礼中学"我的老师"征文选段

　　喜哥上课，就像在作诗，不仅因为他摇头晃脑、踱步踌躇，而且因为他志得意满、手舞足蹈。他的字重若千金，他每次写板书时，都仿佛要把粉笔戳碎在黑板上。写出来的字也像画作一般，每一笔都含着他的精气神。他上课也如同诗人一样，享受创作的过程，每讲到一个精妙绝伦的地方，就像诗人写下了流传后世的绝句。只见他负着手、微眯着眼睛、轻仰着头，得意扬扬地问："啥意思啊？"那奇异的、富有韵味的"怪气"无比摄人魂魄。该说的时候说，无声的时候回荡，这简直是唐诗的风骨！眨眼间，教室就移到了青山绿水间，讲台成了扁舟一叶，独留他一人银发飘飘，耳得江风，目遇山月。

——老师陈炽喜、作者李浚远

　　我之前从未见过这样的老师，能把教学课件制作得如此"工整"。请不要小看"工整"这个词，它涉及知识点的概括、例题的设置，以及排版中的缩进与对重点知识的红蓝两色的标记；它代表着一种精神，蕴含着一种力量，让人无形中觉得"课讲得真好啊"。比如，标点符号的工整。如果第一次出现的并列语句中，卢老师使用了冒号引出隶属的内容，那么之后所有的并列语句中，他使用的一定是冒号，子句的标点也是工整的分号、分号、分号、句号。就算除去这些细枝末节不谈，仅关注内容，卢老师制作的课件也是令人大为称赞的。若你在上课时将注意力完全集中于课本和幻灯片，就会惊讶地发现，浏览信息后自然引发的每一处疑问，都会在下一张幻灯片或是板书上找到解释。你能学到更多课本上没有写明的知识，或是对它们有了更深入透彻的领会。我想，卢老师在备课时必定常常换位思考，想学生可能会产生的疑问，再结合多年积累的教学经验，让我们获得绝佳的课堂体验。

——老师卢忠发、作者陈恬

平常，我最喜听老王说"我以为"，因为这句话之后，便会有一大波鞭辟入里的见解涌来。有时虽然只有一言一语，但也能让人醍醐灌顶。学生们跟着他层层掘进，或者开疆拓土。思考，自由地表达，充满乐趣。与其说我们在提高学习的能力，不如说在提高生活的高度。若所说有理，他会欣慰地表示"甚好!"或者"厉害呀!"；若言论偏激、荒谬，他会先听你说完，再来一句"鬼扯一通"。奇怪的是，学生不会因此有丝毫的紧张与尴尬，反倒会觉得乐趣与回味无穷。老王也喜欢指着某本资料上的解释说"鬼扯一通"，然后告诉我们为什么。我们服他。谁叫他是满腹经纶的才子，是我们敬仰和喜欢的老王呢?

学生在他的姓名前加个偏旁，唤他"狂狼"。

"狂狼"之狂特别表现在诵读的时候，他沉浸在自己的世界里，有着独特的韵味，这种韵味是与生俱来的。老王一声"我先来示范一遍"，你便会发现那笑容里分明藏着无比的自信与满足。接下来，是好一阵子的寂静。他一手执卷，缓缓闭上眼睛，仿佛就这么穿越了。"一觞一咏，亦足以——畅叙——幽——情。"脑袋微微一摇，一撮头发也动一动，动一动。

——老师王良、作者胡杨

历史学在他的口中，焕发出经天纬地般的灼灼光华。他将历史与当今国际形势紧密结合，我在他的课上，会产生一种前所未有的感觉：国家与社会需要有器识的下一代来推动一个民族凤兴夜寐谋划的宏伟蓝图早日变成美好现实。我为我不识人文科学而感到焦急与遗憾，我多希望人文学科的光芒再领我多走几步……温特森打过一个形象的比喻，他形容历史为"阁楼中的凤凰"。埃及也有一句谚语：瞻前不如顾后。余嗲只教了我短短两年就因为我们"科不同"而"不相为谋"了。实际上我知道，他带我领略的人文之吉光片羽，就像门上的猫眼，我匆匆一望，不曾推门进入这人文的广阔天地，就已感受到门内的光芒闪耀与那只"凤凰"的炽热了。千言万语在心中，泰戈尔用一首诗为我发声：此刻，无垠的暮空的繁星间飞驰着火焰的风暴，若容我们目睹其一部分，必定目瞪口呆。

——老师余晓东、作者肖婉琳

王老师课内课外都喜欢和我们聊天。她的故事似乎都颇为厚重而亲切。书上那些文言字句往往都晦涩难懂，而她却总是能将它们联系到离我们更近的老长沙上来。有人不懂稼轩其人，觉得他的故事太过遥远，王老师便醒木一拍、响板一打，将辛弃疾曾在长沙建营房的故事娓娓道来，顺带念上一段《摸鱼儿》，告诉我们这就是长沙营盘街的来历；提到西汉，她讲述这王朝倥偬而去的辘辘车轮时，还要提一句，曾有个定王刘发，这位孝子用长安探母而来的尘土筑起一座高台，便是如今长沙的地标定王台；还有贾谊"可怜夜半虚前席"的故事，岳麓山下自卑亭的"登高自卑"的典故……这些藏在巷陌中的故事大都已被我们遗忘在现代匆匆的脚步中，年轻的孩子们也很少知道自己平时生活的地方竟然还有如此深厚的内蕴。

——老师王学明、作者易雨谣

突然间听到熟悉又陌生的声音，我的眼睛干干的，喉咙也有些发紧。此时，一个角落里，那个被昏暗的灯光留了一半在阴影里的身影，显得有点落寞。一曲终，她缓步走向讲台，就那么无言地站着，头顶的日光灯落在她微卷的发间，整个教室只留下摩挲书页的细声。我似乎看见这个女人的眼角微微泛红，淡淡的、不易觉察的、带着一点血丝的。兴许是昨日夜里因为腰疾而兀自未眠吧，我不知道。她的唇瓣紧了紧，张开了又没张开。她屈了屈手指，喉间夹杂着干涩的空气，落下几句："雅礼中学的三年只是你们生命中的一小节，我也只是你们生命中的过客，同行一年或三载，好好相伴，珍惜当下，回忆亦是美好。"

——老师罗红梅、作者杨梦蝶

整个军训中，他一直都在陪着我们。他不是那种很活泼的老师，只是默默地帮我们打水、扶旗子、提东西，看到有不舒服的同学，上前问一问。我清楚地记得，有一次训练，大家都没有带水，他把本该自己喝的那瓶水递给了第一个同学，并一直传下去。我接过上一位同学传下来的水，甘甜又清凉。我看了看徐老师，他正舔着在太阳下干裂的嘴唇对着我们微笑，那是发自内心的微笑。这个班才建立几天，感情还谈不上，而他早已视我们为他的孩子。我们每喝一口水，他也像饮了一口清凉的水一样。

——老师徐洪、作者张乐

她讲古文，重视从精湛凝练的语言中去品味文本的精神价值。她讲《六国论》，讲《谏佛骨表》，讲《捕蛇者说》，讲那些高贵的灵魂在政治压力下的勇敢，讲在明知不可为时而为之的决绝。恍惚中，我还记得禹老师的声气和腔调，那是激愤的呐喊、沉痛的呼吁、深沉的批判。不知不觉中，精神的独立与自由、知识分子应有的责任与担当、人而为人的良知和道德，像一粒粒种子，在我们心中萌发。

——老师禹翱、作者孙荣

她着实是一个特别的老师，对教学有着超乎常人的热爱与激情，也常常会带动班上的气氛，让我们自发产生对这门课的热爱。她说过："我很感激我的职业，它让我的生命在别人的生命中得以延续；我在哪里，就要让自己成为哪里的旗杆。"而我们是国际部的学生，她曾对我们表达过她的期望，呼吁我们应该对传统文化有所关注："传统，说白了就是思维习惯。无论国籍、语言、所处的地方有何变化，文化早已植根于我们的肤发、长相、语言习惯与审美习惯中。记着，无论今后你去向何方，一定要知道，你是一个中国人。"听见此话时，讲台下的我已然泪下，她确实像一个旗杆啊！

——老师李兰、作者张佩仪

谁留意过他仰天长笑后转瞬即逝的疲惫，谁问过整日把"伢子，你觉得汤老师有什么需要改变的"挂在嘴边的他到底快不快乐，谁又曾偷偷记下他多少个饭点后的独来独往、行色匆匆……

　　我们。

　　上次香港大学来自主招生时，我错失了机会，在他面前大哭，痛不能言。他一把把我拢在怀里说："人要快乐地生活。挫折会有，希望更会有……"他懂我，明白我需要的不再是认可，而是理解。他十岁前就成了孤儿，我贴在他大大的肚子上，这里装了多少只属于黑暗的痛苦啊，可他却依然活得快乐，自己大笑着的同时又教学生们一定要活得快乐……我更不能抑制自己了，内心为他唱响一曲又一曲高歌。为他人格之烈，为他灵魂之坚。

——老师汤灏、作者杨心玥

四、学校发展

　　教育理想和教育实践在时空的变迁中相互交融，催生着万千形式的学校发展。每一所学校都有着其生命气象，学校的生命气象是学校办学的自然萌发，学校所处的区域、所形成的文化、所拥有的师生、所沉淀的精神，都可以为学校创造独特的发展条件。但决定一所学校生命气象的核心因素并不是外在因素，而是学校对教育发展规律和学生身心成长规律的遵循方式与实践深度。

　　个性教育以"尊重个体差异"为基本起点，以"涵养生命气象"为基本目标，以"生命场的作用"为基本路径，始终遵循着两大规律来推动学校发展，来实现教育的美好愿景，来成就学校的生命气象。

　　发展，是一种连续不断的变化过程，既有量的变化，又有质的变化。纵观学校这些年走过的发展之路，教育的耕耘如此富有意义，如此灿烂明媚，如此生趣盎然。

（一）赋予学校灵魂

　　"不是办一所人云亦云的学校，而是要办一所养成学生健全健美人格、影响学生一生的学校。"2016年，学校拍摄110周年校庆宣传片《雅礼时代》时，我将心中的办学理想进行了如此阐述。那一刻，我内心澎湃，欣喜交加。在过往的时间里，这所学校成就了我，而我也如期交上了阶段性的答卷。

作为校长，给学校赋予灵魂是我的使命所在。英国作家王尔德的小说《道林格雷的画像》中有句话："漂亮的脸蛋太多，有趣的灵魂太少。"学校千千万，但灵魂有趣的学校却少之又少。

雅礼中学这所学校的灵魂是什么？换言之，学校发展的最高旨趣是什么？今天，"为学生终身发展奠基"这句话已深深烙印在每个雅礼中学师生的心中，也为关注雅礼中学的人们所熟知，已成为学校发展的精神动力源泉。

看似寻常，过程却崎岖。铸就学校灵魂，必然要经历重重挑战。

从办全国示范性高中的阶段目标，到办影响学生一生的学校；从个性、自主、开放的办学策略，到优质化、个性化、集团化、国际化的发展战略；从让学生成为个性的海洋，到涵养学校生命气象……"为学生终身发展奠基"这个有趣的灵魂行走其中，面临一次次社会发展所带来的考验。其中，最大的考验在于"育人"与"育分"的守衡。

"为学生终身发展奠基"在21世纪之初被提出，指向全面实施素质教育，标明学校人才培养的新导向。然而，在很长的时间里，学校却不得不在"分数论"的教育评价导向所带来的逼仄空间里坚守。2018年，习近平总书记在全国教育大会上强调要解决教育领域的"五唯"问题。我想，在未来，为学生终身发展奠基，有了更大的舒展空间。

学校如何在"育人"与"育分"之间保持守衡？刊登在2017年《中国教育报》上的一则报道对这一问题进行了较为生动的阐述。

（一）抓3年，看6年，心里想着60年

2001年，刘维朝接任校长时，基础教育的版图上还盛行着"高考为王"的导向，大部分高中学校无法摆脱应试教育的窠臼。

"怎样才能做好雅礼中学的校长？做一个什么样的校长？把学校往哪里带？"这是上任之初的刘维朝面临的问题。回答这些问题，其实也是在教育理念上做出选择。而他给出的答案是：不要办一所人云亦云的学校、一所放之四海而皆准的学校，要办一所培养学生健全人格、关注学生终身发展的学校。

2001年，他提出"为学生终身发展奠基"的办学理念，提出中学时代要为人的终身发展奠定品行、学力、身心和创新基础的教育理念，从而真正在教育的过程中把"人"立了起来。作为校长的他，凭着他的坚守与追求让雅礼教育有了根，让学校发展有了方向。

然而，发展的路并不平坦。最初几年，家长有疑惑，担心影响孩子的升学；教师有不解，因为工作压力和难度增大。2005年高考发榜，在长沙比较知名的四所高中学校中，雅礼中学排名靠后。于是，刘维朝和雅礼中学承受了前所未有的压力。一些家长非常不满："充分尊重学生的个性？这下可好了！"也有同行质疑："为学生终身发展奠基？上不了好大学，怎么奠基？"

面对各方褒贬，他关在办公室"闭门思过"。他"一个多礼拜中，找了三四十人"，与同事们逐个分析交流、剖析原因。最终，他确信，雅礼中学的育人策略没错，发展方向没偏。办学需要定力，不能自乱阵脚。但"没有升学率的素质教育是难以服众的"。经过认真反思与调整，学校一方面加强教育教学研究，提高课堂效率和质量，另一方面拓展学生的成长空间，最终实现了"育分"和"育人"的有机结合，也让社会各界人士更加支持雅礼中学的教育改革。

更让刘维朝欣慰的是，他看到了学生们伴随着改革落地而发生的变化。2016年毕业季时，雅礼中学一名高三学生在毕业发言中说："不知大家有没有注意到信息楼一层大厅墙壁上'为学生终身发展奠基'的标语。有人说，雅礼中学怎么两年没出状元了呀？其实我们自然希望状元在雅礼中学，但如果要牺牲爱好和实践的时间换来一个状元，那么与培养一个品行端正、个性阳光、能力全面的全省第十名相比，雅礼无疑会选择后者。三年公勤诚朴，一生公勤诚朴。这样的教育给人的影响是终身的。"

"抓3年，看6年，心里想着60年。"这是雅礼中学的传承，也是刘维朝的坚守与追求。

（二）个性化的学校，学生的个性海洋

"我最感激雅礼中学的，是她用6年时间教会了我一种态度，那就是：如果我想做一件事情，那我就去做，因为没有什么比成为自己更重要了。"雅礼中学已毕业学生曹宏伟说。现在已是职业赛车手的他当年来考试时，雅礼中学并没有关于赛车的特长生计划，但在了解了曹宏伟的相关情况后，刘维朝决定将他招进来，并支持曹宏伟在日常学习之余去实现自己的赛车梦想。

教育的本真是育人。为回归育人本真，刘维朝在学生培养上提出了自主教育策略、个性教育策略、开放教育策略三大育人策略。为了成就学生的个性化发展，他带领学校领导班子，定下了以国家课程校本化、学生活动课程化为主要路径的课程建设思路，由基础扎根型、综合拓展型、创新提升型三大课程门类和社会人生类、科学创造类、国学精粹类、西方文明类、生活百科类、国际素养类六大课程模块构成的特色课程体系也由此诞生。于是，有了每个生命都能绽放精彩的雅礼中学校园。

刘维朝说，一所支持学生个性化发展的学校如果不能提供给学生多样化的发展渠道，就等于学生没有了选择，没有选择也就没有个性。让喜欢射箭的孩子射箭，让喜欢下棋的孩子下棋，让喜欢读书的孩子读好书，让喜欢动手的孩子能创造，这才是育人的方向。在他眼里，生命的差异是教育最宝贵的财富，因为差异存在，教育才充满生机、充满创造、充满趣味。

高三时就拿到耶鲁大学录取通知书的学生戴高乐，也是一个将大量时间花在"非主流"兴趣上的学生。他说："我从小就喜欢小动物和植物，初中迷上了有趣的生物实验，一进雅礼中学就加入了生物奥林匹克竞赛组，还组建了环保科技创新小组……如果仅仅为了高考，那么对一些知识点的学习不会那么深入。"他还记得刘维朝曾经为了帮他敲定演讲场地而"亲自出马"的事情。

（三）追求诗意管理，涵养独特气质

刘维朝心中怀抱着理想、温情、感动和幸福的情愫，他希望它们能在校园里深植、浸润、流淌。在他管理下的雅礼中学，呈现出了一种别具特色的诗意。"家长和学生选择一所学校，往小了说，是选择了一种教育模式；往大了说，是选择了一种生活方式。"

他从大处着眼、细处设意，坚持将多元评价、民主公开、有法可依的理念贯穿在学校教育的每个环节中。一如刘维朝所说，学校的发展需要教育价值共同体形成的合力去推动。在这个共同体中，校长要让大家看清楚方向，感受到快乐，以有品位的文化，办有魅力的学校。

2016年高考，刘维朝作为雅礼中学考点的主考，在教学楼前发现一名因受伤而坐轮椅前来参考的外校考生。他马上反复叮嘱考务人员，一定要做好这个考生的个性化服务工作，确保他顺利高考。

对学生如此，对教职员工亦是如此。校史馆翻修时，学校名师照片陈列墙上出现了两位校工的照片，他们和所有特级教师、学科骨干教师一样，受到大家的尊崇，原因是刘维朝从很多校友的讲述中多次听到两位校工的名字和事迹。"不管在什么岗位，能给学生留下美好回忆，影响学生成长的就是名师。多一把评价的尺子，就会多一批优秀的人才。"

充分的人格尊重，让雅礼中学成为师生、校友的精神家园。每逢假期，总有校友回到雅礼中学重温青春岁月，一些在外地求学的毕业生会"先回校，再回家"，甚至在大学校园，也有学生穿着雅礼中学的校服。也许，雅礼中学给予学生的一切会伴随许多学生一生。

长沙当地人常说，雅礼中学的学生，就是不穿校服，也能分辨得出，他们身上有一种"雅礼气质"。学校是有生命的，有什么样的校长，就有什么样的生命气象。在刘维朝身上，我们看到的是百年积淀濡染的厚重内敛、儒雅沉静，是几十年教育实践陶冶的质朴仁爱、勤谨睿智。他的心中有大爱的情怀，有不渝的信念理想；他植根于斯的百年雅礼，在他的带领下已涵养出新的生命气象。

（资料来源：校长国培计划——中小学名校长领航班中国人民大学附属中学培养基地，《刘维朝：在育人和育分中"守衡"》，载《中国教育报》，2017-03-29。引用时有改动。）

时常有人问我，雅礼中学不断取得发展的秘诀是什么？我非常坦率地和他们分享：就是认准一个道理，然后坚持到底。这个道理不是天马行空的想象，而是基于对教育发展规律和学生身心成长规律的遵循与实践。

一所学校能否在时代的变迁中演奏出动人的教育交响曲，在于她的灵魂是否有趣。这一点至关重要。

（二）追求卓越品质

学校不仅要落实国家教育的根本任务，更要不断追求卓越，不断提升品质，从本真的实践出发，一点一滴，积跬步至千里。什么样的教育品质是我们需要的品质，什么样的教育品质是我们能达到的品质？

1. 精细管理

雅礼中学的校园不大，但很精致，布局宛如一架即将腾空而起的飞机。很多到过雅礼中学的人说，一进入校园就有不一样的感觉。古朴俊秀的香樟，开合大气的教学楼，干净整洁的环境，总有沁人心脾之感。一所学校要呈现灵动的样子，自然要有一尘不染的环境。

学校的管理要从细节处着手，这是我从管理这所学校之初就定下的理念。今天，学校将校园物业管理委托给专业公司的情况已屡见不鲜；然而，在十多年前，引进物业公司来服务于学校发展还是新鲜的事情。当时，大部分学校由总务后勤部门包揽各类勤杂工作，不仅需要投入大量人力、物力，而且服务品质已难满足学校因规模扩大而带来的需求。专业的事情交给专业的人来做，雅礼中学成为当时长沙市率先引进物业公司的中学，后勤服务质量得到快速提升，管理工作的重心真正实现了向教育教学的转移。

管理，既要"管"，更要"理"。管在于制度建设。从宏观层面的学校章程，到微观层面的教师外出讲学的管理制度，伴随着学校发展，我不断要求管理团队制定与时俱进的管理制度，其初衷并不是束缚师生的自由。我曾对老师说，人们在有护栏的石桥上总比在没有护栏的石桥上行走得更快一些。学校的制度就如同石桥上的护栏，让学校的运转更为流畅。"理"在于人文关怀。2011年，学校的主教学楼重建。到了装修阶段，施工单位和后勤部门就走廊墙面和楼梯墙面的瓷砖贴多高合适来征求我的意见，我的意见是不能超过1.5米。有人提出，这不利于墙面保洁，如果学生在走廊上玩球，那么墙面上很容易留下球印，打闹的时候也很容易留下污渍。我说，教育管理为的是让学生养成好的习惯和品行。瓷砖贴高一点，可以让墙壁长时间光洁如新，但瓷砖反光，容易造成视觉上的压迫，不利于师生课后活动、舒展身心；瓷砖贴高一点，也确实利于保洁，可以少做一些管理工作，但却容易造成管理的惰性，这与学校的教育管理品质不相符。学生既然在这里学习，就应当让他们与每一处墙壁、每一处公共设施建立情感，主动爱护这些不会说话的物体。后来，教室窗帘颜色的选择、讲台尺寸的确定、黑板高度的设置等细枝末节的工作，我都参与讨论，力求让学校的一切空间最大限度体现人文关怀，力求让一切设施最大限度发挥育人功能。

校长是学校管理的核心，但管理效能最大限度地发挥的关键在于各尽其责。学校连年获得年度绩效考核全市一等奖，这既得益于全校教职员工的辛勤努力，更在于独具特色的管理架构。在实施后勤管理改革后，我对学校管理架构进行了系列调整。教育教学管理重心下移到年级组，实施一位校级干部加一位中层干部管理一个年级组的管理模式，充分激发年级组在教育教学中的自主权；弱化各处室的行政权威，去行政化、去功利化，各处室的一切工作以服务教育教学为导向；强化教研组的学术引领作用，尊重并维护教研组的发言权，教研组长是学术活动的发起人，是师资建设的核心力量，学校引进教师必须征求教研组的意见。

一系列的管理改革与建设，让学校管理形成了党委管总体、年级组管教育教学、教研组管学术、行政处室管服务的特有模式，为管理走向精细化夯实了基础。

在社会分工更加精准的时代进程中，精细化管理成为必然选择。2018年，湖南省高考综合改革全面启动，教学进入"自选时代"，全省高中学校面临着前所未有的学校管理挑战。但《湖南省高考综合改革实施方案》刚公布不久后，学校就实现了在不增加教师和教室的情况下的走班教学，并且开齐了12种选科组合的全部课程，满足了每名学生的选科需求，成为全省新高考改革的样本，引发全国同行关注。

这些年，学校每每在教育改革和发展的关键节点，都能占得先机。除拥有群体性的前瞻思维外，更重要的是学校在精细化管理之下，总可从容、快速地适应挑战带来的一切变化。

2. 精心育才

衡量一所学校的教育品质，最重要的指标是所培养出的人才的品质。我常和师生们强调一个观点，一个人就是一所雅礼中学，每个人身上都呈现着雅礼教育的品质。每年，学校都会招收全省拔尖的初中毕业生，也会招收教育均衡发展政策调控下的普通学生。但在我看来，每个学生都是学校宝贵的财富，每个学生都有着独一无二的天赋，每个学生都应该在这里成长为有益于人类社会进步的优秀人才。

对于拔尖创新人才的培养，社会各界有着不同的观点。在个性教育的实践中，学校一直坚持着拔尖创新人才的培养。我在前文说过，我们需要整齐划一的草坪，也需要多样的森林。这些年，学校在拔尖创新人才的培养方面取得了巨大的成就，提升了学校的影响力。在我看来，通过拔尖创新人才的培养呈现学校教育品质固然是好事，但拔尖创新人才的培养的根本目的是为国家、为整个人类社会培养各个领域的领军人物。每当看到一批批天赋异禀的学生进入雅礼中学，强烈的使命感推动着我和同事们为他们创设更好的学习条件，去帮助他们实现生命的价值。

2019年，一篇名为《神经阅读理解与超越》（"Neural Reading Comprehension and Beyond"）的博士论文引发了人们的广泛关注。论文的作者是雅礼中学2008届毕业生陈丹琦（图3-14）。陈丹琦本科毕业于清华大学姚班，研究生毕业于斯坦福大学，其博士论文指导老师、斯坦福大学语言学和计算机科学教授克里斯托夫·曼宁评价她："陈丹琦是采用神经网络方法解决自然语言理解问题方面的先驱。她的这个模型简单、干净、成功率高，吸引了不少人的关注。"

图 3-14　陈丹琦

陈丹琦在高中阶段就展现出在信息学领域的特殊天赋。她提出了 CDQ 分治算法以及插头 DP（轮廓线动态规划），成为湖南省第一位入选国际信息学奥林匹克竞赛中国代表队的女选手，并获得了国际信息学奥林匹克竞赛金牌。2019 年，《麻省理工科技评论》评选的中国区"35 岁以下科技创新 35 人"榜单发布，陈丹琦入选。

从 21 世纪初，学校开始全面构建拔尖创新人才培养体系，到今天，学校在五大学科领域的拔尖创新人才培养取得全面丰收。实践证明，雅礼中学培养的拔尖创新人才有着非凡的品质，他们将对 21 世纪的科学发展和社会进步产生深远的影响。

拔尖创新人才培养是学校人才培养的特色路径。在个性教育实践中，学校不仅在不断拓展着这条路径，更开拓出促使全体学生全面优秀的路径。

普通高中学校都会招收特长生。像雅礼中学这样的学校，学生文化成绩普遍比较优异，如果学校仅以文化成绩作为评价和衡量学生的标准，特长生进入学校之后，就会显得格格不入，甚至在行为习惯、遵章守纪等方面，他们的表现都会不那么令人满意。我有一个不变的观点，对于学生而言，多元的评价尺度非常重要，多一把尺子就会多一批人才。

学校每年都会召开校运会，校运会是体育特长生们展现自我最好的平台。雅礼中学的校运会有着光荣的传统，现在已经发展成了以校运会为中心的体育节活动。每一年的体育节，学校总会呈现出一派特别活力四射的景象。怎么利用这个教育平台去实践个性教育的思想？学校教育处、体育组就会想很多办法，最近几年一个很有意思的尝试就是在校运会设置颁奖活动这个环节。平常的评价标准里，优秀的标准和尺度是学习成绩好、行为习惯好，受到表扬的学生经常是那些品学兼优的学生。校运会到来了，那些平常可能不被关注的学生却成了师生和班级心目中的英雄。所以，学校就利用这个机会给这些孩子赋予主角和英雄的光环。一个项目下来，由班主任、科任老师、家委会代表或者学生去给获得名次的同学颁奖，亲手送上奖牌，送上鲜花和掌声，既让获奖运动员有征战赛场的荣誉获得感，又增添了他在学校生活中的幸福存在感。

足球是雅礼中学的校球，现在每到周末，校园里的足球场上都会出现老中青少几代人共同踢球的场景。这些人几乎都是雅礼中学在校的学生和历届的校友，他们有一个共同的爱好就是踢球，校友们即使毕业多年，也会回到学校再来踢踢球，或者看看别人踢球。在湖南省的足球界，雅礼中学的校友"扎推"也是一个独特的现象，这大概与学校浓厚的足球氛围以及校友间的传承有关系。足球也影响了许多雅礼中学的校友的一生，很多人还把足球作为了自己的职业。之前足球队里有一个叫陶颖的同学，他还被德国柏林赫塔队相中，成为中国中学生赴海外踢球的第一人。雅礼中学足球队的现任教练胡宇老师当年就是足球队的学生，踢过职业联赛，做过专业运动员，后来还是回到母校来任教，成为一名体育老师兼足球教练。雅礼中学对足球有太多的感情，对于这些可爱的"足球人"而言，这或许就是"影响学生一生"最好的注脚。

体育方面如此，艺术方面也有很多这样的影响学生一生的故事。在雅礼中学，很多东西不是被束缚的，而是尽力去张扬和释放的，尤其是关于学生个性的东西、天赋的东西，或者有可能被激发而得到发展的东西。雅礼中学体育馆门前有一面"涂鸦墙"，与整个整洁有序的校园显得有些相悖，但是却成为学校一处包容个性的地方，一些孩子会在这面涂鸦墙上试着表达自己的想法。这是学校非常显眼的一个地方，在受人关注的中心地带表达自己的想法需要勇气，也需要对于艺术的热爱和信心。但可喜的是，学生敢于利用这样的机会，每一次的涂鸦墙展示，都能给人一些享受和启迪。除此之外，学校黑板报、宣传窗的设计，还有每一次学生社团活动、学校活动的宣传海报的设计与制作，都能成为学生们展示才华的绝佳机会；社团文化节的招新大会、校运会现场以及爱心义卖的场所，学生迸发出的艺术灵感简直不亚于一个小型的美术展。从兴趣培养和生涯规划的角度，我认为雅礼中学的孩子是幸运的，学校的平台给了他们手拿画笔、描绘梦想的机会。

2005 届校友张小也就是这中间的一个代表。张小也本科毕业于中央美术学院空间设计系，后来又取得了法国布鲁高等艺术设计学院（Ecole Bleue）产品设计、室内设计的研究生双学位，其整体毕业设计获得了学院最高奖项，被学院及艺术家高度认可，并在巴黎当代艺术协会展出。此外，她还是法国著名设计公司 RF studio 团队中唯一的华人，设计的作品"可吸音灯"入围 2017 年雷达创星大赛，并受邀在巴黎设计周"Now! Le OFF"上展出，《设计》杂志（中国知名设计类杂志）以专访的形式对她进行了报道。

个性教育的思想是怎样影响着这个年轻人的艺术生涯的？她以前热衷于看漫画，在高一学习美术之后，她发现设计才是她真正想追求的东西，老师告诉她可以去考中央美术学院，于是，当时的她心中默默定下了这个小目标。当时还只是高中生的张小也，清醒地认识到漫画会分散她的时间和精力，她做出了艰难的取舍，回家之后把自己收藏的漫画全都烧掉了。那时她在外语特色班，看见同学们下课时拿着美国的大学分布图聊天，而她的一位语文老师上课时也不局限于课本，会分享自己在国外求学的经历，这些场景和话语让她觉得作为雅礼人应有开阔的视野，应与国际文化融合。她从雅礼中学的老师、同学们身上学习到了很多。当时的张小也身在一方校园，内心却向往着更广阔的世界，她渐渐地确定了自己的目标，后来选择出国就是为了能更清晰地感知未来的方向。高中时代，她是团委的学生干部，这个经历给了她很多实践梦想的机会，很多社团的徽章都是她设计的。张小也曾是戏剧社的副社长，在学校社团文化节中导演过话剧《雷雨》的第三幕。张小也认为，雅礼教育的特别之处就在于能鼓励学生的个性化与全面发展，校内丰富多彩的社团活动为学生的未来发展提供了多种多样的可能性。谈及在雅礼中学的社会实践，张小也怀念地说："读书时，雅礼中学会组织一些让学生去养老院看望老人的公益活动。这些活动对我产生了很重要的影响，我开始明白原来自己也可以做慈善，做一些看起来很伟大、很遥远的事。后来我也常参加公益活动，在北京求学期间加入了关爱残疾儿童的义工组织，在法国也参加了一个灾后重建主题的培训。在活动中，我主动去了解一些不同的人，了解他们的生活状态和他们的所需之物，就像当初在雅礼中学时一样。"她在接受雅礼中学电视台的采访时说："雅礼中学告诉了我一种可能性。对于我来说，雅礼中学既是我的青春，也影响了我的一生。它的确可以称作一所为学生终身发展奠基的学校。"

还有一个给我留下深刻印象的学生是彭高唱，这是一个特别喜欢音乐和播音主持的女同学，学校里大大小小的文艺活动自然少不了她。2007 年，她随学校交响乐团一起出访奥地利，登上了维也纳金色大厅，担任演出的主持人。其实，彭高唱在中学时代最拿手的还不是主持，高中时期的她就已经展露出自己绝佳的表演天分，出演过雅礼中学校园短剧《手链》《遥远的旋律》等。她高一时就过了英语四级，此外，舞蹈业余六级、钢琴业余十级、音乐素养业余四级等，全都达到了中学生中最高的级别。她打破了人们传统意义上对"学霸"的认识，成绩优秀，综合素质也十分突出，是一个多才多艺的女孩。当时，学校并没有害怕众多的社团活动、艺术演出等会耽误她的学习，而是鼓励了她的综合全面的发展，包容和尊重了她的兴趣与爱好。从北京大学毕业后，她最终还是放弃从事与自己所学的外语翻译专业相关的工作，选择了自己最喜爱的表演，目前在职业道路上发展得还比较顺利。2016 年，学校 110 周年校庆，她回校担任主持人，她动容地介绍说："能站上这个舞台，选择这条道路，是雅礼中学包容了我、成就了我。"听到她这么说，我很欣慰。

这么多年，这些学生用现实告诉我，我主张的自主、个性、开放是一条宽广的成才之道。对于雅礼中学的艺术、体育特长生而言，在教育的天空里，从来没有被才华耽误的人生，只有为梦想奋力张开的翅膀，他们需要的只有支持与期待。

一直以来，人们对个性发展的看法实际上褒贬不一的，因为在浅层次的认识上，尊重个性、发展个性类似于放任和放纵，也有一部分人觉得所谓个性发展，是文化成绩抓不上去而不得已采取的补救措施，这些都曲解了个性教育的真正内涵。

什么样的个性才是有意义的个性？这是当下对于个性教育的思考。真正的个性可以支撑和丰富人生，让生命更加出彩。这才是我们实施个性教育的出发点。所以，学校必须在发展学生个性的时候，有一个价值引领的前提，这个价值就是基于社会、国家和人类文明的发展进步，具备正知、正念和正能量。

　　现代的中学生，接受外部世界的速度越来越快，渠道越来越多，在他们身上，显影的其实就是时代主流的今天和未来。《雅礼 style》是 2012 年爆红于网络的一个视频，制作者是高二的几个在校学生。《雅礼 style》的导演是雅礼中学高二女生赵京蕙，她说那首《江南 style》听起来很有节奏感，很符合现在年轻人的风格，看到网络上各种层出不穷的"style"后，她突发奇想，雅礼中学的学生也能跳出这种特有的舞姿和风格。说出自己的想法后，班上同学和赵京蕙一拍即合。2012 年国庆节前后，他们就开始筹划，从学校借来三脚架、单反相机等器材后就开拍了。一段约 4 分钟的视频，对于一群没有相关专业知识的学生来说，要拍得成功并不容易。好在同学们对单反摄影并不陌生，在断断续续拍摄了两周后，《雅礼 style》基本成型。最后，赵京蕙花了一个下午完成了剪辑工作。这个点击量超过百万的视频在学校和社会产生了很强烈的反响，作为学校的管理者，我也遇到了难题。从视频的效果来看，这些学生们利用学校的空余时间拍摄、编辑、制作，表达了学生的潮流观点，符合青少年学生的审美要求，所以视频迅速蹿红；但从视频反映的实质来看，无外乎还是一场青少年学生的感情宣泄，热闹过后终要归于宁静。面对这突如其来的点击量，迅速蹿红的视频给了我新的思考。经过商讨，我决定进行规范和引导，在全校范围内对"雅礼 style"现象展开讨论，从主流文化背景、创作的内容和形式、表达的思想和观点等方面去引领青少年学生的审美情趣。一方面，保护了孩子们热爱艺术、热爱生活、表达天性的个性；另一方面，引领了青少年学生对如何正确认识网络文化、如何正确表达情感做出思考和回答。果不其然，这次"《雅礼 style》视频事件"得到了很好的舆论引导，整个学校都受到了启迪和教育；从社会的反应来看，大家普遍认为，雅礼中学并不是只有会读书的学生，既会读书又会娱乐也是雅礼中学的学生可爱的表现。

　　个性教育会不会培养出精致的利己主义者？这是当下对于个性教育的另一个思考。诚然，我们强调尊重和发展人的个性，或多或少会消弭一些共性的东西，淡化一些整体主义的、集体主义的东西，对于社会人和个体人的有效、统一的培养提出了一些挑战。但是，如果这样去理解个性教育，那么也是错误地认识了个性教育。一切发展的个性都在共性之内，一切发展的个体人都是社会人的一部分，这是我实践个性教育的准则。因此，发展个性首先要赋予他发展品质和格局的意义。

　　这说到底就是一个生命价值的问题。什么样的人生才有意义？什么样的生命才处于最蓬勃、最舒张的状态？毫无疑义，完善自我、服务他人、奉献社会，这个价值尺度不会变更。个性教育始终把品质和格局放在育人育才的首位，实践立德树人、德育为先，讲求奋发精神、担当宇宙。（图 3-15）

图 3-15　开展公益活动

注：2016 年暑假，雅礼中学的学生释梵在肯尼亚基贝拉贫民窟开展协力公益活动。

　　雅礼中学的学生社团是一张闪亮的学校名片，很多学生向往雅礼中学，有很大一个原因就是向往雅礼中学的社团活动。我们的社团活动也经历了一个从原始原生的状态向规范科学的状态转变、完善的过程。最开始，学校的学生社团是基于爱好的志趣联盟，所以更多的是学生业余文化生活的体现。孩子们喜欢唱歌，喜欢跳舞，喜欢文学，喜欢电影，喜欢下棋等，这是他们生活的一部分，学校鼓励他们去发展自己的爱好。后来，我觉得这样漫无目的的社团活动可以与学生在校的学习文化生活实现一个很好的对接，那就是让孩子们的生活爱好校园化、学习化，作为学习活动的有益补充，成为学生的第二课堂，培养学生自我发展、自我提高的素质和能力。这样，社团活动的高一级的形态就出现了，社团活动和各个学科相链接，衍生了许许多多更加学术化的社团团体，如国学社、模拟联合国、创造社、军政社等。学校进行的新课程探索是社团活动的进一步发展和规范，即把学生社团活动全部纳入学校课程体系，作为校本课程的一部分，从课程育人的角度给予学生丰富的课程选择和文化培养，这样就使得学校的社团更具有精神和灵魂。通过课程设置和社团活动，学校建立和完善了特色的课程体系，让更多的学生有了多种选择，从而在兴趣培养和发展的过程中提升学生的素质和能力。（图 3-16）

图 3-16　雅礼中学的团队斩获 2013 运"球"帷幄足球管理团队挑战赛总冠军团队

现在，雅礼中学的社团活动更加丰富和多彩，更加注重课程育人的导向性作用。例如，学生参加模联的目的和意义不再仅仅局限于提升英语表达和运用的水平，英语学科的工具性意义已经退居到第二位；扩展视野，了解文化，关注时事焦点，特别是关心关注推动人类共同发展的社会问题、环境问题等，培养处理问题的思辨能力，这些成为参加模联更加重要的意义。很多雅礼中学的学生操着一口流利的英语，和许多同龄人一起探讨大家共同关注的话题，广交朋友，视野不断拓展，能力不断提升。以此为平台，眺望远方，有的考取了知名外交院校，有的在自己关心和熟知的领域继续发展深造。（图 3-17）

2001 级的周希舟曾是学校模联的重要成员，中学时代，他的英语成绩就特别好，他后来直升了美国耶鲁大学，现在他是埃信华迈中国能源研究主管、雅礼协会的理事。能够从事这样一份工作，他说和自己当年在雅礼中学的教育分不开。中学时代到博士时代，他一直都关心和进行能源研究，做一些能对这个社会有意义的工作。

图 3-17　雅礼中学的社团活动已成为学生个性成长的海洋

陶行知说，儿童教育要做到六大解放：解放头脑、解放双手、解放双眼、解放嘴巴、解放空间、解放时间。我们坚持为学生终身发展奠基，其实就是要做到这样的解放：站在和孩子一样高的地方看世界，和孩子保持一致，把孩子从成人的世界里解放出来，让孩子按照理想的样子描摹世界、描摹自己，真正意义上实现自主发展，以当下的"不确定"适应未来的"不确定"。

3. 追求卓越

教育的发展没有终点，意味着学校的发展没有止境。校长是领路人，"为学生终身发展奠基"的办学理念，"个性、自主、开放"的育人策略，"优质化、个性化、集团化、国际化"的发展策略不断地被注入新的内涵，学校经历全国示范、国内一流、世界知名等阶段的建设后，已进入高位运行阶段。

当有了稳定而优质的教育质量、广泛而深远的影响力，学校发展该朝着什么样的方向前进？

唯有追求卓越，不断实现自我更新，学校发展才可能实现新的突破。2019 年，我提出"生命化教育、精细化管理、信息化建设"的年度工作思路；2020 年，我提出深化"生命化教育、精细化管理、信息化建设"的年度工作思路。

2020 年春季，突如其来的新型冠状病毒肺炎疫情改变了学校运行的形态。人们从快节奏的脚步中抽离出来，对生命重新审视，社会也真实地呈现出了信息技术带来的生活变革。本是指向自我革新的工作思路，却在战"疫"中产生诸多"巧合"。信息化建设，在防疫期间发挥出巨大作用，让学校的网上教学独树一帜；精细化管理，让学校度过重重考验，保障教育教学稳步推进；生命化教育，让师生在防疫中更懂得生命的价值、人性的高贵、国家的强大。

一所学校要有一所学校的精气神。对于雅礼中学而言，追求卓越就是这股精气神，过去是，现在是，将来还是。（图 3-18）

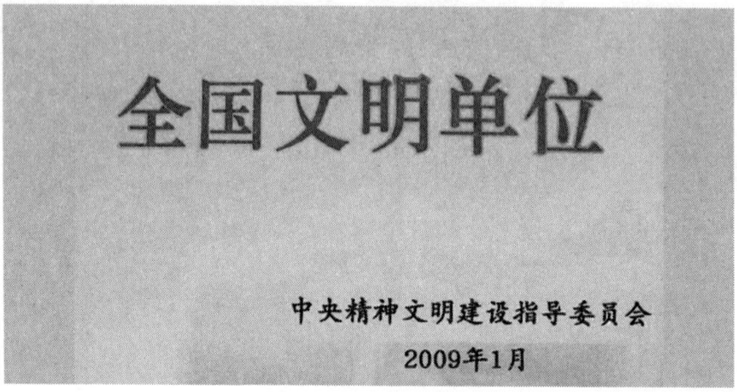

图 3-18　全国文明单位

注：2009 年 1 月，中央精神文明建设指导委员会授予雅礼中学"全国文明单位"荣誉称号；2012 年、2015 年，学校两次顺利通过复查，继续保留荣誉称号。

（三）领航教育大潮

时代总会以特有的方式对学校的教育做出回应。教育要去功利化与功利心，沉心静气地办学，不辞辛劳地发展。诚然，学校不是"孤岛"，各所学校既在相互竞争之中激发活力，也在相互帮助之中共同发展。

这个时代呼唤着"教育家型"校长，也催生着办学特色鲜明与教育质量优异的名校和示范校。21 世纪以来，学校的特色发展之路不断得到社会认可，学校更是竭尽所能，希望为千帆竞发的教育胜景不断贡献智慧。

1. 国内一流

2007 年，湖南省普通高中实施新课程实验，学校在 2006 年便完成了《雅礼中学新课程指导实施方案》，为全省高中学校实践新课程理念提供了具体可行的行动路径参考。

2016 年 12 月，湖南省首届湖湘教育论坛在雅礼中学举行，全省的 600 名"未来教育家"培训项目参培人员以及长沙市 300 多名校长参加了论坛。

2018 年 2 月，湖南省正式全面启动新高考改革。2018 年 5 月，学校新高考改革配套制度得以制定并实施，雅礼中学为全省高中学校提供了满足学生 12 种选科组合需求的实践样本。

2018 年，在由长江教育研究院、教育智库与教育治理研究评价中心发起，由方略研究院、陕西师范大学、宁波大学等协办的"改革开放 40 年中国教育改革发展典型案例征集活动"中，学校入选改革开放 40 年"学校教改探索案例 40 个"名单。

2019 年 9 月，中国人民大学举办全国中学教育领军人才"求是讲堂"，我受邀参加，向全国同行分享《新时代领军人才培养路径及策略》。

21 世纪以来，学校荣获"全国文明单位"、首批"全国体育传统项目学校"、首批"全国学校文化建设示范学校"首批"全国科普创新示范基地"以及"全国师德建设先进单位""全国精神文明建设工作先进单位"称号。

学校在湖湘这片教育沃土上，已实现 21 世纪初的"国内一流"的发展目标。在教育发展大潮中，学校也贡献着特有的教育智慧和担当。

2015 年，经湖南省教育厅遴选推荐，我成为教育部卓越校长领航工程首期中小学名校长领航班学员。其间，根据教育部的要求，我在湖南省组建了以我名字命名的校长工作室，以工作室为载体，引领区域教育发展，开展校长培训和研修活动；同时，通过对接国家、省、市教育资源，开展以课题研究、教育思想研究、实践引领、对口帮扶等多种形式的研修活动。工作室的建立和发展，对于个性教育思想的发展起到了"弹弓效应"，它让雅礼中学的个性教育思想进一步理论化、系统化，也让个性教育思想从一校一集团向区域辐射和延伸，从长沙市走向湖南省，从湖南省走向全国。（图 3-19）

校长学员来自湖南省的不同地区，各所学校发展的实际情况也各不相同。整合工作室的现有资源，促进所有学校共同成长，实践校长领航的金字塔式思路，在引领和帮扶上做出成绩和特色，这是我抱定的领航初衷。

图 3-19　2016 年，与教育部陈宝生部长合影

　　为强化雅礼教育品牌，我引领集团化办学纵深发展，工作室建设和集团化办学实现了很好的结合，所有集团分校的校长都纳入了工作室的培训体系，实现了从行政领导到学术引领的转型，最终培养出了一批优秀的校长，办出了一批有影响力的学校。集团学校和一批与雅礼中学保持着良好互动关系的兄弟学校，构建了一个形式多样、层次健全的集团化办学体系。

　　加强指导，引领帮扶，开展校际合作，助推均衡发展。雅礼中学主要和靖州苗族侗族自治县第一中学、慈利县第一中学、宁乡七中、长沙大学附属中学、浏阳市第二中学等学校开展帮扶共建，通过品牌共享、资源共用、文化共生，帮助各学校摆脱现实困境，创建教育品牌。我定期到帮扶学校进行现场调研，开展教育教学交流，以实际行动发挥领航作用。

　　随着影响力的不断扩大，工作室得到了教育部项目办和中国人民大学附属中学培养基地的高度评价，得到了湖南省教育厅和长沙市教育局的大力扶持。2016 年 12 月，湖南省教育厅专门围绕校长工作室举办首届湖湘教育论坛。2017 年 2 月，工作室参加教育部项目办组织的中期成果交流，学校的影响力进一步扩大。2020 年 6

月，湖南省教育厅为扶持工作室发展，将工作室研修纳入了校长国培项目，予以更大的政策和经费支持，工作室的培训更加规范、保障更加有力。工作室的研修成果多次在国家、省、市教育论坛和校长研修班上进行介绍。

下面是教育部卓越校长领航工程首期中小学名校长领航班中国人民大学附属中学培养基地首席专家刘彭芝撰写的文章。

变与不变中的担当者

一所百年名校如何在 21 世纪教育改革大潮中坚守传承、创新发展？一所优质中学如何在促进教育均衡的语境下内求优化、外有担当？湖南省长沙市雅礼中学校长刘维朝在至今约 20 年的校长任期中，书写了一份关于"雅礼教育"的出色答卷。

在变与不变中发展。百年名校都有深厚的文化积淀，刘维朝担任雅礼中学校长后，坚守雅礼中学"注重品德教育，重视能力培养"的传统，重视培养学生的健全人格，提出要培养具备"领袖素质、服务精神、创造才能"的人，为这所百年老校的育人目标赋予了新的内涵。他的"为学生终身发展奠基"的办学理念、"学术立校"的发展策略、"诗意管理"的领导哲学，无不源自对中学教育的深入思考，对学校发展的前瞻性考量，对校长职责的独到理解。

时代在变，社会在变，教师在变，学生、家长在变，学校的发展策略、学生的培养模式、课程设置与教学方法也要随之改变；但学校的精神基因、个性气质不能变，名校对社会的责任与担当不能变，教育对生命的终极关怀不能变。

在管与不管中引领。刘维朝以他任职雅礼中学校长的实践告诉我们：好校长一定要有所管，有所不管。该柔则柔，该刚则刚，该放就放。学校管理工作千头万绪，刘维朝始终坚持"学术立校"的发展策略，严格遵守"师德立身"的首要标准，他的诗意管理充满柔性的人文关怀，使雅礼中学有了独特的宽松氛围。只有师生心灵舒放，校园才会千姿百态、生机勃勃、气象万千。

在帮与不帮中担当。多年前，刘维朝就成立了雅礼教育集团，进行优质资源的示范帮扶，可以说，在促进教育均衡发展中，雅礼中学走在了前面。雅礼中学的帮扶，不是挂牌子、签协议、走过场，而是真帮实干。刘维朝亲自调研、主动结对，组织送课下乡、骨干示范。刘维朝校长工作室成立后，他在原有帮扶的基础上，提出了"文化引领、内涵提升、增强信念、协同创新"的整体帮扶策略，集团成员校联合发表《雅礼教育宣言》，形成共同的价值取向和行动纲领。

刘维朝一方面强调坚守雅礼中学的文化内核，另一方面帮助新的学校实现特色发展。他和他引领的雅礼中学告诉我们，一名好校长，应该是一名出色的改革领跑人、一位睿智的思想者、一个温暖的教育人。

以工作室为平台，我领航建设了一支有共同教育理想与追求、较强研究与创新能力的高素质中青年校长队伍，拓展了校长学员的战略视野，促进了校长学员的专业成长。工作室的多位校长入选为湖南省未来教育家高端研修班成员，多位校长在省、市作为优秀校长被报道推荐。

这批成绩突出的校长学员，正在促成湖湘教育家型校长专业成长的新风尚。

能为国家教育的发展贡献智慧，是难得的际遇。教育深刻变革带来重重挑战，但我们依旧保持着做中国基础教育的引领者和开拓者的志向。也许还有许多需要进步的地方，但是在育人理念、课程建设、学校治理的探索发展上，每一个学校都应该有这样的豪情壮志，做中国基础教育的引领者和开拓者。在新时代，在教育变革的新时期，我们需要去努力彰显自己的作为。

2. 世界知名

长沙的老百姓有一个这样的认知：如果孩子以后想到国外深造，那么高中最好选雅礼中学。这是社会对学校国际化发展最真实的评价。

教育国际化发展，是学校发展的一大特色。我认为，中国的基础教育在世界范围内有着重大影响力，中国的基础教育应当为国际所了解，应当在参与国际交流的过程中，不断实现自我更新。

2001年，我受邀参加耶鲁大学建校300周年的相关活动。在访问期间，国际教育尤其是中小学国际教育给我留下了深刻印象。于是，我在心中构建起新的愿景：要将学校推向国际，要让雅礼中学在全球拥有知名度，要为全国提供高中教育国际化发展的样本。

我认为，与其他教育实践一样，学校教育国际化的根本问题是培养什么样的人的问题。推进教育国际化，是要培养学生的国际视野和国际素养，其基本前提是培养社会主义建设者和接班人。国际化视野和国际素养的培养，根本目的在于培养服务于国家建设的高素质人才，使其能更好地参与国际竞争与合作。推进教育国际化，其实进行的是一种文化的实践与创造。

如何推进教育国际化？

第一，促进学术交流。教育国际化的前提是，教师要有全球视野、国际思维，学生要有世界眼光、教育体验。无论是教师层面还是学生层面，教育国际交流都指向学术交流。学校积极创造条件，通过开展出国进修培训、选拔访问学者、进行民间交流等多种途径，不断提升师资国际化水平，并对国外先进的教育教学理念进行吸收与重构。学校已形成稳定的学术交流机制。比如，每年接收 2 位耶鲁大学毕业生来校任教，派遣 3 位教师赴美国进行访学交流；积极搭建平台，为学生在高中阶段接触国际教育提供机会，为学生升入世界一流大学奠定学术基础；学校与美国巴德学院附属中学建立学业交流机制，与美国福特中学建立姊妹学校关系（图 3-20），派学生入住美国学生家庭，体验美国学生课堂；与新加坡思源中学签订教育交流协议，每年互派学生等；引进国际教学科研资源，培育学生国际素养。

图 3-20　2006 年，雅礼中学与美国福特中学缔结为友好学校

第二，开展文化互访。除了进行学术学业交流外，学校还借助艺术、体育架起国际交流桥梁，积极传播中国优秀传统文化与传统技艺，提高学生的跨文化交际能力。自 2001 年以来，学校先后 5 次派艺术代表团赴日本鹿儿岛访问交流。2007 年，奥地利中国文化节开幕式暨"雅礼之声·田汉雅礼少年交响乐团专场音乐会"在维也纳金色大厅隆重上演。2008 年，以雅礼中学交响乐团为主体组建的长沙市青少年交响乐团，成为长沙市国际交流的使者。2011 年，雅礼中学交响乐团在美国肯尼迪

艺术中心奏响"雅礼之声"。学校男子足球队也多次出访日本、美国参加比赛。比如,曾作为中国唯一的一支青少年代表队赴美国参加了第31届"达拉斯"杯国际青少年足球赛。队里的陶颖还被德国柏林赫塔队相中,成为第一个赴德甲试训的中学生。每年,学校师生访问福特中学的时候,都会带去湘绣、筷子等极具中国传统文化意味、展现中国魅力的礼物。(图3-21)

图3-21 2007年,雅礼中学首届访美师生交流团在白宫前合影

第三,培育国际人才。2011年,在雅礼中学建校105周年之际,为推动雅礼教育国际化进程与高中教育多样化发展,满足不同潜质学生的教育需求,雅礼中学国际部成立,为基础教育国际化发展开辟了一块新的"试验田"。国际部引入语言及备考类、数学与自然科学类、人文与社会科学类、素质提升与能力培养类四大类课程,引进外籍师资,进行国际人才系统化培养。经历多年发展,国际部人才培养取得了丰硕成果。

行走在基础教育国际化发展的前沿,在广泛的国际交流中,雅礼中学已与美国、加拿大、英国、日本、新加坡、澳大利亚等数十个国家的大学、中学开展了友好往来,与美国福特中学、巴德学院缔结为友好学校,搭建了师生互访交流的国际平台。2001年,耶鲁大学校长莱文先生来访;2002年,23个国家的驻华使节来访;2004年,27个国家友人来访;2006年,雅礼中学百年校庆,收到时任美国总统乔治·W.布什发来的贺信(图3-22);2016年,雅礼中学110年校庆,收到时任美国总统奥巴马发来的贺信(图3-23);21世纪以来的历任美国驻华大使均曾到访雅礼中学(图3-24)。

July 2006

Dear Principal Liu Weichao,

Barbara and I send greetings to you and to the students, faculty, and staff of the Yali Middle School in Changsha, Hunan, China, as you celebrate your 100th anniversary year.

Nothing better defines who we are and what we will become than the intellectual and moral education that we provide our young people. The quality of education goes a long way toward determining not only which students will succeed, but also which nations will thrive in an ever more competitive world.

During the past century, Yali Middle School has helped provide generations of youth with a quality education that has enabled many of them to make substantial contributions to their communities and their country. On this special occasion, I commend your outstanding efforts and wish you continued success in the next 100 years.

Sincerely,

Principal Liu Weichao
Yali Middle School
428 Laodong Road
Changsha, Hunan 410007
PEOPLE'S REPUBLIC OF CHINA

图 3-22 乔治·W.布什总统贺信（2006）

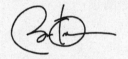

THE WHITE HOUSE
WASHINGTON

October 17, 2016

I send greetings to all those marking the 110th anniversary of Yali High School.

Founded in 1906, Yali High School was one of the first schools in Hunan Province to blend western education with a Chinese education system. Based on mutual respect and understanding between our two countries, it has long been a model for bilateral cooperation.

With Chinese Yale-China Teaching Fellows now coming to the United States to teach Chinese language and culture, we pay tribute to the ways our partnership has endured and encouraged a new era of cooperation between our peoples.

As you mark this milestone and reflect on what we can accomplish when we work together to build a brighter future for our youth, you have my best wishes for the years ahead.

图 3-23 奥巴马总统贺信（2016）

图 3-24 与美国驻华大使的合影

注：2016 年 3 月 4 日，美国驻华大使马克斯·博卡斯先生访问雅礼中学，刘维朝校长赠送了雅礼纪念旗。

回顾 21 世纪走过的路程，教育国际化已成为现代教育的显著特征，也是当今教育发展的基本趋势，它正在深刻影响着我们国家教育的变革走向。面向世界办教育，与国际先进教育接轨，仍将是我国教育未来发展的趋势。

在这个趋势当中，我们可以直观地看到，中国的教育越来越有自信、越来越有创新力，教育国际交流与合作正进入"你中有我，我中有你"的新型格局。我想，我们的教育国际化发展之路会走得更稳、更远。

今天的雅礼中学，早已名动三湘，享誉全国和世界。我们的校友已经遍布全球。这遍布全球的，除了一个个鲜活的雅礼生命，还有雅礼中学的精神和风骨，"及时奋发精神，好担当宇宙"。每个雅礼人站立的地方，已经生长出一道道雅礼精神铸就的风景，它向所有人宣示着我们教育追求的理想，即努力使每一名学生成为有品格、有活力、有担当的人。

今天的雅礼中学、今天的学校要向何处去？我们的回答依然是响亮的。要面向现代化，面向世界，面向未来，让学校和教育在迈向现代化的道路上更加从容且自信。

延伸阅读

面向 2035 年的普通高中发展之路

—— 在 2018 年首届湖湘（高中）校长论坛上的讲话

各位领导、各位专家：

下午好！

感谢湖南省教育学会为我们提供了这个碰撞思想、点亮智慧、共话教育、共促发展的机会。教育最大的危机是对当前的不知所措和对未来的浑然不觉。当前社会正从工业时代向信息时代快速转变。教育作为社会进步的重要基石，正面临历史变革，并将影响每一个社会成员。面对现在和未来，对于更优质、更具个性化、更契合时代发展的教育，校长在进行怎样的思考？教师在进行哪些转型？学校在进行哪些新的探索和变革？

今天，我与大家交流的题目是《面向 2035 年的普通高中发展之路》。

普通高中教育因其所处的特殊位置，面临着自存在以来的最为艰巨的变革。教育现代化的多重要旨与新高考改革具体问题的叠加，给普通高中的发展之路带来了诸多不确定性挑战。社会生产力的变革颠覆了教育的传统思维与模式，教育在国家参与世界人力资本竞争中发挥的作用超过以往的任何时期。处于工业社会向信息社会过渡周期中的普通高中教育，如何在应对层出不穷的矛盾之中减少焦虑，以未来的眼光实现自我革新与发展？在新的时代，以立德树人为根本任务，坚守教育本真，为国育才，是当前刻不容缓需要破解的重要议题。

（一）社会变革下普通高中教育的基本走向

一是普及趋势中的质量提升。普通高中阶段是基础教育的完结阶段，也是学生进入大学的桥梁阶段，更是个体身心走向成熟稳定的关键阶段，普通高中是培养高素质人才不可或缺的一环。教育部发布的《2017年全国教育事业发展统计公报》显示，2017年我国高中阶段教育毛入学率达到88.3%，我国高等教育毛入学率达到45.7%。教育部党组书记、部长陈宝生指出，到2020年，我国高中阶段教育毛入学率要达到90%以上，高等教育毛入学率要达到50%，实现高等教育基本普及。高中教育与高等教育的双重普及，意味着普通高中教育承载的使命与责任更为重大。教育现代化有两个重要维度，一个是数量维度，另一个是质量维度。经过多年发展，数量不再是问题，关键是质量，提供公平而优质的教育成为时代命题。

二是科技革命下的教育转型。以往普通高中学校的职责更多是传递知识和智慧。今天，任何个体借助网络搜索，基本可以获得需要的知识内容，过去学校里传授的常规知识技能，现在已经被数字化和外包化，学生到学校来学习不再仅仅是被动地接受知识。社会未来的发展，要求学校将学生个体培养成终身学习者，能够掌握复杂的、计算机无法轻易实现的思维方式和工作方式。学生不仅需要培养持续适应的能力，而且需要培养终身学习和成长的能力。大数据、人工智能等的发展，正打破着学校在工业社会形成的教学组织模式与授课形式。裹挟在科技浪潮中的学校，已经进入教育转型的关口。

三是国际视野下的终身发展。从世界范围来看，人的终身发展已成为各个国家最为关切的命题。2015年5月，联合国教科文组织通过《仁川宣言》，确立了"教育2030行动框架"的核心要素。"教育2030行动框架"于2015年11月在第38次教科文组织大会期间正式发布，其总体目标为：确保全纳、公平的优质教育，使人人可以获得终身学习的机会。当下，普通高中教育迫切需要思考：怎样帮助学生奠定终身受用的素养基础？如何让他们健康幸福，学会自我完善和自我实现？怎样为其在适应社会环境、参与社会生活、学习社会规范、履行社会角色方面提供支持，促进其认识自我，收获社会认可？怎样让其与人共存、平等交往合作、主动担当社会责任？

（二）新时代背景下普通高中的办学取向

一是以立德树人为价值统摄。一所学校要办什么样的教育，要培养什么样的人才是学校在进行价值定位时需要回答的两个问题，即教育目的和办学目标的问题。学校的教育目的就在于"立德"，"立德"是树立品德；学校的办学目标就在于"树人"，"树人"即培养人才。"立德树人"是党总结教育发展规律与发展远景后提出的根本任务，是学校所有教育教学行为的行动准则。在教育提倡供给侧改革的语境里，立德树人是改善教育生态、提升教育质量、实现内涵式发展的关键之所在。

二是实施全面而优质的教育。教育的现代化归根结底是人的现代化，这是国际形成的共识。于国家层面而言，数量和质量是现代化的重要指标；于学校层面而言，全面和优质是面向 2035 年的办学取向。为什么强调全面而优质的教育？现在进入普通高中阶段的学生，在 2035 年时，将成为社会建设的新力量，将对社会进程产生巨大的推动作用。现代化的人才是创新型与个性化兼备的复合型高素质人才。创新与个性的前提是全面发展，高素质的前提是优质。只有在高中阶段素养得以全面、个性得到发展，在未来，这样的人才才可能堪当大任，实现人生的价值。

三是坚守对两大规律的遵循。教育的深层变革之中，会出现各式各样的矛盾，我们会有各式各样的取舍。坚持办学的取向需要教育的定力，这样的定力来源于对两大规律的遵循：一个是对教育发展规律的遵循，另一个是对人的成长规律的遵循。普通高中阶段的教育既不能因噎废食，更不能揠苗助长。即便在人工智能、脑科学越来越发达的当下，亦是如此。两大规律有着相对的稳定性，坚守规律是学校廓清信息化、国际化、现代化带来的迷雾的重要途径，是保持教育本真、涵养人文精神、培养具有深刻内涵的现代人的应然选择。

（三）面向 2035 年普通高中的具体行动路径

一是形成学校新型领导力。教育改革促使着学校整个系统进行重构，系统的重构首在形成与之相适应的新型领导力。面向 2035 年，学校的管理模式、课程建设、校园文化、人力开发等方面将发生深远变化，迫切需要形成新型领导力。这样的领导力有别于传统意义上行政式的领导力，它源于广大一线教师的智慧生成，主要体现为学术领导力，即有教师领导者的出现，领导课程建设、教学研究、课堂改良及青年后备师资培养等。雅礼中学以长沙市设立在学校的 5 个名师工作室引领学科建设，以集团名师工作室担当起集团教学研究和教师培训工作，以长沙市评定的卓越教师引领课堂教育与课程建设。这样的尝试正为形成学校新型领导力做出坚实的铺垫。

二是为学生终身发展奠定优质基础。培养现代化的人，关键是为其注入优质的核心素养。从 21 世纪初开始，雅礼中学通过不断探索，确定了为学生终身发展奠定品行、学力、身心、创新四大优质基础的办学理念。品行基础指向在学校全程教育中，帮助学生形成对人类社会道德规范与伦理秩序的正确价值认同，形成为国家发展与文明进步而终身服务的稳定自我认同。学力基础指向帮助学生形成终身学习的能力，无论他今后在什么样的学习环境、文化背景中都能汲取充足养分，实现最好的发展，尤其是面向信息时代，帮助学生形成计算机无法轻易实现的学习思维与学习能力。身心基础指向的是帮助学生形成锻炼身体的意识并参与其中，强化体育不仅能健体，更能健心的认识，发挥人文底蕴在心理健康中的潜在作用，以人文丰富心灵，正确面对与解决自我冲突带来的困扰，内心趋向阳光。创新基础指向的是厚植人文与科学学科核心素养，培养学生的独立思考能力、理性质疑精神及创造性思维。雅礼中学着力于品行、学力、身心、创新四大基础的优质，引导学生心智充分和谐发展。雅礼中学学生优异的综合素养、突出的学术水平，赢得了社会和各高等院校的广泛认可。

三是实施五大策略。面向 2035 年，直指终身发展，深化发展内涵，实现教育革新。雅礼中学通过开放教育策略、个性教育策略、自主教育策略、师德立身策略、学术立校策略，构建起学生和教师立体化的内涵发展模式。开放教育策略，突破教育的壁垒，以未来的眼光与全球的视野看待人的培养，以学习者为中心，为学生的全面发展挖掘资源与搭建载体。让学生走出国门，开拓国际视野，与世界不同种族、不同地域的文化进行交流对话；让学生走进工厂、农村，对社会和国家形成立体式的认知，将生命生长置于最本真的生活情境之中。个性教育策略，尊重生命之间的差异，视差异为教育的宝贵财富，让喜欢下棋的孩子下棋，让喜欢射箭的孩子射箭，满足个体多元发展需求，让学校成为个性的海洋。自主教育策略，尊重生命的独立性，构建民主平等的师生关系，引导学生在内心舒展的情境下形成自我管理、自我约束、自我发展的能力与品质。师德立身策略，以教师人格影响学生人格，以教师之德影响学生道德养成，引领教师进入崇高的精神境界，在教育教学的全过程中对学生的精神世界产生积极和建设性的影响。学术立校策略，提升教师的科研水平，弘扬学术精神，在教师群体中培养教育教学的学术领导者，推动课堂教学与课程建设的改良和创新。五大策略的实施，推动雅礼中学以更为开放的姿态迎接并突破挑战，为实现 2035 年教育目标做好准备。

　　教育的嬗变，为普通高中教育的发展提供了新语境，普通高中教育的地位与功能将得到重新界定，这对每一所普通高中学校而言都是沉甸甸的使命。面向未来，坚定以立德树人为根本任务，稳步走好创新与改革的步子，教育才会不断进步，不断走向繁荣。

社会评论

一、《中国教育报》：一所示范性高中的变与不变

2001 年 3 月，刘维朝走马上任，成为湖南省示范性高中——长沙市雅礼中学的第 14 任校长。

这个时候，中国普通高中的数量不断增加，办学规模不断扩大，高中生在校人数增势明显，高中毛入学率和毕业率一再刷新纪录。

此时的中国教育，改革风起云涌，发展日新月异。有急剧扩大规模易址新建的，有在海南、珠海、云南等全国各地办分校的，甚至还有"产业化发展"的。

至于课程改革、教学改革、学习方式改革，更是"你方唱罢我方登台"，五花八门各显神通。

一晃 15 年，在教育大变革的时代，身处教育改革洪流、头顶长沙"四大名校"光环的雅礼中学，只是全国 1.3 万所普通高中中的一所。面对各种抉择，这所中学是如何决策的？它又经历了什么？

（一）"地盘"要不要扩？

21 世纪以来，为适应改革之需，很多高中不断求变求新，有的学校因搞应试教育而更"出名"了，有的学校因搞素质教育而"落寞"了。

为了做出名堂，一些知名高中纷纷献出应对之策，开始"扩地盘"、办分校，加快"扩张"的步伐。

在这样的背景下，雅礼中学怎么办？百年名校如何在自己的手上继承且创新、坚守且发展？刘维朝感觉自己的肩上沉甸甸的。

"我们也亟须突破瓶颈，赢得更加广阔的发展空间。"刘维朝说，学校当时蜗居城市中心商圈，占地才三四万平方米，走班选课、文体活动等都受限，招生季大家更是挤破了脑袋。

"也扩大规模，多招点择校生吧，都是钱呢。"有人建议。

"不行！"刘维朝和同事们坚决反对。

内求优化，外求发展——这是他上任第一年确定的工作思路。

回忆起当年的治校改革，如今已是教育部卓越校长领航工程首期中小学名校长领航班中国人民大学附属中学培养基地一员的刘维朝说，雅礼中学新时期的改革不是从教学开始的，而是从后勤社会化开始的。"把自己的心放到教学上，后勤的事交给专业公司打理。"刘维朝说。

于是，容纳2000多人的食堂交给了长沙著名的某饮食集团；物业和保洁，通过招标，选择了上海的一家品牌公司。第一步完成了。

第二步，确定学校的发展规划。坚持"内涵式发展""以人为本""为学生终身发展奠基"，从而实现"国内一流，世界知名"的目标，并持之以恒地将这些内容写进学校的"十五""十一五""十二五"工作规划中。

这些举措现在看来没什么，可在当时的教育语境里，特别是在湖南省的教育环境中，是比较超前的。比如，"为学生终身发展奠基"的理念，直到2003年，教育部《普通高中课程方案（实验）》才首次有了这个提法。其中，对普通高中教育任务的表述变成了"为学生的终身发展奠定基础"，而不再提为升学做准备。

"坚持高中教育的基础教育性质，既是国家在新时期提高人口素质和培养创新人才的需要，又是高中生实现全面发展、全人发展的人心所向。"刘维朝表示，"与一些为求升学率而不惜用题海战术以达到目的的学校不同，雅礼中学一如既往地注重学生本身的发展，关注学生的全面发展。"

第三步，确定课程改革的基本思路，将所有课程分为基础扎根型、综合拓展型、创新提升型三大块。

注重"内涵式发展"，雅礼中学的选择并不代表不要规模。

2001年12月，湖南省重点中学年会在衡阳召开，刘维朝出席会议。会议释放出这样一种信息：实现初高中分离，鼓励重点高中探索与其他教育资源合作办学的新模式。

"我当时就坐不住了。"刘维朝说，会议一结束，他便冒着鹅毛大雪从衡阳坐火车连夜赶回学校，他电话通知全体班子成员在会议室等着，商量如何应对这一新政策。"当时，长沙市没有特别优质的初中学校，初高中分离的政策一出，不仅群众享有优质教育资源的愿望会受到影响，学校发展也将面临新的问题。"

群策群力的结果是：仅仅约半年后，投资1.188亿元的雅礼寄宿制中学闪亮登场，国有民办；全湖南的第一个教育集团——雅礼教育集团也应运而生。

"是收购的一个民办校。"时任雅礼寄宿制中学校长孙传贵介绍,当时也没钱,是靠政府贴息贷款才买下的。当时作为雅礼中学副校长的他被派来这所学校当校长时,面对的是远离城区的一地黄土、几幢教学楼,初高中加在一起才 700 多名学生,电脑、实验室、图书馆等教学设备和设施一应全无,典型的"空壳子"。

如今,14 年过去,这所学校蜕变为湖南省名校,且在政策变化的大背景下成为公办学校,贷款也早已还清。

此后,随着形势的发展,学校又相继"托管"了一系列的薄弱学校。目前,全长沙雅礼教育集团旗下的学校已达 8 家,极大地缓解了城区"择校热"。

在办这些学校的过程中,雅礼中学既坚持了办学主体的多元,又有合作形式的多元,还有学校发展的多元。

"在传承母体文化精神的基础上,我们鼓励各学校文化创新,结合自身特色,不断发展壮大。"刘维朝说,"一方面强调坚守雅礼文化内核,另一方面帮助新的学校实现特色发展。我们并不希望每一所学校都一个模子,而是希望实现雅礼共性和分校个性的统一。"

(二)理念要不要改?

2005 年 6 月 26 日,刘维朝永远记得这个日子。这一天,高考成绩揭晓,在长沙比较知名的四所高中学校中,雅礼中学排名靠后。一时间,老百姓纷纷议论:"雅礼中学怎么了?"一些家长发脾气:"充分尊重学生的个性?这下可好了!"还有部分专家质疑:"为学生终身发展奠基?上不了好大学,怎么奠基?"

高考不考计算机,但早在 1992 年,雅礼中学就坚持开信息技术课,每个学生必修,并实现了"班班通";高中英语有指定教材,但学校坚持同时选用美国的原版教材,并开设口语课;高考只考文化课,但学校成立了 32 个学生社团,开设了 30 多门选修课,100% 的学生参加,并且都计算学分……这些都错了吗?问题出在了哪里?

那些天,刘维朝将自己关在办公室里"闭门思过",并且与同事们逐个分析交流,查找原因,剖析问题。

"我与 40 多位老师长谈。"刘维朝说,他自己也反思:雅礼中学做的没有错,办学需要一种定力,不能稍有波动就自乱阵脚;必须平衡好内涵发展和规模发展的关系，平衡好素质教育与升学率的关系。

"没有升学率的素质教育是难以服众的。"刘维朝说，当时学校正筹备百年校庆，他和同事们一边总结经验，一边准备。

2006 年的百年校庆，时任美国总统乔治·W. 布什发来贺信："没有什么比给予年轻的一代心智与道德教育更能体现我们的价值。"

返校的上万名雅礼校友也纷纷肯定母校给予自己的滋养。

"什么是教育？所学的东西忘记后，剩下的才是教育，就是铭刻在骨子里的雅礼精神。"校友们借用爱因斯坦的话来评价自己的雅礼岁月。

刘维朝和同事们一道，坚定和明确了学校的办学目标。他说："办学不能只看数字，教育不是把人变成数字。""不关注人本身的教育是没有意义的。""好汉敢吃眼前亏。""只要有利于学生终身发展的事就放手去做。""这些不能变。"

雅礼中学仍然继续坚持这样的办学理念，"抓 3 年，看 6 年，心里想着 60 年"。多项社团活动、多种选修课、丰富多彩的活动……一样不少，一切如常。

结果，雅礼中学的升学率不仅没有降，而且接下来的十多年里，从关于升学等的所有数据来看，雅礼中学仍稳居全省 500 多所高中的前列。

2016 年高考放榜，雅礼人交出了一份出色的答卷。1144 人参加高考，一本录取率超过 90%，其中北京大学、清华大学上线 67 人；同时，104 人被国外一流大学录取。

雅礼中学也有变。

"变，就要走在前面。"这是雅礼人的一贯追求。早在 2001 年，雅礼中学就开始实行教师内部聘任制和引进教师招聘制；早在 2002 年，就成立了教育集团，并与当地广播电视台合办"雅礼英语脱口秀"节目；早在 2003 年，就与中国电信股份有限公司联合创办了网校中心，要求教师用电脑上课；早在 2004 年，就着手课程改革；2018 年，湖南省的高考进行了重大改革，而其中提到的方面，学校早在 2014 年便着手应对。

但是有的"变"，雅礼人却甘于落后。

奥林匹克学科竞赛已经成为雅礼中学的强项。自 2000 年以来，学校先后有 14 人次获国际金牌，3 人次获国际银牌，有 400 多人次获国家级奖牌，每年都有数十名学生因此保送上大学。

但 2014 年，国家取消奥林匹克竞赛等全国性鼓励类加分项目，一些学校开始淡化奥林匹克竞赛了。"我们反而加强了。"教科室副主任徐宏勇说，仅 2012 年以来，学校就培养了 8 名年轻老师担任奥林匹克竞赛教练，还建起了生物、物理、化学三个全国顶尖的实验室。"雅礼人视之为培养拔尖创新人才的重要手段。"

学校建设，一直是雅礼人的心头痛处。本来身处闹市就无法扩建，加上近年的大背景一会儿是"初高中分离"，一会儿是"校中校"，一会儿是"民转公"……但无论如何，雅礼中学不为所动，没有大招择校生，班额也一直坚持在 50 人左右。

"不管东西南北风，我们一以贯之——守真守常，为学生终身发展奠基。"刘维朝说，守真守常不是不创新，有时两者是高度统一的。守住的是被历史证明了的好的东西，是教育本来应有的样子；放弃的是一时间让人眼红耳热但又偏离了教育本真的东西。

（三）课程要不要变？

"在雅礼中学就读是怎样的体验？"在某网站上，这个问题得到了很多雅礼校友的回复。在无数的回帖中，很多毕业生都提及了在雅礼中学的"午后时光"。

"午后时光"到底有怎样的魔力？

记者亲身体验了一把。

原来"午后时光"是学校 32 个社团大放异彩的时间。

在雅礼中学，社团活动不再仅仅是"活动"，而是课程。在课程体系的构建中，雅礼中学突破了原有的相对狭义的课程思维，形成了广义的课程思维。学校的德育活动、社团活动和实践活动都纳入了课程的范畴，学校开发了近百门校本课程，建立了完善的校本课程实施体系。

在竞争激烈的高中学校，许多学校让学生沉浸在题山题海中，雅礼中学却开展如此频繁的、覆盖面这么广的学生社团活动，确实很少见。是什么让雅礼中学有这样的底气，敢在这些与高考毫不沾边的东西上花费这么多时间和精力？

"我始终认为一所学校的特色在于其课程的特色。"刘维朝说。百年雅礼在历史上就建设了比较丰富完善的课程体系，其英语课程、科学课程和社团活动都各具特色，甚至民国时期很多学校的英语教材都源自雅礼中学。

湖南的高中新课程改革始于 2007 年，但雅礼中学早在 2004 年就着手准备。

2010年，雅礼中学被确立为省课程改革样板校。

课程变还是不变？雅礼中学给出的回答是：一方面，坚守国家课程的基础性，为学生的发展奠定身心、品行、学力、创新基础，为国家培养合格公民和拔尖创新人才承担省示范校应有的担当；另一方面，强化课程的可选择性，促进学生的个性化发展，拓展和丰富学生的生命空间，培养学有所长、各展其能的多样化人才。

为实践变与不变的课程思想，雅礼中学的课程建设紧紧围绕"为学生终身发展奠基"的办学目标和"崇尚科学，追求真理，文理兼通，英语见长"的育人目标展开。同时，学校提出了三大课程建设策略。活动课程模块化策略，旨在将办学目标和育人目标转化为相对固定又能因时而调的课程模块，在基础扎根型、综合拓展型、创新提升型三大课程门类下，学校构建了社会人生类、科学创造类、国学精粹类、西方文明类、生活百科类、国际素养类六大类课程模块；学科建设课程化策略，旨在让学科学习容纳更丰富的基础性和拓展性内容，为学生提供更大的成长空间；师生共建课程策略，强调"尊重个性，贴近生命，走向自主"，旨在引导学生的自主学习和个性化学习。

在三大课程建设策略的指引下，一方面，雅礼中学很好地突出了国家课程的基础性，向学科的广度和深度进军；另一方面，又能很自如地应时之变，应生之需，开发、创生、强化了很多特色课程。

比如，前边提到的社团活动课程。

再如，信息技术课程。早在1992年，雅礼中学就在全省首开信息技术课的先河。当时学校就要求，人人会上网，人人会做网页，人人会编制计算机程序。信息技术特级教师朱全民说，他的人生就是和雅礼中学的信息技术发展紧密联系在一起的。正是这种坚守，20年过去了，以信息技术为基础的信息竞赛硕果累累，雅礼中学的学生在国际奥林匹克竞赛上取得了傲人的成绩——9金1银。

又如国际课程。雅礼中学与耶鲁大学有一个"学士计划"的项目，耶鲁大学每年有4位老师到雅礼中学教授学生口语。以口语课为主体，雅礼中学派生了"美国文化"系列讲座课程、"耶鲁—雅礼"山区支教课程、中西互访游学课程、"美国大使雅礼行"课程等。

2014年，雅礼中学高一年级的课表上又多了一门必修课——职业生涯规划课。每周一节，共16节课。

"高中的课程这么紧张，还要用这么多课时来纸上谈兵，有必要吗？"高二年级一名学生的母亲以前这样说，"职业生涯规划有什么用？只有考出了高分，才能谈职业生涯如何规划！"

但一次和儿子的交谈却改变了她的想法。她一直很希望儿子能出国定居，有一天，儿子回家对母亲说："妈妈，我们要有'家国情怀'，不管我们人在哪里，一定要记得我们的国家，要有作为中国公民的责任担当。所以，即便我以后出国了，也一定会回来。更何况，'父母在，不远游'。"

听到儿子一席话，母亲第一次感觉儿子"真的长大了"。

（四）要"产品"还是个性？

发展学生个性，就是帮助学生按照自己应有的样子和可能的样子发展，整全地、和谐地发展。

雅礼中学把这句话奉为圭臬。

早在 2016 年 3 月，当同龄人还在为高考奋战时，还在雅礼中学读高三的戴高乐已经拿到了耶鲁大学的录取通知书。

采访戴高乐时，记者才知道，眼前这位眉目清秀、逻辑清晰、彬彬有礼的大男孩儿并不是传统意义上的"学霸"，他大量的时间和精力，不是花在了刷题上，而是花在了"非主流"的兴趣爱好上。他对动植物和环境研究有高度的热情，并且做得风生水起，他获得的大部分奖项和参加的课外活动都与环境研究有关。

"我从小就喜欢小动物和植物，养过乌龟、金鱼，也抓过昆虫。"戴高乐说，初中进入南雅中学后，有趣的生物实验让他沉迷其中。高一进入雅礼中学，他就加入了生物奥林匹克竞赛组，并组建了环保科技创新小组，还参加了湖南省科技创新大赛。

"创新小组的活动很有趣，在和同学的探究式学习中，我们能把一些课题研究得很深入、很透彻。但如果仅仅为了高考的话，对一些知识点的学习就并不会太深入。"戴高乐说，"那时我就接触了很多大学实验课程。"

像戴高乐这样的"非典型学霸"，在雅礼中学还有很多。比如，喜欢钻研信息技术的龙凡，如今已是美国麻省理工学院的博士，他研究的信息安全研究项目，可自动监测程序漏洞，准确率比同行的高 10 倍以上；从雅礼中学毕业后考上上海交通大学的陈尔东，后来在北京某公司担任首席执行官……

还有一些学生的兴趣更是丰富多彩。比如，喜欢研究密码学、考古学、博弈论、第二次世界大战史、大数据，喜欢阅读科幻小说等。

2016 年，雅礼中学共有 62 名学生以其卓越的学科专业能力和突出的综合素质通过北京大学、清华大学的自主招生，获得降分优惠，这一数量居全国第二。

面对那些"有个性"的孩子，如果用传统的教育方式，那么无疑会束缚他们，使他们成为流水线上的"产品"。

要"产品"还是要个性？雅礼中学一批包容和成就学生个性的教师给出了他们的答案。

英语老师颜可是个不折不扣的旅游爱好者，利用自身的语言优势，已经走遍了全球 35 个国家。和一般的旅游爱好者不同，颜可每到一个地方都会入乡随俗，和当地人一起吃住，了解当地的风土人情。

颜可的旅行经历在学生中很有"市场"，经常有学生前来找颜可畅谈各国风土人情。"何不把我的经历分享给对旅行有兴趣的同学？"经过一段时间的考虑和整理，颜可成了学校"真人图书馆"的客座嘉宾。

实际上，像颜可这样有着鲜明个性烙印的教师，在雅礼中学也有很多。在雅礼中学举行的一次以"我的老师"为题的征文活动中，全校 3000 多名学生写出了 200 多名心中的老师，无一例外的是，这些老师在学生心目中都"有个性"。

"学生的个性发展，在于学校文化对学生个性的包容，在于教师对学生的尊重，在于教师对学生的言传身教。"刘维朝说，"老师对学生的尊重和信任，学生是能够体会到的，他们会用成长来回报你。这是良好师生关系的基础，也是学生个性发展的前提。"

对每一位学生的尊重和包容，我们可以从一个细节看出。

多年来，雅礼中学成绩斐然。但是，走进雅礼中学的校园，却看不到任何的口号和标语，走进室内，也不会在任何一堵墙上看到奖牌和奖章，甚至是高考录取情况介绍，校内也不会张贴任何"录取金榜"。

"校园就是校园，就应安静。"刘维朝说，"像公布录取榜这类行为，其实是对孩子的不尊重。学生有的考试成绩好一些，有的考试成绩差一些。公布录取榜，是把人分为了三六九等，不仅不是表扬，而且是一种伤害。"

"教育'其首在立人，人立而后凡事举'。"刘维朝说，雅礼中学始终坚持以人为本的理念，创造一种以师生发展为本的新文化，以精神追求提升品位，"以有品位的文化，办有魅力的学校"。

这样的文化，怎么会培养不出充满生命尊严感的、富于个性的学生呢？教务主任王良如是说："尊重和呵护每一个生命的和谐发展已成为雅礼中学教师的下意识，可以说，校长的理念已成为师生共同的价值追求，于是，文化育人成为可能。'雅礼'也因此成就了每一个精彩的个体，并在他们身上烙上深深的'雅礼'印记。"

采访手记

时代在变，学校气质不变

在雅礼中学采访期间，校长刘维朝说的一句话至今令记者记忆深刻。他说："一所学校，如果没有其独特的文化，如果没有其独特的个性，如果不解决同质化的问题，那么培养创新人才就是一句空话。"

的确，高中阶段是一个人价值观形成的重要时期，如果全被应试禁锢，全被文化学习填充，而没有得到影响一生的精神层面的营养，那么学生接受的是一种缺失的教育。

从21世纪初，雅礼中学率先提出"为学生终身发展奠基"，到后来，提出尊重学生个性选择，引领学生追求卓越，培养品格高尚、气质高雅、能力高强、乐于奉献、敢于担当的学子，学校始终把"德行修养""服务精神""创造才能""责任担当"作为学校培育人才的根本。

这样的育人理念，是基于雅礼中学深厚的文化底蕴的。

在历史上，雅礼中学虽然历经过动荡和战火，历经过骚乱、闹事、校舍被烧、经费奇缺、师资紧张等的冲击，但雅礼人始终昂首前进，雅礼弦歌始终不绝。

1938年，抗战的烽火烧到了长沙，雅礼中学被迫迁往沅陵办学。在战火蔓延的时代，即使空袭的警报不分昼夜地响起，雅礼中学教育强国的脚步仍从未停下。沅陵求学的雅礼学子中走出了"两弹元勋"陈能宽、著名经济学家厉以宁等一大批优秀学子。

那时，西逃难民络绎于途。时任校长劳启祥闻讯，出面协助建立难民过境接待站，义务提供一顿米饭，并派出几名得力学生发饭。也正是那时，因为雅礼中学的学生英语好，大批雅礼中学的学生投笔从戎，成了军中译员。

"求索与创造、担当与奉献，是雅礼中学与生俱来的精神文化基因。"刘维朝说，"时代在不断变化和发展，但是 110 年来，对人的尊重、对信念的坚守、对价值的传承、对时代的担当，雅礼中学从未变过。"

采访结束，记者对教育、对学校气质有了一番新的看法。教育必须摒弃世俗与功利，告别浮躁与喧嚣，从一地一隅、一时一处的本位中解脱出来，与国家和民族的前途同呼吸、共命运，与时代和社会的发展同频共振。我们要真正让教育与民族复兴携手同步，让学校成为这个曾经苦难的伟大国家创新图强的力量生长的地方。

（本文作者为《中国教育报》记者李伦娥、王强、阳锡叶，2016-10-12。引用时有改动。）

二、《人民教育》：让学生成为个性的海洋

——湖南省长沙市雅礼中学育人纪实

长沙人说，雅礼中学的学生，就是不穿校服，也能分辨得出。

因为，雅礼中学的学生有一种"雅礼气质"。

采访前，我看了湖南教育报刊社的同行转来的材料：1906 年，美国耶鲁大学的民间团体雅礼协会创办该校，培养出了金岳霖等 14 位两院院士以及厉以宁等学界巨子。

多年来，雅礼中学成绩斐然：高中毕业会考合格率始终保持在 98％以上，本科录取率在 90％以上，每年还约有 800 人在全国、省、市竞赛中获奖。在学科竞赛中，先后有 3 人获国际信息学奥林匹克竞赛金牌，14 人获国家级信息学、数学、物理等学科奥林匹克竞赛金牌。

2003 年 10 月，湖南省启动新一轮示范性普通高中督导评估，在办学思想、办学条件、班子和队伍、学校管理、教育质量五项一级指标上，雅礼中学都排在前列。督导团专家组一位成员在评估结束后这样评说雅礼中学："示范性高中就该这样办。"

　　这确实是一所优秀的学校。

　　可是，这样的雅礼中学，和别的示范性学校并没有太大的差别。雅礼中学的学生怎么会有区别于其他学生的"气质"？而且，这种气质到底是什么？

　　我们采访了校领导，学校安排我们次日与学生会、社团干部座谈。我们问：能不能见一见"普通"学生？

　　第二天，一个男生领头，和三名女生一起走进了会议室。走到座位旁，男生把椅子拉开，但并未坐下，而是让身后的三位女同学先就座。嘿，挺有绅士风度。

　　他叫沈多然，在雅礼中学度过了三年初中时光，现在是雅礼中学高二的学生。

　　这是一个健谈、自信的学生。谈起自己和三位女同学合作的研究性学习项目《长株潭城市群轻轨建设必要性研究》，沈多然的眼睛闪闪发光。作为这个项目小组的组长，他为自己的"领导才能"深感自豪。

　　这还是一个自主、不盲从的学生。高一时，学校安排沈多然所在的班级在图书馆的走廊上做课间操，那里没有音响，学生听不到伴奏的音乐声。沈多然去找班主任，恰巧班主任是一个刚工作的小伙子，不好意思反对学校的安排。"这可不行！"沈多然去找年级组长交涉，要么换个做操的地方，要么把音响拉过来。"措施是人定的，如果造成学生的不便，就应该废除；或者说，如果我的建议更加符合学生的要求，那就应该听取我的意见。"最终，学校接受了沈多然的建议，在走廊上安装了音响。

　　"老师，沈多然是一个特别爱'策'的人。"参加座谈的同学跟我们说。

　　"'策'是什么意思？"

　　"就是很能侃嘛，他常常能把老师侃晕过去。"同学们笑做一团，也把我们逗笑了。在记者面前，他们阳光、不做作、充满活力，一言一行都散发着青春的气息。

　　这样的学生，是在什么样的育人环境中成长起来的呢？

（一）学校教育成功的全部秘密，在于把学生的个性差异视为财富

　　一所追求进步的学校，会把学生的个性差异视为财富。正是在这些差异中，学校才会找到教育的真谛。（图 4-1）

　　有一个耳熟能详的故事。两个学生跟老师学下棋。一个很认真，另一个心不在焉，常常被窗外叽叽喳喳的小鸟吸引，对小鸟徒手摆出射箭的姿势，屡教不改。结果，认真的学生成为有名的棋手，开小差的学生一事无成。

图 4-1 和教师交流、了解情况

如何解读这个故事？大多数人说，这是在教育学生学习要专心致志。

可雅礼人说，为什么不让喜欢射箭的孩子射箭？也许他能成为这方面的高手呢！于是，雅礼中学为那些"喜欢射箭的孩子"搭建了各式各样的舞台。

在课程体系方面，除了基础扎根型课程外，雅礼中学还给学生提供了综合拓展型课程、创新提升型课程；在社团活动方面，雅礼中学设立了多个学生社团，这些社团不是起点缀作用的花架子，而是促进学生成长的真实平台。

2004 年从雅礼中学毕业的闫颢，笑称自己是"能真正充分利用"社团的人。

高中三年，闫颢先后当过四五个学生社团的负责人。因为喜欢英语，他加入了英语协会；因为喜爱戏剧，他又成了校戏剧社的副社长……

"要做就做'第一领导'。"在别人的眼里，闫颢有点不务正业、"官瘾十足"。可是，闫颢却列出了参加社团的种种好处：概括能力、沟通能力、组织策划能力等，只有在社团活动中才能真正得到培养。

2004 年，因为在学校社团活动中表现出了突出的组织能力，闫颢被美国斯沃特穆尔学院录取，并被美国全球年轻人领导协会提名为"2004 年全球学者"。

像闫颢这样在多姿多彩的社团活动中发展了个性、锻炼了能力的例子，在雅礼中学还有很多。进入耶鲁大学的周希舟是音乐社成员、进入北京大学的杨旻旻是计算机协会成员……他们鼓励着更多雅礼中学的学生积极加入社团，社团也成为同学们寄托远大梦想的所在。

　　"对于树立学校的外在'形象'，我们不太在意；但对于社团这些有利于学生个性发展的事物，我们很舍得投入。"雅礼中学校长刘维朝介绍，除了田径场、表演厅等硬件外，对学生感兴趣、认准了的东西，雅礼中学都是大力支持的。没有场地，学校提供；没有设施，学校准备。

　　像信息技术课，雅礼中学早在1992年就开设了，并且让这门课成了必修课。学校规定，要人人会上网，会做网页，会编制计算机程序。有些学生嫌必修课课时少，不过瘾，于是学校又增加了选修课。

　　从这点来看，作为湖南省首批示范性高中，雅礼中学有点"理想主义"：谁都知道，中考也好，高考也好，信息技术课是被"拒之门外"的。"实用主义"的做法往往是考什么教什么，你不考我就不教。但雅礼中学一开这门课就是十多年，让有这方面特长的孩子受益匪浅。

　　2000年，信息技术课老师朱全民，带着七年级新生去参加冬令营。冬令营的老师向学生讲了遗传算法。

　　一个叫何林的学生并没听明白，但自己琢磨着用这个算法做了一道题。不过他觉得，用这种算法解其他的题，效果不太好。于是，何林写了一份总结，交给了朱全民老师。朱老师很高兴：何林有质疑精神，学习能力也强，是棵好苗子。

　　于是，朱全民找到何林的班主任："让何林和其他学生按一样的进度学习，浪费了他的天赋。你能不能把他的有些课程停下来，让他做些课外的东西？"

　　班主任不乐意了，这不是揠苗助长吗？

　　"揠苗不揠苗，还是试一试吧！"

　　朱全民老师的课上以自学为主，考查与探讨相结合。教师点出需要学习的知识，将某些知识点留给学生钻研，然后再对所学的知识点进行检测和点评。这样一来，培养了学生的自学能力和钻研精神。

　　可是，何林毕竟还是耽误了一些常规的课程。会不会有影响呢？朱全民心里有些忐忑。

　　紧接着，八年级一次期末考试中，何林的9门功课中，有8门得了满分。连朱全民也惊讶了，问何林原因，他说："在信息技术课上，我掌握了一系列的学习方法，培养了思维能力，这对我的学习帮助很大。我学起来就轻松。"

　　"让学生有个性地发展，确实有难度，但却是教育的大趋势。"朱全民说，学生的好与差是相对的，关键是要发掘出学生的潜能。只有这样，才能够"狂者从狂处成就他，狷者从狷处成就他"。

（二）宽容与信任，是发展学生个性最好的工具

发展学生的个性，首先要尊重学生的个性。而学生的个性，往往会成为他们成长中的"双刃剑"。利与弊，往往就在教育者的一念之间。

在初12班上，有一个叫朱子龙的男生。人很聪明，鬼点子多，喜欢读书，知识面广，在同学中也颇有些声望。可是，朱子龙的英语成绩很差，他还常常不交作业。

这一天，朱子龙没有完成默写单词的作业。班主任朱双华老师让他放学后，在学校里把作业补上。

写着写着，朱子龙把笔一放，说："逼死我都写不出！"

看朱子龙横竖铁了心，朱老师决定"转移阵地"，说："我不逼你。走，我们先去吃饭。"

刚落座，朱子龙的话匣子就打开了。从平时读的书谈到天文地理，再谈到中国传统教育对青少年个性的"抹杀"，还把班上同学们的思想状况来了个"大揭底"。

朱老师心里乐了：呵呵，这个孩子不仅是部微型的"百科全书"，而且是个效率很高的"情报处"。得好好利用他善于从同学们当中获取信息资源的优势。

"朱子龙，你来当班长助理怎么样？"

"我当班长助理？"朱子龙有点不相信自己的耳朵，但从朱老师的表情来看，他又不像是在开玩笑。

就这样，初12班在班长之下又多了个班长助理。可别小瞧了这个班长助理，一学期下来，朱子龙成了初12班"课间文化"的引领者。

每到下课，一些同学就会聚集到朱子龙的课桌周围，谈天说地。政治时事往往是他们关注的焦点；青少年的精神状态、心理成长，也是他们喜爱的话题；至于那些家长里短的小道消息，则变成了同学们不屑一谈的"边角料"。

而朱子龙的英语成绩，也慢慢地上升到了班上的中游。班长助理嘛，当然应该以身作则！

"对所有的学生，我们都应该给予他们宽容和信任。"朱双华老师说，像朱子龙这个年纪的孩子，敢于挑战权威，敢于质疑，他们年轻的脑袋里，不知什么时候就

会蹦出精灵古怪的想法来。

　　面对这些孩子，是用传统的教育方式，让学生成为流水线上的产品？还是解放被"标准"束缚的学生，发展他们的个性，让学生成长为"自己"？

　　选择前者，教师只需要用一个固定的框架往学生身上一套，工作自然比较轻松；选择后者，意味着教师对学生独特性的尊重和保护，当学生出现问题时，也需要教师区别对待，这样一来，工作量大得多。

　　朱双华老师选择了后者："我不希望学生被'绑住手脚封住嘴'。"

　　雅礼中学的很多老师也选择了后者。他们认为，对学生要有宽容之心，否则学生的个性就很可能被抹杀掉。在与学生第一次见面时，这些老师会告诉学生：我没有看你们以前的档案，因为，在老师的眼里，所有学生都在同一个起跑线上，都一样优秀。

　　在这些老师的班上，没有成文的班级日常管理制度，对学生的要求，也多是最基本的道德规范，而不是简单、粗暴的约束。

　　在这些老师看来，"学生 99.9％的错误都是可以原谅的"。学生偶尔讲粗话、争吵等，不是大事，应该让他们自己学会解决；而像把学习资料藏着掖着的行为，却是关系到"为人处世"的大事，需要严肃对待。

　　他们说："老师对学生的理解和宽容，学生是能够体会到的，他们会用信任来回报你。这是良好师生关系的基础，也是学生个性发展的前提。"（图 4-2）

图 4-2　2002 年，23 个国家的驻华使节来校访问，雅礼中学的学生任翻译和导游

（三）引导学生的个性发展，需要用大爱做小事

宽容与信任，是雅礼中学的教师进行教育的工具，也是他们衡量自己教育水平的尺度。为此，雅礼中学的教师，总是小心翼翼地保护学生的尊严、欢乐与自由。

初51班的班主任李彭超，在新生入学军训时，无意中对班上同学说了一句："军训中的拔河比赛，咱们班实力不行，这次可能赢不了。"

没想到，话音刚落，学生张文（化名）就走过来，非常认真也非常激动地对她说："老师，我觉得你这句话很不对。对一个刚成立的班级来说，你应该积极地鼓励我们进取，不应该这样消极。"

李彭超吃了一惊，她立即醒悟过来，向同学们道了歉。

此后，李彭超暗暗观察张文，这是一个有很强自主意识的学生，可不怎么合群，总爱用一双眼睛冷冷地、批判性地看着周围的一切。

"这样的孩子，一般人很难走进他的内心。教师只有在他有需要的时候，走过去帮他一把，或在他失败时，找出他的长处和优点，才能打动他。"李彭超说，学生是一本书，老师要学会读懂他。

一天，张文碰到李彭超，主动地说："老师，你的衣服很漂亮。"李彭超很惊讶，怎么会"拍"老师的"马屁"了？再想一想，明白了：学生都是希望老师多关心、多注意自己的。这一段时间自己比较忙，很久没和他单独说话了。

于是，第二天，趁张文在操场活动时，李彭超特地找到他，聊了聊学习和生活上的事。看得出，张文非常高兴。

"李老师，我很佩服你呢。"张文对李彭超说。

李彭超知道，孩子佩服她，不是因为她的能力有多强，而是因为她对他们的理解和宽容。"教育，不过是用大爱来做小事。"

现在的张文，参加了班级足球队，人变得开朗起来，眼神也变得温和了。

像雅礼中学很多老师一样，李彭超不愿意过多地束缚学生，她甚至没有按学校的要求，每周给学生的操行打分。尽管如此，校领导也从来没有干涉过她的工作。

"我们希望让学生成为个性的海洋。要实现这一理想，就必须给教师足够的空间。唯有如此，教师才会给学生足够的空间。"刘维朝校长说，在雅礼中学，对教师没有坐班、刷卡签到等硬性要求，教师的教育教学方式也允许大胆创新。学校不会

按照学生的考试成绩给教师排位次，更不会因为哪位教师的班级考得好而大张旗鼓地表扬教师。

因为雅礼中学不愿让教师受制于烦琐的日常管理，不愿让教师成为亦步亦趋的机器人。

刘维朝说，一所学校，如果教师没有了宽松的工作环境，那么怎么会有思想的自由、创造的激情？又怎么会有学校与师生的个性和色彩呢？

"说到底，学校主要是为教师搭建舞台的。只是一味地压制教师，让他们上完课是很容易的；但要让学生从教师的一言一行中受到启发、得到培养，教师就必须用心去教学生。只有教师用了心，学生才能健康成长。"

（四）丰富的校园生活，是张扬学生个性的土地

"让学生成为个性的海洋"是雅礼中学一直的追求。多年来，这样的追求指导着他们的教育行为：为师生创设宽松的环境、个性化教学、鼓励社团活动与实践活动的开展，等等。

雅礼中学的学生开玩笑般地告诉我们，别人看高中是"炼狱"，而在雅礼中学，这里却是"人间"。

为了让学生个性健康地发展，雅礼中学为学生建立了三个青年志愿者学雷锋、献爱心服务基地。在这里，雅礼中学 3500 多名志愿者知道了什么是责任。

"在集体、学校和社会中，有些事情我们必须去做，这就是责任。"青年志愿者社团的会长、高二学生曾宇杰说，这些必须去做的事，是不论大小的。

上一届社团节举办期间，有一天曾宇杰忙到很晚。走在校园里，他发现科技协会制作的展板上，有一个角没粘稳。曾宇杰犹豫了一下，这不是自己负责的事，况且也很晚了。但最后，曾宇杰还是回到教室拿来了双面胶。

为了让学生个性全面地发展，雅礼中学每年都有各种各样的全员参与的文体活动。

直到现在，高二的郑泽宇还记得曾经参加过的年级篮球赛决赛。比分被对方反超，场下观战的同学为了助威，把能敲的东西全部拿出来敲响，嗓子也喊哑了；比赛输了，全班同学抱在一起，感到每个人都真正融入了集体；比赛结束了，全班同学不服气，于是做了一期专刊——《我们是冠军》（*We Are The Champion*），在校

园里向大家公开展示，因为大家相信，这次虽然输了，但我们集体的实力仍然是第一。

·············

在雅礼中学，每个学生都有属于自己的美好回忆和感悟。

"丰富多彩的校园生活，是学生个性生长的土壤。"校长刘维朝说，除了社团活动和实践活动外，学校也注意在日常班级生活中为所有的学生创造机会。

在雅礼中学，有一个值日班长和值周班长"双轨制"的管理制度。值日班长，就是按学号顺序，每位同学都有担任班长的机会，轮到谁，那一天就由谁来负责。值周班长，则由班干部轮流担任，负责协调工作，与值日班长共同管理班务。

这种"双轨制"，为每位同学提供了展示才能与培养能力的机会，也让每位学生有了完善个性的机会。

一位学困生在担任值日班长后，写下了这样的心得体会："当值日班长那天，我很紧张，时刻在想，从前我被别人管，今天轮到我管别人了，我能做好吗？我真正感到做一名学优生不容易。我想，我不会再让老师操心了。"

"培养学生，发展个性，就要从每一件小事抓起。"高二 310 班班主任屈检嗣老师说。

在他的班上，屈检嗣推行"常执两委纵横双向"管理模式：常委会由教师联席会议提名，全班民选产生，代行班主任部分职权，制定班级发展的章程、制度、条例等，指导执委会工作；执委会通过全班自由竞选和干部组阁等方式组成，着重落实管理常规，重点培养同学们的行为意识和良好习惯。

在这种管理模式下，高二 310 班 52 位同学，每个人都负有建设班级的一份责任：文钰戈，常务班长；伍桂花，女生寝室长；邹世辉，检查窗帘是否扎齐；唐昱，检查校服团徽；贺立，板报主编；沈廉诚，学报编辑……

"我们希望，当雅礼中学的学生走出校门，遗忘掉一些知识后，他们还能记得一次比赛中集体的力量，还会因自己曾经负责检查窗帘是否扎齐，而一直保持着认真仔细的好习惯。"校长刘维朝说，什么是教育？在学生把自己所学的东西都忘了后，剩下的才是教育。（图 4-3）

图 4-3 研究性学习让学生多了一种学习和生活的体验

（五）从学校到家庭，引导学生的个性发展

现代教育的意识，需要从学校向家庭扩展。

"走出雅礼中学的学生，应该是学有所长、有自主意识和独立人格的现代人。"校长刘维朝说，这不只是学校的责任，也需要家庭的配合。

从 2005 年开始，雅礼中学开展了"亲子共创学习型家庭"活动。

雅礼中学的学习型家庭有三条大的标准：家庭全员学习、父母带头学习、互动学习。

在班主任莫炳文的帮助下，八年级的彭文婷和父母一道，制订了创建学习型家庭的计划：每天晚上一起收看《新闻联播》；每周利用两三个晚上一起阅读报纸和书籍中的好文章，共同探讨；每月全家郊游一次；每周父亲对孩子的学习情况进行一次小结。

"我们所说的学习型家庭，不应停留在学习知识的阶段，更应有亲子之间道德的传承、智慧的接力与灵魂的共勉。"莫炳文老师说，学校和家庭一旦形成教育的合力，对孩子终身的影响将是巨大的。

学生张珂（化名）是一个调皮的男生，学习的自觉性不强。望子成龙的父母一着急就会打他一顿，这样的做法不仅没让儿子学习进步，反而使他出现了厌学的情绪，人也变得不自信起来。

参加"亲子共创学习型家庭"活动后，高中学历的张珂父母改变了生活习惯，每个晚上都和孩子共同学习。在周末，三个人分别主持趣味活动：张珂主持打字比赛，爸爸介绍体育新闻，妈妈介绍生活小常识。

一次，张珂妈妈在打字比赛时，速度比原来慢了许多，张珂硬是罚她在电脑前打了两个小时的字。妈妈解释说，最近比较忙，练打字的机会少了些。

没想到，张珂对妈妈说："不能找借口，要分析自己的原因。"

张珂是妈妈电脑打字的"家庭教师"。每天，张珂都会叮嘱妈妈温习功课。张珂呢？因为要做"老师"，对自己的作业也积极、认真了，不像过去，吃完晚饭，总要父母唠叨一阵，张珂才会去做作业。

一年后，张珂妈妈评价："孩子的责任心增强了，也学会了宽容，孩子在一天天长大！"

"在儿子的带动下，我们这两个 20 世纪 80 年代的高中生也接受了不少新知识、新观念。已分不清是儿子影响了我们，还是我们影响了儿子。谁也没逼谁，大家一坐下来就随手看书看报。"

"我庆幸，孩子终于找回了自信。"

像雅礼中学的很多教育措施一样，学习型家庭的创建更多着眼于学生长远的发展，着眼于学生个性的健全，而不仅仅是成绩立竿见影的提高。

雅礼人说，这是"好汉敢吃眼前亏"："只要对学生终身发展有益的事，我们就做，哪怕吃亏也坚持到底。"

（六）学生的个性发展，需要用综合素质奠基

"雅礼中学的定位，是办成影响学生一生的学校。要实现这个目标，学生的个性就必须建立在较高的综合素质上。"这是刘维朝校长多次向教师们宣讲的。难得的是，教师们的教育教学活动中，始终贯穿着这样的价值追求。

马学品老师是学生机器人队的指导教练。雅礼中学对这个机器人队没有任何功利的要求，只要喜爱，任何学生都可以进入机器人队。

对刚到机器人队的学生，马学品老师提出，每人必须要完成一个"规定动作"：

他把几千个零件、器材放在一起，让学生去分类。学生不明白，你教我怎么做机器人就行了，做这些没用的事干什么？

"做机器人，不仅要有耐心，而且要有严谨的态度。这是你们在机器人队的第一课，希望大家能记住这一点。"马学品说，在机器人队，首先要培养的是吃苦精神，其次要培养的是竞争意识，最后要培养的才是学习技术。

为什么要这样做呢？

马学品告诉我们，刚开始带机器人队时，自己很注意培养学生的技术，但每次出去比赛，学生的成绩都不太理想。后来，马学品发现，很多学生在一遇到挫折的时候，就会丧失斗志——生活的优裕，很容易让学生患上精神的"软骨病"。

于是，就有了像进行器材分类这样的规定。

"这些规定，看起来好像没有用。其实，它会渐渐地积淀在学生的气质、性格、处世方式和行为习惯之中，最终决定了学生是进取还是因循，是积极还是消极，是严谨还是粗疏……说到底，就是决定了学生综合素质的高低。"

2005年，马学品老师带领学生参加了在韩国举办的第七届国际机器人奥林匹克竞赛。当时，比赛规则临时改变。为了符合新规则的要求，队员们连夜改造机器人的硬件，累了，便睡在地板上。最后，雅礼一队和雅礼二队在中学机器人视觉搜救项目上包揽了该项目的团体冠军和亚军。

"没有较高的综合素质做基础，学生的发展就会受阻，更不用提个性的发展了。"马学品老师说。

但有的家长不满，认为雅礼中学对学生管得不紧，知识放在后面，倒把别的东西看得很重。老师们也感到有压力。

于是，刘维朝在学校组织了一次大讨论：学校要"为学生终身发展奠基"，那么，教育者到底帮助学生们奠什么基？是不是学生考上了好大学，就是奠基了？做人的基础、求知的基础，两者能不能够兼得？

讨论时，大家认识到知识的更新，会淘汰那些拥有学位但没有好学精神的人；社会的变化，会淘汰那些有优异成绩但没有健全个性的人；生活的挫折，有时会轻易摧毁知识的积累。

因此，中学的教育要让学生在获得知识的同时，张扬个性，促进身心健康发展——这才是学生终身发展的基础所在。

多年来，作为示范性高中，雅礼中学坚持认为，学校应该在素质教育方面起到示范作用，要创造性地为学生提供良好的服务和指导，要坚持按教育的规律办学：让学生人格全面发展，而不是侧重于某一方面的发展；让学生有个性地发展，而不是全部学生按同一模式发展；让学生可持续地发展，而不是局限于在学校的当前发展。

刘维朝有一句话很实在："我们害怕对不起这些学生！"

采访中，一位老师的随笔，引起了我们的注意。他这样写道。

"教书育人，对于教师，是一种责任，驱使我们给学生传道、授业、解惑，教孩子学会求知、学会做人、学会办事、学会健体、学会创新、学会生存。

"是一种精神，激励我们共努力，为学校添彩，给班级增色，使家庭生辉，快乐、幸福每一天。

"是一种义务，促使我们崇尚奉献、热情付出，教育、培养青少年一代，使其身心健康、全面发展。"

正是这样的育人环境，让走出雅礼中学的学生常常得到如下评价：既能张扬个性，又有较高的综合素质。表现于外在，就是大家称道的"雅礼气质"。

其实，采访完后，再回头想想，雅礼中学做了什么呢？课程改革、社团活动、研究性学习……似乎没有什么特别的地方。但是，雅礼中学的学生体现出的爱的能力、审美的能力（价值审美）、思辨的能力、崇尚科学的精神，却给我们留下了深刻的印象。

仔细思量，这很大程度上源于雅礼人对教育规律的理解与执守：教育不是大事，无非是课堂、活动与实践；教育没有小事，因为所有的细节都指向学生的生命成长。

雅言礼行，德才兼备。

教育，只能立足当下，却必须放眼未来。

（本文作者为《人民教育》记者李帆，载 2006 年第 12 期。引用时有改动。）

三、崔潞：刘维朝，涵养学校的生命气象

学校是有生命的，有什么样的校长和师生，就有什么样的生命气象。在科举废弛、新学兴张的教育大变革时期，雅礼中学在长沙西牌楼由耶鲁大学校友创办。跨越两个世纪岁月沧桑，这所百年名校栉风沐雨、弦歌不绝，哺育了一代一代学子英才，引领、激荡着三湘大地的教育风潮。作为雅礼中学的第 14 任校长，刘维朝勤谨躬耕十余年，书写了雅礼教育的新诗篇，涵养了雅礼生命的新气象。

（一）坚守教育本真，让每一个生命都能绽放精彩

雅礼中学的校训是"公勤诚朴"。建校之初，雅礼教育就着眼于立人、育人，重视学生的品德教育和能力培养。远在 20 世纪三四十年代，雅礼中学就以丰富多彩的课程设置和课外活动广受赞誉；中华人民共和国成立后，雅礼中学全人格培养的理念、优秀的学风校风和较高的教育教学质量，更是深得人心。

2001 年，刘维朝接任雅礼中学校长时，基础教育界还流行着"高考为王"，很多高中学校无从摆脱应试教育的窠臼。"怎样才能做好校长？做一个什么样的校长？把学校往哪里带？"上任之初，这些问题一直在刘维朝的脑海中萦绕。思考之后，他的答案是：不要办一所人云亦云、放之四海而皆准的学校，而要办一所"养成学生健全健美人格"、关注学生终身发展的学校；雅礼教育的薪火要传递下去，要保持它独特的气质和生命力。于是，他明确提出了"为学生终身发展奠基"的办学理念，指出中学时代就是要为人的终身发展奠定品行、学力、身心和创新的基础，真正把"人"立起来。刘维朝的坚守与追求让雅礼教育有了根，让学校发展有了新的方向。

教育的本真是育人。在学生培养上，刘维朝提出自主教育策略、个性教育策略、开放教育策略三大育人策略，提出雅礼中学要培养具备领袖素质、服务精神、创造才能的人，雅礼中学的学生无论在何时何地都应该能展现品德高尚、行为高雅、能力高强的独特气质。

课程建设是学校育人的抓手，是内涵发展的核心。刘维朝说，一所学校如果不能给学生提供多样化的发展渠道，就等于学生没有了选择，没有选择也就没有个性。

在刘维朝眼里，生命的差异是教育最宝贵的财富。因为有差异存在，所以教育才充满生机、充满创造、充满趣味。

为了成就学生的个性化发展，雅礼中学有了以国家课程校本化、学生活动课程化为主要路径的课程建设思路，有了由基础扎根型、综合拓展型、创新提升型三大课程门类和社会人生类、科学创造类、国学精粹类、西方文明类、生活百科类、国际素养类六大课程模块构成的特色课程体系。然而，这条路走得并不平坦。最初几年，家长有疑惑，担心影响孩子的升学；老师有不解，因为工作压力和难度增大。2005 年高考发榜，在长沙比较知名的四所高中学校中，雅礼中学排名靠后。刘维朝和雅礼中学遭遇到前所未有的压力。老百姓议论纷纷："雅礼中学怎么了？"一些家长非常不满："充分尊重学生的个性？这下可好了！"社会上也有人提出质疑："为学生终身发展奠基？上不了好大学，怎么奠基？"

面对各方批评和质疑，刘维朝将自己关在办公室里"闭门思过"，一个多星期中，他找了三四十人，与同事们逐个分析交流、剖析原因。最终，他确信，雅礼中学的育人策略没错，发展方向没偏。办学需要定力，不能自乱阵脚。但"没有升学率的素质教育是难以服众的"。经过认真反思与调整，学校一方面加强教育教学研究，提高课堂效率和质量，另一方面拓展学生的成长空间，最终实现了"育分"和"育人"的完美结合，重新赢得了社会赞誉。

2016 年毕业季，雅礼中学一名高三学生在"爱雅礼，永不说再见"的毕业发言中说："不知大家有没有注意到信息楼一层大厅墙壁上'为学生终身发展奠基'的标语。有人说，雅礼中学怎么两年没出状元了呀？其实我们自然希望状元在雅礼中学，但如果要牺牲爱好和实践的时间换来一个状元，那么与培养一个品行端正、个性阳光、能力全面的全省第十名相比，雅礼中学无疑会选择后者。三年公勤诚朴，一生公勤诚朴。这样的教育给人的影响是终身的。"

"抓 3 年，看 6 年，心里想着 60 年。"这是雅礼中学的传承，也是校长刘维朝的坚守和追求。

（二）追求诗意管理，让学校成为生命交融的精神家园

刘维朝说："家长和学生选择一所学校，往小了说，是选择了一种教育模式；往大了说，是选择了一种生活方式。"他的心中始终怀着理想、温情、感动、幸福的情

愫，他希望它们能在校园里深植、浸润、流淌。在他的办学理念中，精神塑造、人格培养、能力锻炼这样的词汇，应贯串在学校教育的每个环节中。

诗意的管理应从大处着眼，以人的发展为本；从细处设意，坚持多元评价、民主公开、有法可依。一如刘维朝所说，学校的发展需要教育价值共同体形成的合力去推动。在这个共同体中，校长要让大家看清楚方向，感受到快乐，以有品位的文化，办有魅力的学校。

在教职工大会上，刘维朝多次强调："学生的事就是天大的事。"时刻为学生考虑，把学生的发展、诉求摆在第一位，这是他认定的当老师、做校长的基本素养。例如，学生戴高乐曾组织过一场演讲，因为缺乏会务经验，与学校沟通不足，场地在活动临近时还未落实。这个孩子只好硬着头皮去找校长，没想到刘维朝仔细审阅完他的活动方案后，耐心细致地和他交代了活动执行时需要注意的事项，然后就和他一起去协调、解决了场地问题。再如，2016 年高考，刘维朝作为雅礼中学考点的主考，在教学楼前发现一名因受伤而坐轮椅来考试的外校考生。他马上跟考务人员反复叮嘱，一定要做好这个考生的个性化服务工作，确保他顺利参加高考。

不仅仅对学生如此，对教师、对员工、对家长、对外来服务人员，他都是这样的。在校史馆，学校名师照片陈列墙上出现了两位校工的照片，他们和所有特级教师、学科骨干教师一样，受到大家的尊崇，原因是刘维朝从很多校友的讲述中多次听到两位校工的名字和事迹。他认为："不管在什么岗位，能给学生留下美好回忆，影响学生成长的就是名师。"

刘维朝把教师队伍建设作为学校发展的重中之重，把师德作为考量教师的核心尺度，给予教师充分的学术尊重。学校有"雅礼讲坛""教学开放周"等载体，可以让教师尽展学术成果。教师自主开发的校本课程近百门，教师承担国家级、省级课题十几项，教师队伍中涌现了全国模范教师、全国师德标兵、省市骨干教师、长沙市首席名师等一批在全国和省市享有盛誉的优秀教师和学科带头人。由雅礼中学的教师主持的"邓志刚语文名师工作室""朱全民信息技术名师工作室""程悦康物理名师工作室""杨伯群体育名师工作室"，更是成为全市名优教师成长的"孵化器"。

雅礼中学的教师对学生有最深切的关爱，也有各具其长的教学风采。在雅礼中学举行的一次以"我的老师"为题的征文活动中，全校 3000 多名学生写出了 200 多名心中的老师，无一例外的是，这些老师在学生心中都"有个性"。比如，数学老师

"汤哥"，能"横扫包括二面角在内的数学概念，轻松幽默却功底深厚，大大咧咧却细心如父"；英语老师"罗妈妈"，不仅是"语法教母"，而且是电影、游戏、诗歌"大咖"，更拥有"不以物喜，不以己悲"的情怀。雅礼中学的教师说："尊重和呵护每一个生命的和谐发展已成为雅礼中学教师的下意识，可以说，校长的理念已成为师生共同的价值追求，于是，文化育人成为可能。"

作为校长，刘维朝让师生之间、师生与学校之间，不再是人与人、人与物、人与环境的简单勾连，而是生命与生命的交融、智慧与智慧的碰撞、灵魂与灵魂的沟通。充分的人格尊重，让雅礼中学成为所有师生、校友的精神家园。每逢假期，总有校友回到雅礼中学重温青春岁月，一些在外地求学的毕业生会"先回校，再回家"，甚至在大学校园，也有学生穿着雅礼中学的校服。也许，雅礼中学给予学生的一切会伴随许多学生一生。

（三）担当社会责任，让优质教育惠及更多生命

雅礼校训"公勤诚朴"中的第一个字就是"公"。百余年来，"及时奋发精神，好担当宇宙"是一代代雅礼人共同的信念追求。今天，刘维朝带领雅礼师生赋予了它"心忧天下、自觉担当、乐于奉献、敢为人先"的新内涵。

因为父辈工作调动，刘维朝青少年时代曾辗转许多学校，对老少边穷地区，特别是少数民族贫困地区的教育落后状况深有所感。约40年的教育生涯中，他多次下乡帮扶贫困薄弱学校。担任校长后，如何发展教育，让贫困地区脱穷脱困，如何让雅礼中学的优质教育惠及更多的孩子，是刘维朝心中长久思考的问题。

2002年，雅礼中学由政府贴息贷款收购了一所民办学校，建起国有民办的雅礼寄宿制中学。此外，湖南省第一个教育集团雅礼教育集团也应运而生。时任雅礼中学副校长孙传贵被派往该校担任校长时，面对的是远离城区的一地黄土、几幢教学楼，是电脑、实验室、图书馆等教学设备和设施一应全无的"空壳子"。如今，雅礼寄宿制中学已更名为长沙市南雅中学，蜕变为湖南名校。此后，雅礼中学又相继"托管"了一系列薄弱校。目前，全长沙雅礼教育集团旗下的学校已达八家，这有效扩大了优质教育资源，缓解了地区"择校热"的问题。

自2010年至今，雅礼中学的教学开放周已成为传统。每年11月中下旬，雅礼中学都会敞开校门，全天候开放。2015年的教学开放周，雅礼中学推出了涵盖13

门学科的共 77 节推荐课，每节课都经过教研组的集体讨论和任课教师的精心准备。来到雅礼中学的老师们说："这几天，我仿佛参加了一场盛大的聚会，说的想的都是教学的事情。"开放是示范、分享，对雅礼中学来说，也是交流、收获。雅礼中学的教学开放周承担了示范学校的社会责任，形成了区域意义上的教学研讨氛围，增进了教育同人的交流沟通，也促进了教师在教学上的成长。

在一次全省教育工作会上，得知湖南省内还有很多薄弱学校做不了实验，没有校本课程，没有社团活动，刘维朝便找到其中之一的宁乡七中，主动对其进行帮扶。他亲自到学校调研，做专题报告，带备课组组长交流经验，组织优秀教师送课下乡。通过理念引领、人才培养、资源共享、师生交流、文化共建等，雅礼中学帮助一批对口帮扶共建学校提升了办学质量，使其成为湘黔桂边区名校。

"我们并不希望每所学校都一个模子，而是希望实现雅礼共性和分校个性的统一。"在引领和示范的过程中，刘维朝一方面强调坚守雅礼文化内核，另一方面将重点放在帮助新的学校实现特色发展上，即让各学校在传承母体文化精神的基础上，实现各自学校的文化创新和特色发展。

2015 年 4 月，刘维朝成为教育部卓越校长领航工程首期中小学名校长领航班中国人民大学附属中学培养基地的学员。当年 7 月，刚结束在北京的首次集中研修回到长沙，他就着手组织领航班名校长工作室各成员校的暑期工作会议。针对有些成员校或多或少存在目标不清晰、认识不全面、行动不坚决等问题，刘维朝把这次会议的主题定为"文化引领、内涵提升、增强信念、协同创新"，激励全体成员校教职工共同努力，为涵养学校生命气象，将学校办成为学生终身发展奠基、影响学生一生的学校而努力。在那次会议上，八所成员校共同发表了《雅礼教育宣言》，这也成为雅礼集团所有成员共同遵守、躬行实践的行动纲领。

人们常说，雅礼中学的师生就是不穿校服，也能分辨得出，他们身上有一种"雅礼气质"。在刘维朝身上，我们看到的是百年雅礼濡染和蕴含的厚重内敛、儒雅沉静，是几十年教育实践陶冶的质朴仁爱、勤谨睿智。他植根于斯的百年雅礼，在他的带领下已涵养出新的生命气象，将拥有无限广阔的未来。

（本文作者为中国人民大学附属中学教师崔潞）

四、《科技导报》：一个理念，三大策略

——长沙市雅礼中学办校育人纪实

（一）"为学生终身发展奠基"的办学理念

"子所雅言，诗书执礼……"一代先贤孔夫子没有想到，2000多年前《论语》中的从教记录，不仅漂洋过海，而且演绎出一个精彩的教育神话。

1901年2月10日，美国康涅狄格州纽翰芬，耶鲁大学校友俱乐部。两位刚刚戴上学士帽的耶鲁学子德士敦、席比义向众人宣告：由耶鲁大学"青年拓荒者运动"组织筹备的"雅礼协会"正式成立。雅、礼二字，正从《论语》"寻章摘句"而来，又谐耶鲁（yale）之译音，堪称珠联璧合，意味深长。5年后，秉承"育东方英才"的宗旨，雅礼协会派出一路精英，远涉重洋，来到"惟楚有材，于斯为盛"的湖南长沙，创办了雅礼中学。

沐西方之文明，承华夏之神韵。雅礼中学走过风雨百年，今天已长成教育领域的一棵参天大树——在长沙、在湖南乃至在全国，人们纷纷以钦羡的目光不断惊诧雅礼中学的骄人业绩。

两院院士，可是中国科学界的"泰斗"！自1906年建校以来，从雅礼中学走出的两院院士已达14位，占全长沙市所有学校培养院士总数的1/3，其中陈能宽院士还是"两弹一星"的领军人物。

国际奥林匹克竞赛金牌，光彩照人吧！雅礼学子"出手不凡"，先后夺得3块国际信息学奥林匹克竞赛金牌，不仅实现了湖南省这项竞赛金牌零的突破，而且至今还在湖南省所有中学中稳坐"头把交椅"。

耶鲁大学，声震遐迩的著名学府！全球大学排行榜上，耶鲁大学仅次于剑桥大学、牛津大学和哈佛大学。1989年以来，耶鲁人连续三届荣登美国总统宝座。这也难怪，在300多年的办学历程中，耶鲁大学共培养了6位美国总统、60多位诺贝尔奖获得者，被誉为美国的"总统摇篮""智囊团""人才库"，成为全球学子梦寐以求的学术圣地。要想步入这样的"王牌"学府去深造，谈何容易！可近几年，几乎每

年都有雅礼学子骄傲地跨入神圣的耶鲁学堂，而且享受着全额奖学金。要知道，耶鲁大学每年给予全亚洲中学生的录取名额不过 10 个！

但凡考过托福的人，都有这样的感慨：想说"过"你不容易。可不是吗？全国每年参加这项考试的人数以万计，而通过比例并不乐观。可是，在这项考试上，雅礼学子常常"轻松闯关"，就连超过 600 分的也不乏其人。2002 年，高二学生张涧青走进托福考场"小试牛刀"，居然拿到 667 分。要知道满分也才 670 分！

2003 年 5 月，全国大学生英语演讲比赛在武汉举行。一时间，各路高手云集江城，一番你争我夺，几名学生突出重围，进入最后的决赛。可令大家目瞪口呆的是，这些决赛选手竟全是雅礼中学毕业的学生。结果，这场全国性大赛，最后戏剧般地演变成雅礼学子的"同室操戈"。那份"渡尽劫波兄弟在，相逢一笑泯恩仇"的感慨，当时在雅礼学子的同台较量中，已升华为一种更高的境界。

2003 年 10 月，湖南省启动新一轮示范性普通高中督导评估，就办学思想、办学条件、班子和队伍、学校管理、教育质量五大指标对示范性高中进行全面评估。这可是一次办学水平的大比拼啊！结果，在 5 项一级指标、12 项二级指标、48 项三级指标上，雅礼中学名列全省前茅。督导团专家组一位成员在评估结束之后，充满赞赏地说："示范性高中就该这样办！"

至于"全国现代教育技术实验学校""全国体育项目传统学校""信息学竞赛全国优秀参赛学校""全国心理教育实验优秀学校""全国英语特色鲜明教育质量一流学校""湖南省文明建设先进单位""湖南省园林式学校"等一块块醒目的牌匾，更是从不同的侧面装扮着雅礼中学的骄人形象。

在多年的办学历程中，雅礼中学始终不渝地坚持"为学生终身发展奠基"的教育理念，以开放教育策略、个性教育策略、自主教育策略带动学校教育质量的提升，走出了一条与时俱进、特色鲜明、成效显著的办学育人之路。

教育，作为一种特有的社会现象，始终承载着太多的使命，也留下太多的尴尬。

基础教育应该承担怎样的使命？难道仅仅满足于传道、授业、解惑？在长期的教育实践中，雅礼人常常陷入深思，也不断发出一连串的理性拷问。

值得欣慰的是，他们始终能从纷繁复杂的教育现象中把握教育的本质，清晰而准确地为办学育人定位。刘维朝校长响亮地提出："为学生终身发展奠基。"

今天，"为学生终身发展奠基"已成为雅礼人执着追求的办学理念。它像一面高扬的旗帜，引领着学校前进的方向。

1. 好汉敢吃眼前亏

终身是漫长的，漫长到它是人生命的全过程；终身又是短暂的，相对于历史长河，它不过是短暂的一瞬。从这个意义上说，"为学生终身发展奠基"显然有着哲学的色彩。

正因为如此，眼前与长远的关系是那样的难以把握。迫于现实的压力，人们的选择往往向眼前倾斜，"好汉不吃眼前亏"成为"明智者"的"哲理"。

"只要对学生终身发展有益的事，我们就做，哪怕吃亏也坚持到底！"雅礼人奉行的却是另一种哲理。

英语，一直是雅礼中学的强项。当不少本科生、研究生还在为过英语四级、六级而愁眉不展的时候，雅礼中学却有不少初中生、高中生因为已过英语四级、六级而"笑逐颜开"了。

其实，雅礼中学的英语教学也并非比别人高明到哪里去，但在定位上高人一筹却是绝对的事实。在培养目标上，雅礼中学提出，要使学生有较高的外语素养、较广博的英语文化知识、较高的听说读写水平、较强的英语交际能力。显然，这样的目标不只是瞄准高考的——当不少学校还将眼光"锁"在高考目标上的时候，雅礼中学却以这样的高标准疾步向前，开始就"赢在了起跑线上"。

就说英语口语吧，高考明摆着不"涉足"。可是在雅礼中学，专门的口语课却"堂而皇之"地走进了教室，还每周两节，持之以恒。不仅如此，学校还规定将口语、听力、笔试的成绩按 2：3：5 的比例计入英语考试总分。这就从制度上保证了口语的地位，想不学好都不成。

要说专门设口语课、定口语分数比例还"情有可原"的话，那为之费更多的精力、玩更多的花样，就更"吃亏"了。中考、高考可是"箭在弦上"的事儿，中学生的时间、精力耽误不起啊！可雅礼中学还是要自找"亏"吃。学校每周设立英语日，每两周一次英语角活动，每月一次外教英语讲座，每学期一次英语演讲，每年一次英语晚会，"车轮战"式地让学生演练口语。不仅如此，学校还与长沙电视台女性频道合办了一个英语脱口秀栏目，让学生走上荧屏，即兴演说。这"别出心裁"的创意，表面看来还真浪费时间、分散精力，可对学生来说，却收获多多，进步很大。

　　当很多学校的英语教师还眉飞色舞、津津乐道于部编版英语教材教学的时候，全英文版的英语教材却已在雅礼中学的课堂"闪亮登场"。2001 年，雅礼中学开始在初、高中起始年级全部引进美国原版英语教材，与部编版的教材同步使用。一堂课两种教材，学生受得了吗？教师的精力跟得上吗？再说，中考、高考可不买全英文版教材的账，何必多此一举、自讨没趣？可雅礼人不这样看，部编版教材固然有它的优势，但全英文版教材也有它的"领先"之处，优势互补，何乐而不为？结果，学生不仅大开眼界，而且获得了"原汁原味"的享受。

　　教育，常常也演绎着辩证法。一招领先，往往招招领先；一招落后，结果招招落后。"吃亏"，这个原本灰色的字眼，却在雅礼人身上变幻出绚丽的色彩，让我们感受到教育多彩多姿的内涵。

　　同样的精彩也表现在雅礼中学的信息技术教育上。谁都知道，中考也好，高考也好，信息技术是被考试科目"拒之门外"的。考什么就教什么，不考就不教。于是，在不少地方，在不少学校，信息技术课成了装点门面、敲敲键盘的摆设。真要花精力开好这门课，可不是"吃亏在眼前"？

　　雅礼中学却有自己的见解。不是说英语、计算机、法律、驾驶技术是进入 21 世纪的入场券吗？不是说计算机要从娃娃抓起吗？那就为帮助学生挣得这张"入场券"而努力。

　　早在 1992 年，雅礼中学就开设了信息技术课，这在全省可是领先之举。不仅如此，学校还将这门课纳入必修课，以求"名正言顺"。学校规定，要人人会上网，会做网页，会编制计算机程序。有些学生好奇心强，嫌必修课时少，不过瘾，学校又"适时而动"，再增加选修课，充分尊重学生的兴趣。这一开，就是 10 多年，效果更是出人意料。

　　10 年来，学校共为国家队输送信息学奥林匹克竞赛选手 12 人，其中张一飞、何林同学先后代表中国参加国际信息学奥林匹克竞赛，夺得 3 块金牌。2000 年 5 月，国际大学生程序设计竞赛亚洲区预选赛在上海举行，参加比赛的包括国内 60 多所高校的顶尖高手，结果"破格"参加的雅礼中学代表队与北京大学代表队"平起平坐"，同获第 4 名。

　　平心而论，吃亏的事谁愿意去做？不是说"好汉不吃眼前亏"吗？雅礼中学偏偏"反其道而行之"。要知道示范性学校可是质量的化身、荣誉的象征。社会的评价、家长的期待、学生的愿望，集于一身，责任重！纵使参加再多的比赛，拿回再多的奖牌，但要是分数上不去，升学没指望，玩得起吗？亏得了吗？

令人欣喜的是，在人人关注的分数上，雅礼中学也交出了漂亮的答卷。据统计，多年来，学校的高中毕业会考合格率始终保持在98%以上，本科录取率在90%以上，名列全省前茅。

当一种教育理念深入人心，成为一种信念的时候，它就会产生神奇的力量。谁能说，雅礼中学的骄人成绩，不是她先进办学理念的繁花硕果呢？

"抓3年，看6年，心里想着60年。"

教育是永恒的，而就受教育者个体来说，学校教育又是有限的。研究表明，青少年阶段是人生观、世界观和价值观形成的关键时期，这一阶段所受的教育在很大程度上决定了一个人一生的成长。如何给这"有限"的教育准确定位，常常不仅表现了教育行为的优劣，更折射出教育思想的差异。令人遗憾的是，在现实生活中，一些地方将学校教育定位为"分数教育""升学教育"，在他们眼里，质量的高低等同于分数的高低，办学的品位成为名次的排位，教育的追求异化为"升学的追求""应试的追求"。

人类的未来，已经对这种"短视教育"敲响警钟。国际21世纪教育委员会向联合国教科文组织提交的报告《教育——财富蕴含其中》指出，面对人类未来社会的发展，现代教育应围绕四种基本能力的学习来重新组织与设计。这四种基本能力包括学会认知、学会做事、学会共同生活、学会生存。

作为一所省级示范性中学，雅礼中学始终和着时代的节拍，着眼长远，放眼未来，以高品位的教育追求和领先的教育理念，唱响着时代的主旋律。示范性中学，决不能仅仅将眼光瞄准"升学率"，追求"金榜题名"产生的"轰动效应"。不是说"志当存高远"吗？那就为高远定位吧。于是，在"为学生终身发展奠基"的理念下，学校又响亮提出"不仅关注学生3年、6年，更要关注学生30年、60年"，并赋予这一理念更具体的内涵。

一次，一篇《哈佛拒收高考状元》的文章在雅礼中学校园内引发了不小的冲击波。这篇由教育家黄全愈撰写的文章中提到了这样的新闻。1996年，著名的哈佛大学把165个SAT满分的"高考状元"拒之门外，理由很简单——对隐藏在分数后面的综合素质不满。文章中还讲述了一个推销童子军饼干的女学生的故事。有一天，她突然异想天开地闯到某大公司，点名要见首席执行官，最后凭借自己的胆略和智慧成功地销售出了大批饼干。她还因此赢得了著名的普林斯顿大学的青睐——普林斯顿大学看中的正是这个敢想敢做、与众不同的学生表现出的潜在领导素质。

是啊，综合素质听起来捉摸不透，但却常常实实在在地体现出你的能力，甚至决定着你的终身发展。对于个人来说，未来的竞争是残酷的。人与人之间的较量，将更多地表现在综合素质高低的较量上。

中央电视台《对话》栏目曾以"影响未来若干年发展的最有价值的观念"为主题，对 100 位参加过《对话》栏目的著名人士进行问卷调查，结果 100 人的回答虽各有侧重，但归纳起来有三点是共同的，那就是学习能力、实践能力、创新能力。

对此，雅礼中学有着自己的理解。素质教育和分数没有矛盾，现代教育更应该注重能力的培养，并始终把提高学生的综合素质作为最高目标，为学生的终身发展增添强大的内力。

能力是内隐的，它看不见又摸不着，说培养就能培养吗？还是让我们看看雅礼中学的做法吧。

课程体系无疑是首先值得关注的。今天，雅礼中学的课程体系颇具特色。学校以国家新课程改革倡导的"新学力观"为课程改革的基本理念，构建起以基础扎根型课程、综合拓展型课程、创新提升型课程为标志的三大课程体系，实现了与学生基础性学力、发展性学力、创造性学力的对接。

基础扎根课程，是为学生的发展打好共同基础的。起码的知识点，每个人都必须掌握，这不妨说是成为"学生"的必要条件。这一体系涵盖了国家和地方课程计划规定的各门课程。语文、数学、英语、政治、物理、化学、生物、历史、地理、信息技术、体育与健康、艺术，是支撑这一体系的支柱，覆盖着全校 77 个班级。学校根据学科特点和学生的实际情况，在教学中真正体现学生主体、教师主导，培养学生主动学习的精神，激发学生强烈的求知欲。

综合拓展型课程，则是培养发展性学力的。示范性中学中，不少学生都非常"优秀"，兴趣要求和发展需要也多。如何满足这批学生的"胃口"？学校开设了丰富多彩的选修课，如古典诗词艺术欣赏、跨文化交流、网络多媒体技术、国际贸易惯例等 30 多门课程，由学生"各取所需"。有时，学校还专门邀请教授、专家开展现场讲座。这么一来，学生不仅兴趣大增，视野也更加开阔了。

创新提升型课程，顾名思义，当然有着"创造性思维"的成分，也体现着"创造性学力"的色彩。2000年，创新提升型课程的开展在高一试点获得成功，后来已在全高中年级整体推进。这一课程是对课程整体改革的突破，学生的学习过程明显带有"研究"的色彩。他们从自身的学习生活、社会生活、自然界以及人类自身的发展中选取研究专题，以探索的方式主动地获取理论知识、应用知识，并最终解决问题。显然，其中"能力"的含量大大增加。目前，全校确定列入课题目录的专题共有200个，同时，学生在自主选题、自愿组合的基础上还正在对130个课题进行全力"攻关"，其中有两个研究性学习结题报告被选入教育部基础教育课程教材发展中心组织编写的《综合实践活动案例专家点评》一书。

一位主持研究性学习课题的老师自豪地说："也许，中学生的研究不一定出成果，但是，重在过程。只要在研究中掌握了知识，培养了实践能力、创造能力、终身学习的能力，懂得了如何协调合作，就是一种成功!"

是啊，当探究学习、自主学习的能力成为每个学生都具备的能力，成功还会远吗?

社团活动也是雅礼中学校园中熠熠生辉的一个点。这些大大小小的社团，常常成为校园移动的风景，吸引着人们的眼球。

也许有人会说，"小打小闹"的社团活动见得可多了，有什么新鲜的? 你可千万别小看了社团活动。当年，乔治·W. 布什的"耶鲁时光"，不少就是在"德克社团"度过的。当年社团岁月中积累的经验，让他受益终身。

雅礼中学的社团主要包括雅礼英语协会、雅风文学社、雅礼心理协会、雅礼电视台、雅弈棋社、SKY戏剧社、执雅报社等。这些社团呈现出两个特点。一是学生参与面广。仅就人数来说，雅礼英语协会多达143人，覆盖全校32个班级;雅礼电视台50人，覆盖全校25个班级。参与面广，足以想见学生实践活动之多。二是形式多样。雅风文学社，写文章、弄笔头，这是动脑动手的;雅礼英语协会，口语交流、英语演讲、听力训练，那是动口动耳的;雅弈棋社，精心布局、用心出招，那得动"心";还有雅礼电视台，拍摄镜头、剪辑画面、编辑栏目，更要"手舞足蹈""刚柔相济"。学生的感官、肢体都得到了充分调动，这实践也够丰富了吧。

多彩多姿的社团活动，不仅锻炼着学生的实践能力，更让他们增长了知识，收获了沉甸甸的果实。据统计，仅雅礼英语协会就有20多人在托福考试中获得600分以上的高分。音乐社的周希舟、计算机协会的杨旻旻等人先后跨入耶鲁大学、北京大学。广播站站长、戏剧社副站长闫颢因在学校社团中有突出的组织能力而被美国全球年轻人领导协会提名为"2004 年全球学者"。

实践锻炼，能力展示。如今，学生社团已成为同学们向往的别样舞台，寄托着他们五彩缤纷的梦想。

从学生成长的意义上说，学习能力、实践能力的培养，就好像给学生配上了两驾动感十足的马车，他们在终身发展的过程中将跑得更快、更远。

2. 为学生的终身构建"人格长城"

"士有百行，以德为先。"著名教育家赫尔巴特说过："教育的最高目的是道德。"人民教育家陶行知更是提出构建"人格长城"的理念。在他看来，一个没有人格的人，即便知识再多，也无甚用处。中国人民大学教授俞国良指出，学习不好是次品，身体不好是废品，品德不好是危险品。这"危险品"，害人又害己，多可怕！

在长期的教育实践中，雅礼中学执着于高品位的教育追求，既注重学生知识和能力的培养，又着力弘扬学生的创新精神，在实施全面素质教育的过程中，始终融入丰富的人格教育内涵。

就说德育工作吧。

雅礼中学近年来推出的"1122"工程，成为学校德育的一个亮点。这其中的两个"1"，即一个目标、一个立足点。一个目标是：培养有个性、有修养、高品位、高素质的现代人。一个立足点则表述为：以人为本，始终着眼学生的终身发展。两个"2"，分别为两个重点、两个结合，即以养成教育和社会实践活动为重点，坚持横向和纵向的结合、传统美德和现代素质的结合。

养成教育如何"养成"？学校制定了《雅礼中学学生日常行为规范》和《学生礼仪常规》，详细列举了学生日常学习和生活中应注意的规范，引导学生"学习讲勤奋，仪表讲大方，谈吐讲文明，待人讲礼貌，在家讲孝顺，在外讲公德，生活讲朴素"。

大家知道，有的中学生对穿着十分看重，那我们就看看"要端庄大方，不准穿奇装异服"这项吧。学校规定，穿戴要整齐朴实，在校学习一律要穿校服，不穿奇装异服，要经常佩戴好校徽、团徽、红领巾。校内不准穿拖鞋和背心，不准戴墨镜……

也许有人会说，中学生处在身心剧变期，比较逆反，对他说"不"，他就能"不"吗？

坦率地讲，雅礼中学也确实碰到过这种现象，但学校坚持依托学生自身，充分发挥团委、学生会的桥梁及纽带作用，将全体学生从各个方面组织在自我管理的网络之中。在此基础上，学校又充分考虑学生的年龄特点和心理特征，开展了一系列养成教育的主题活动。比如，"创文明班级，做文明学生"活动，"学礼仪，讲礼节"活动，"树雅礼人形象，展雅礼人风采"活动，让学生在活动中默默熏陶、耳濡目染、潜移默化。学校还专门设立了校园"文明监督岗"，全天候、多方位地"跟踪"学生的举止行为。一遇"违规动作"，便及时纠正。久而久之，学生也就"习惯成自然"了。

社会实践活动，说起来"冠冕堂皇"，可真能"活""动"起来吗？

雅礼中学的社会实践活动还真是"真刀真枪""实打实"的。不是说"两大重点"吗？"虚晃一枪"，玩"花拳绣腿"怎么行？不能"标新立异"，那就持之以恒吧。学校始终突出"学会生存，学会关心，砺志立德，迎接挑战"的主题，先后建立了浏阳张坊镇学农基地、韶山革命传统教育基地、贵州黎平扶贫助教基地等 5 个教育基地。每年暑假，学校都会组织学生开展"三下乡"活动暨希望之旅夏令营活动。学生在活动中与农村"零距离"接触，和农村孩子同吃、同住、同劳动，一边体验着农村生活的酸甜苦辣，一边回味着"一语不能践，万卷徒空虚"的深刻哲理，心灵深处中的社会责任感和使命感也与日俱增。

学生自己记录的鲜活文字，也许更能让我们找到一点社会实践活动的"感觉"。这是高 267 班学生宛恬伊《浏阳随想》中的片段。

从张坊回来，我的脑海中总会浮现一幅题为《悠悠》的画面场景。画面中，一位哈尼族老妇人背着草筐默默前行，身后跟着一头同样缄默的耕牛。背景是原始的图腾图案。张坊的人民同样就是在这片贫瘠却又充满生机、古老而又神秘的土地上耕作着，如牦牛一般顽强地生存着，世代繁衍，生生不息。不觉间，我的心中升起一种使命感，内心也同这暮色一般凝重。在张坊的这几天里，我从山里孩子的身上读懂了什么是坚强，什么是勇敢，什么是忍耐，什么是拼搏。我有一份深深的感动。那是一种不可言传的意味，一个默契的眼神、一个会心的微笑，都已在心灵的底片上曝光——成为永恒。

在实践中探索，在探索中前进。雅礼中学终于走出一条富有特色的德育之路。"一体三化"模式，就是其中的亮点。

何为"一体三化"？简要地说，"一体"就是点、线、面、体四位一体。"点"——在德育的内容上，突出思想道德、法制纪律、心理教育的重点；"线"——在德育的队伍上，形成学校、教育处、团委、年级组、班主任、学生办、学生干部、家长和中国关心下一代工作委员会构成的教育工作主线；"面"——在德育的实施上，年级推进，落实到班级层面；"体"——在德育的范围上，从学校延伸到社会、家庭，形成学校、社会、家庭三结合的主体教育网络。"三化"，就是德育内容层次化、德育活动系列化、德育管理规范化。

打个比方，如果说雅礼中学多年的德育经验是"锦"，那么"一体三化"就是"花"，锦上添花，好上加好啦！

如果说课堂教学、养成教育、社会实践活动构成了雅礼中学德育的"主战场"，各位教师全力以赴坚持着"阵地战"；那么，心理健康教育、意志品质磨炼、团队精神培养则是一个个"辅战场"，在这里，他们也集中兵力展开了"歼灭战"，生动演绎着"全人格教育"的内涵。

就说心理健康教育吧。学校成立了心理辅导中心，配备了两位专职心理教师，就学生的心理问题"对症下药"。1996年，学校又专设了"心语室"，开通心理咨询热线，让学生叙说"心灵的故事"，有效地强化了学生的心理素质。

雅礼中学校友、著名经济学家厉以宁教授将"全人格教育"称为"雅礼精神"，并将它概括为"治学的严谨，做人的道理，豁达的心境，社会责任感"。

诗人但丁说得好：道德常常能填补智慧的缺陷，而智慧却永远填补不了道德的缺陷。从这个意义上说，雅礼中学的全人格教育，无疑给学生发展插上了腾飞的翅膀，为他们的终身筑起了"人格长城"。

（二）开放教育策略

国门的开放，带来新鲜与活力；社会的开放，带来自由与繁荣。可是，基础教育却一直是开放的"老大难"区域，现实与观念的"围墙"总把学校、教师与学生紧紧地锁在四角的天空里，菁菁校园里淡化了成长的气息。走进长沙市雅礼中学，记者深切地感受到，开放教育已成为学校实践终身教育理念的一个重要途径。学校开阔的思想视野、开放的教育内容、融洽的师生关系，无不向我们展示着开放教育带来的勃勃生机。

1. 让学生跨出"三重门"

或许是与世界一流学府耶鲁大学有着特殊的历史渊源，或许创办伊始就受到中西方文化的双重影响，雅礼中学始终保持着一种鹰击长空的姿态。这些年来，他们把自己的办学目标定为"国内一流，世界知名"。如此高远的教育追求，意味着雅礼教育将走出校门，走出城门，走出国门。

还是先从雅礼中学的国际交流说起吧。

早在1981年，长沙就与日本的鹿儿岛结为了友好城市。2001年2月，雅礼中学与美国、加拿大、意大利等国的一些城市中学应邀到鹿儿岛做教育访问。为增进各国中学生的相互了解，访问期间，鹿儿岛市精心组织了一场"国际中学生峰会"。走出国门参加这样的峰会，雅礼中学的学生真是既激动又紧张。毕竟，其他几个应邀国家的城市中学的代表队成员都是选拔出来的佼佼者啊。不过，峰会从开始到结束，雅礼中学的学生凭着敏捷的反应、精彩的发言和流利的英语展示了中国中学生的亮丽风采。每次发言完毕，雅礼中学的学生总能赢得全场热烈的掌声！

频繁的国际交流已成为雅礼中学开放教育的一大亮点。目前，学校已与美国的圣保罗中学、日本的鹿儿岛女子高中建立了密切的联系。至于与世界一流学府耶鲁大学的长期联系，就更不用说了。2001年，年轻的刘维朝校长荣幸地收到了耶鲁大学建校300周年庆典的邀请函。在中国，刘维朝是唯一被邀的中学校长。可以想象，当刘维朝面对台下那么多一流学者介绍雅礼中学的开放教育策略时，他的心中涌动着的是一种怎样的豪迈与幸福！

这些年来，耶鲁大学一直保持着向雅礼中学输送英语教师的传统，雅礼中学也定期派送英语教师到耶鲁大学进修。雅礼中学一直拥有着英语教学的金字招牌，不得不归功于这种开放的办学模式，而雅礼中学的英语特色又成了他们面向世界的成功之翼。

作为长沙市的对外接待单位，雅礼中学一直是展示长沙基础教育的重要窗口。

2002年5月21日，23个国家的驻华使节云集长沙，他们将全面考察这座有着悠久历史的文化古城。本来，安排表上标明的考察雅礼中学的时间是 10：00—11：00。谁知，9：30，各国使节便抵达雅礼中学。直到 11：30，使节们还迟迟不肯离开。两小时的考察中，雅礼中学的学生给各国使节带来了太多的快乐与惊喜！

各国使节没有想到，眼前穿着蓝色校服、稚气未脱的孩子竟是他们校园之行的翻译！每个孩子都那么见多识广、彬彬有礼，英语口语又是那么标准、纯正，而且对答如流！使节们也没有想到，雅礼中学的学生组成的合奏团演奏技巧居然那么炉火纯青！使节们更没有想到，雅礼中学的学生的创新能力与动手能力竟然如此出色！学生的手工制作、书法、绘画作品，每一件都让他们爱不释手！

面向世界，与国际交流，这仅仅只是雅礼中学开放教育的一种表现。在平常的教育过程中，雅礼中学在开放教育上的追求表现在把学生引向校门之外和城门之外的广阔天地。

记者在与雅礼中学的学生座谈时，一位学生的发言引发了记者深深的思考。他说："过去，我对学习的理解就是向书本学习，向老师学习；进入雅礼中学之后，我才懂得了学习的真正含义。除了向书本学习和向老师学习之外，还有更重要的，那就是向社会学习，向生活学习，向一切可以学习的东西学习。"

浏阳张坊、贵州黎平一直是雅礼中学的学生进行"三下乡"社会实践活动的两大基地。每次去这些地区，学生的思想与灵魂仿佛都受到了一次神圣的洗礼。"三下乡"活动让学生体验了人生的无数个第一次。这些成天生活在高楼大厦间的孩子，有些是第一次住到农民家里，第一次学会了割稻、打谷，第一次打着手电、提着热水摸黑洗澡，第一次对着乡村的旷野拉起小提琴……

生活是多么宽广，生活是海洋，凡是有生活的地方，就有快乐和宝藏！因为有了真情，在学生的日记里，他们记下了劳动的艰辛，也记下了农家孩子那半墙的奖状……

2. 教育无禁区

教育该不该设置禁区？对学生成长中的一些敏感问题，教育者应遮掩、回避，还是应接纳、面对？应该说，这是区分封闭教育与开放教育的一个显著标志。太多的教育现象让我们看到人为设立教育禁区的种种尴尬。在封闭教育者眼里，他们幻想着学校与社会绝缘，甚至试图通过所谓的全封闭管理防止社会对学校教育的负面影响。就像治水一样，采用种种"围、追、堵、截"的方法的最终结果是洪水泛滥。

在雅礼中学，只要是学生成长中遇到的问题，没有哪一个不可以纳入教育的内容，在雅礼中学的教育辞典里没有"禁区"二字。

就说学生早恋吧。

有关调查资料显示，尽管中学生的早恋比例已超过 20%，但在中学校园里，"早恋"依然是一个讳莫如深的话题。学生陷入早恋，教师要么熟视无睹，要么冷嘲热讽，要么视之为洪水猛兽。学生呢，不管教师怎么义正词严地"教育"，"羞答答的玫瑰"还是"静悄悄地开"。

像早恋这样的话题，早就成了雅礼中学众多班会活动课上公开讨论的成长主题。蒋松珍老师，四十好几的人了。她从言情小说谈起，谈到早恋问题产生的心理与生理原因，亲切的话语中充满着对孩子的理解与关爱。或许是教师的诚恳真正打开了学生的心扉，课堂上，当场就有学生发问："蒋老师，您有没有早恋过？能不能跟我们说说您的早恋经历？"不要以为蒋老师会生气，她告诉记者："在这样敏感的问题上，只有教师敢开了心扉，学生才可能心悦诚服地与你平等交流。"蒋老师当着全班同学的面，深情地回忆了自己的经历，坦诚地谈了自己对"早恋"的看法。如此一番推心置腹的讨论，有谁还会惊慌失措地躲在没有阳光的角落里"早恋"呢？

性教育，这个令中学生脸红心跳的话题在很多学校都是"犹抱琵琶半遮面"的。可是，媒体发布的消息却一次又一次向教育者敲响了警钟——缺乏正确的性知识、性观念、性心理，中学校园里酿成了多少不该发生的悲剧！朦胧的性渴求、强烈的性好奇，这些都是学生成长中必然经历的心理体验。何况现代中学生接收信息的渠道那么多，网络、图书、电视……或多或少都能让学生明白"性"是怎么一回事。在雅礼中学的教育者看来，对学生进行性教育是中学教师无可回避的责任。教师不跟学生谈性，学生表面上可能风平浪静，可谁又能保证那些错误的性认识不会植根于学生的脑海？

直面性问题，加强性教育，雅礼中学毫不避讳。就拿初 36 班来说吧。班主任吴老师从青少年身心发育的特点出发，帮助学生分析青春期的心理、生理现象，引导他们增强性保护意识。一开始，这样的性教育课半遮半掩，还男女分开教授，大家神秘兮兮的，对性知识越发好奇。后来，吴老师干脆就让男女生一起上课，学生们反倒变得很坦然，学得津津有味，并无异常反应，那些平日的羞涩、神秘感也烟消云散。课后，男女生的交往反而比平时还要自然。

　　曾经，某班一位男生喜欢上了同班的一位女生。年轻气盛的他还真胆大，一天，他趁那位女生不备，一下就抱住了她，还在她的脸上亲了一下。这位女生被吓了一跳，她三下两下跑到班主任那里求助。哪知，年轻的班主任也不知如何是好，只得找年级组长蒋松珍"取经问路"。蒋老师了解了事情的大概后，非常镇静。她把那位女生叫到身边，对她轻言安慰，要她别害怕，还说："这位同学喜欢你，是处在青春期的年轻人难以避免的一种心理现象。不过，他的情感超越了理智的约束，老师会帮助他，你不用再担心。"然后，她又找来那位男生，和他进行朋友般的交谈，并指出他的行为的不妥之处，巧妙地"平息"了这场"风波"。

　　网络，作为一种快速获取信息的工具，正以其强大的力量吸引着中学生的注意力。高科技手段总是一把双刃剑，在给人们带来便利的同时，也难免会有一些"副作用"。中学教育如果无视学生强烈的网络需求，一味地禁止学生上网，那么结果总会事与愿违。雅礼中学深刻地意识到了这一点。

　　在雅礼中学八年级，记者见到了一份特别的《学生上网协议书》。原来，这是年级组对学生进行网络教育一种手段。此前，年级已统一给学生印发了大量的有关网络与人身体健康、心理健康的关系的阅读材料。这些科学的调查材料，既从正面的角度阐述了网络的神奇与优越，也实事求是地列举了不健康上网对学生身体与心理的双重影响。学校计算机协会主办的《E潮》杂志也配合刊载了相关文章。《学生上网协议书》正是在这种晓之以理的教育背景下推出来的，它对健康上网提出了若干具体的规定，要求学生、家长、学校三方签字。经过这样的教育疏导，现在，雅礼中学的学生喜欢上网的人不少，但很少有学生受到网络的负面影响。不仅如此，不少年轻的教师甚至还把网络当成了促进师生间交流沟通的一种现代工具。像班主任刘陆军老师，全班学生都知道他的联系方式，学生碰到什么问题，都能与他进行及时的交流。

　　除了早恋、性、网络之外，金钱也是中学教育里不太涉及的一个话题。不知是不是受了"君子耻言利"的古训影响，一谈到钱，大家似乎总有些难以启齿。雅礼中学的老师们当然意识到了这一问题，于是，树立正确金钱观的教育同样走进了他们的课堂。别说，这种教育还真有奇效。雅礼中学八年级有个家里非常有钱的孩子，自从参与了金钱观教育的讨论之后，他的生活变得节俭，而且每次向家里要钱，他都会用本子做好登记。他说，现在自己用的这些钱都是父母的劳动所得，应当珍惜。

他还说，将来长大了，一定要以自己的劳动所得来报答父母。

雅礼中学不设禁区的教育，正以一种海纳百川的胸襟，包容着学生成长的方方面面。

3. 师生无距离

享受教育的美好，从走进学生的心灵开始。在雅礼中学采访时，记者常常被师生之间发生的故事与其中的细节深深地感动着。

丁正光是长沙市赫赫有名的数学老师。每教一个班，丁老师总是这样鼓励学生："你们都是非常出众的，你们根本不用严加管教。"这份赞赏，不仅让学生增添了一份自信，而且让孩子们从内心深处默默珍惜着丁老师的这种尊重和爱。课堂上，丁老师总是以风趣机智的话语拓展同学们的想象空间，活跃他们的数学思维。有时，他整堂课上就只讲一道题，却变幻出十多种解题方法。学生们大开眼界，并送他一个雅号——"变形金刚"。

年轻的英语教师陈梨虽然刚走上讲台几年，但是极具亲和力、感染力。在她看来，学生都是成长中的孩子，而成长是有过程的，教师只有宽容、温和、亲切，才能引导学生更快、更好地成长。不论是当班主任还是做任课教师，她始终相信亲和的力量是巨大的。这不，有时学生在课堂上讲话，她会淡淡一笑，这样提示学生："请不要做口腔运动。"有的学生课间喜欢吃口香糖，上课后还舍不得"住口"，她会幽上一默："现在请将'文件'送入回收站。"有的课代表工作表现突出，她就以拥抱的方式表示对他们的赞赏。她带的班级，多次获"市文明班级"称号。在同学们的眼里，她始终是一位活泼开朗的大姐姐。

莫炳文，仪表堂堂的七尺男儿，三十好几了，学生们敬他、爱他，背地里叫他"可爱的莫老爷"。平时，碰着那些淘气的孩子，"莫老爷"总喜欢摸着孩子的头，用长沙话问一句："崽也，又何事搞的喽？"生动的语言，和蔼的态度，大大拉近了师生之间的心理距离。学生们与莫老师无话不谈，他们的班会课也常常成为师生谈话会。

从自己的思想观念与生活方式出发，不少教师常常捉摸不透现代学生的思想和行为，"代沟"一词成了教师转弯绕道的遁词。而在雅礼中学，记者却总能听到班主任发出这样的感叹："现在的孩子不同了，那些老掉牙的大道理他们听不进去。师生成为朋友不是一句空话，你不放下架子，你就跟学生成不了朋友。"

一位年轻的班主任发现，有段时间班上学生对某部青春偶像剧如醉如痴，怎么制止都没用。这部剧究竟有怎样的魔力？他悄悄地借来该剧的全部光碟，硬是花了两天时间将片子全部看完。他这才发现，青春偶像剧能够吸引学生的原因并非以前想象的那么简单。于是，他从剧中人物的情感故事谈起，谈到剧本的主题、审美的取向、演员的表演，他还为学生演唱了该剧的主题曲，在与学生寻求交流、理解、共鸣的同时，也使学生对青春偶像剧有了一个正确的态度。因为真正走进了学生的心灵，这一次的教育效果竟然出奇的好！

亲其师，才信其道。教师与学生的心理距离近了，营造民主、和谐的教学氛围当然水到渠成。

数学老师易兰桂，善于以优美生动的言语把学生带进精彩的思维王国，可他的普通话不够标准。学生喜欢易老师的为人，也喜欢易老师的课。教师节来临，孩子们开始思考要送给易老师一份意外的礼物。送什么好呢？机灵的学生把易老师平时那些典型的"塑料普通话"收集起来，并为这些"经典"的句子配上了幽默的漫画。易老师不是爱把"坐标轴"念成"坐标竹"吗？对了，就画两根竹子组成一个坐标，旁边再画一只啃竹叶的熊猫。或许有人会说，学生的这种做法似乎有损"师道尊严"，可易老师却不这样看。他说："当我得到这本特制的《桂语画》时，我打心眼里为迸发创新思维的孩子们感到自豪，我感到自己真的是世界上最幸福的人！"

（三）个性教育策略

"让学生成为个性的海洋"，这是雅礼中学的一大追求。多年来，这样的追求指引着他们的教育行为，而个性教育策略，就是这种追求的一个亮点。

"在校园里碰到不穿校服的学生，不用问，我看几眼就可以知道他们是不是我们雅礼中学的。"采访中，教务处副主任许春阳的这句话着实让记者感到既惊讶又好奇。

看几眼就知道他是不是雅礼人？难道所有雅礼中学的学生他都认识？单说本校区，就有4850人，许老师不仅要记住他们，而且还得不断"温故知新"。除非他有特异功能，要不就是雅礼中学的学生身上都被贴上了"雅礼"的标签。

许春阳当然没有特异功能，雅礼中学的标签贴在学生的言行举止上，是无形无影的。

雅礼人崇尚自然美，头发保持着纯正的黑色；雅礼人崇尚朴素美，除一年四套的校服之外，偶尔穿着入校的多是休闲自然的服装。

雅礼人崇尚礼仪。"子所雅言，诗书执礼"，校名由此而来。"雅言敦品行，礼貌表文明"的学校格言，不仅表现在"文明示范岗"的示范作用上，更内化成雅礼人的一种风尚面貌、精神品质。走在校园内，迎面是一张张充满微笑的脸，听到的是一声声"老师好"。通过微笑和问候，我们解读到的是他们作为雅礼主人的自信、礼貌和热情。

有了这些标签，有了这些烙有"雅礼"字样的个性化的风貌，许春阳在看几眼之后自然就不难判断了。

其实，着装、言谈、风貌只是雅礼教育个性化的标识。英国教育学家洛克不是说过"每一个人的心灵都像他们的脸一样各不相同，他们无时无刻不在表现着自己的个性"吗？同样，每个学校的教育也因为各自的办学目标和理念的不同而呈现出千姿百态的景象，这就形成了学校的个性化教育。"国内一流，世界知名"的办学目标，决定了雅礼人必须要形成自己的办学特色，拥有自己的"拳头产品"，打造出"雅礼"的教育品牌。"为学生终身发展奠基"的理念，要求对学生因材施教，把他们培养成学有所长、有自主意识和独立人格的现代人，融入社会后成为不可替代的那一个。"让翻译下岗"的英语教育，"让大学生佩服"的现代技术教育，"让友邦惊诧"的特长教育，以及"一眼就能认出"的且"雅"且"礼"的校园文化，都是雅礼教育的一个个醒目的标签。这是学校教育的"个性"。那么，对每个学生，雅礼中学的教师又是怎样实施个性化教育的呢？

先说一个在教育人中广为流传的故事。

课堂上，老师问："雪融化后变成了什么？"有学生回答"变成了春天"，有同学回答"变成了绿色"，老师却板着脸、摇着头，说："全都错了，雪融化了应该变成水。"

学生的个性是丰富多彩的，只有尊重个性的教育才是成功的教育。可长期以来，我们的教育却千人一面、万人一书。对知识点的讲解，我们从来都口径一致、标准一样，学生仿佛流水线上的产品，失去了属于自己的个性化的特质。就像上述故事中的那位老师，他的看似权威的标准答案的背后，恰恰是对学生鲜活个性的扼杀，对奇妙想象力的禁锢。雅礼中学的个性化教育就是要解放被"标准"束缚的学生，尊重他们的个性，展示他们的个性，发展他们的个性，让他们不再是生产线上的复制品，而是让他们成长为"自己"。

1. 让喜欢射箭的孩子射箭

还是一个故事。

两个学生跟老师学下棋。一个非常认真，另一个心不在焉，常常被窗外叽叽喳喳的小鸟吸引，对小鸟徒手摆出射箭的姿势，屡教不改。结果，认真的学生成了有名的棋手，开小差的学生一事无成。

这个故事差不多每个孩子在启蒙的时候都听过，目的不言而喻，教育大家学习要专心一致。可是高一年级组组长陈勤芳老师的一句话却打破了人们多年来的惯性思维：为什么不让喜欢射箭的孩子射箭？也许他能成为射箭高手呢！

为什么不让喜欢射箭的孩子射箭？简简单单一句话的背后隐含的正是个性化教育的内核：首先要尊重学生的个性，然后才能发展学生的个性，因材施教。

尊重的关键在于理解和接受。尊重学生的个性，就意味着教师们必须千方百计地去理解和接受学生的个性，包括他们的行为模式、审美倾向、思维方式。

20世纪80年代以后出生的一孩子，如果用一个词来概括他们最突出的特征，那就是"有个性"，用他们自己的话说就是"酷"。这不光表现在他们喜欢骑酷酷的车、唱酷酷的歌、说酷酷的语言、有酷酷的梦想，更重要的是，他们那些年轻的脑袋里常常会蹦出一些古灵精怪的想法。他们喜欢用质疑的目光看待身边的一切，急切地想向世界喊出自己的声音。

拿课堂来说吧，学生挑老师、挑教科书的刺，在从前的传统课堂里可是"雷池"，是禁区。可在雅礼中学，非但屡见不鲜，还总能得到老师的鼓励和表扬。张扬了自我，还得到了表扬，同学们自然艳羡不已，于是都在学习中攒足了十二分的劲儿去寻找学习过程中的"刺"。个性化教育最重要的品质之一——质疑精神，就这样进入了学生的思维里。后来，不管在何种领域、是何方神圣，雅礼中学的学生总要在心里打上一个问号。

这不，张一飞、何林、杨旻旻、任鑫四个同学竟把"刺"挑到了高等数学领域的权威专家那里去了。数学上有一个"约瑟夫问题"。要把这个约瑟夫问题搞清楚，一般需要达到大学理工科毕业生的水平。对这个"约瑟夫问题"，早有专家定论：只有用二次方程解决才是最好的。可这四个"初生牛犊"愣是不信这个邪，他们总感觉用一次方程就可以算出来，于是把想法跟指导老师朱全民交流了一番。在得到朱老师的鼓励后，四个人开始冥思苦想、埋头苦算，终于用一次方程解决了这个"约瑟夫问题"，比权威专家的二次方程要简便很多。

倡导质疑精神，以上还只是欣赏、挖掘学生的"酷"；要真正了解学生，更好地因材施教，还需要教育者有更"酷"的教育理念，那就是肯离开"棋盘"，与学生换位思考，去揣摩孩子们"箭"上的心。

蒋松珍老师已届不惑，却走在校园流行文化的潮头。校园里流行的歌曲，她都会唱。不光是蒋老师，学校许多中年甚至老年教师都很能哼上两句流行歌曲，更别说青年教师了。爱其所爱、感同身受才能真正地走进学生的心灵。就这样，他们都成了孩子们的追"心"族。

心靠近了，才能理解孩子的需要，才能领悟原来"让喜欢射箭的孩子射箭"是最民主、最容易获得成功的教育方法。

张梁是初16班的学生，喜好画画，草稿上、课本上、作业簿上随处可见他的"涂鸦之作"。任课老师反映到班主任张艺纯老师那里。张老师看着张梁的"罪证"，呵，画的还真像那么回事！于是对惶恐不安的张梁说："既然你喜欢画画，就交给你一个任务，负责班上的黑板报吧。"

被委以重任的张梁开始在教室后面不足两平方米的"园地"里认真耕耘，并参加了学校的业余美术组。张老师从指导老师那里得知，张梁学画认真且悟性高，她的心思又动了：何不让张梁学美术专业？可业余美术组的指导水平毕竟有限，于是她又跟张梁的父母联系，建议让张梁去青少年宫接受系统的专业训练。

就这样，张梁走上了艺术之路。2002年，在不断"出谋划策"的张老师的鼓励和帮助下，通过自己的不懈努力，张梁考取了广州美术学院。在临行的筵席上，他万分感激地对张老师说："如果不是您不断鼓励我画画，我就不会有今天！"

为了让"喜欢射箭的孩子射箭"，自2001年起，雅礼中学共开设了30多门选修课，成立了32个社团。这些选修课和社团一起建构了雅礼教育的"超市"：每一个学生都能依据自己的喜好、需要去自由选择。

2. 让"不可复制"的"我"无翼而飞

"我就是我，我不可复制！"这大约是如今的青少年最标榜的一句话了。这句话至少透显出两个信息：一是他们有着自己独特的个性；二是他们渴望展示自己的个性，让世人承认"我"的独一无二。传统教育常常忽视孩子的表现欲，让许多本可能有所发展的专长在"不见天日"的环境中枯萎死亡。而在这个张扬个性的年代，教育者需要清醒地认识到个性的展示、专长的展现对教育的重要性。于是，一个被传统教育忽略的课题摆到了当代教育者的面前。如何搭建舞台，让同学们展示自我、展示个性，发展自我、发展个性？是不是每年搞一次校运动会、艺术节就完成了使命？除了田径场、表演厅那些实实在在的场地之外，是不是还有更为广阔的舞台？搭建那样的舞台，是依靠传统意义上的钢筋水泥，还是别的东西？

刘维朝校长认为，这样的舞台应该是用教育人的理念搭建的。什么理念？那就是挖掘学生的内驱力，让学生依靠自己的力量去搭建。用刘校长的话说就是"放手让他们去做吧"。

放手去做。只要展示了你有兴趣的东西、你认准了的东西、你精心策划了的东西，你就有了一次展示自己、提高自己的机会。没有场地，学校提供；资金困难，学校垫付……于是，学生自办的英文杂志在经费周转不灵的情况下如期出刊了；于是，新改版的四开全铜版纸彩色印刷的《兰芽》新鲜出炉了……这可不仅仅是一本本杂志、一张张报纸，它们更是一个个可以让同学们"鸟飞鱼跃"的舞台。

《无翼而飞》是初 422 班 2001 年初中毕业时集体制作的一本书。整本书从策划、组织，到设计、组稿、编辑、校对，再到联系印刷厂，全是班委会 7 名同学负责的。书里面的每一个字、每一幅画、每一道色彩全归班上 62 名同学共有。班主任张艺纯老师从头至尾扮演的仅仅是倡议者和读者的角色。恰恰是张老师的这个倡议，塑造了一个丰美的心灵世界。

单论书名即让人怦然心动，它描绘了所有人最原始、最童真的内心渴盼。封面的用色大胆泼辣，几乎堆积了所有艳丽华贵的色彩，昭示着初 422 班这群花季少年华美而声势浩大的青春。全书分为六个部分，每个部分的题名和插图也都让人不禁拍案。"瞳仁"的插图是一张桌上花瓶的写生画，写生画最重要的就是要仔细观察，所以这个部分描写的是少年透过瞳孔看到的缤纷世界；"季渡"的插图画的是少年立于岸边，它的主题是成长；"异论"的插图画的是一堵五色的墙被敲开了一个洞，同学们讨论各类社会问题的声音都潮涌进来；"新刻"记录的是初 422 班写作能手的文学作品，像生命最初的刻痕……细读里面的文章，更是用词新鲜、活泼，想象不落俗套，形式不拘一格，直让我们这些终日与文字周旋的人汗颜。谁能断定，若干年后他们中间不会出现名作家、名画家、名编辑呢？

拥有"班书"的班级在雅礼中学不少。自 2000 年来，共有 16 个班级创作了自己的书。每一本书都记录着他们独特的成长轨迹，成为他们人生中最重要的备忘录。

没有"班书"的班级怎么办？他们有《班级管理日记》——这是班班必备的，一样精彩和热闹。起初，每个班的班级管理日记都"中规中矩"；后来，年轻的心开始不满足于机械重复了，他们像要破土而出的小草，努力地向世界吐出自己的绿色。终于，五花八门的管理日记出现了。

毫不夸张地说，这些书和日记间奔涌的蓬勃热情、挥洒的飞扬青春、彰显的独特个性，绝不是应试教育体制下的学生可以比拟的。它需要创意，需要个性化的东西，需要心灵的自由，需要不受拘束的表达。只有这样，才有直击心灵的力量，才能培养出真正具有主体意识、独立人格的人，才能让他在一生的发展中始终有自己鲜明的个性、独特的痕迹。而这一切都依赖于"放手去做"的思想，依赖于雅礼中学给学生提供的一个如田野般广袤而自由的舞台，让他们可以无翼而飞。

3. 狂者狂成，狷者狷成

就如雕磨根雕一样，我们既要顺应其树根的特征，展示树根的美丽，又得扬其长而避其短，把它雕磨成一个真正的艺术品。优秀教师的技巧也在于寻找到学生最闪光的点，然后因势利导，让点点"星火"照亮生命的旷野。

就说说初 12 班原班主任朱双华吧。

几乎每个学校的每个班级中都会有这么几个人：他们头脑机灵，接受能力强，老师的课还没讲完，他们就已经略知八九了，于是开始东张西望，甚至"惹是生非"，因此总是被值日生"记录在案"。由于头脑聪明，他们的成绩也不会差到哪里去，但由于学习不用功，他们的成绩也好不到哪里去，他们一直就"大事没有，小事不断"地让老师头疼着。

朱老师班上也有这么几个。每次留校时，他们都还理直气壮：我没干什么！可朱老师心如明镜。

"好，你说你没违反纪律，只要你能顺利通过我的游戏，你就可以不留校。""什么游戏？""看谁最聪明的游戏。谁玩到最后，谁最聪明。"说这话的时候，朱老师特意把"最聪明"几个字加重了语气。

"最聪明？我当然最聪明！"那几个学生都在心里攒了一把劲儿，一定要夺得这个"最"字头衔。于是，留校的学生们围成一个圈，玩"逢七跳过"的报数游戏。玩过这个游戏的人都知道，必须要反应快且心情放松才能赢。那几个小家伙越在乎这个头衔就越紧张，越紧张就越早乱了方寸。这不，败下阵来的往往就是这些"机灵鬼"。

把他们留下来也不是为了让他们听苦口婆心的长篇大论。朱老师另有妙计。比如，回家路上朋友式的边走边聊，在校园里选一个安静的角落促膝谈心，甚至还可以请学生吃饭。

班上的朱子龙英语成绩差，还常常不交作业。这家伙啊，挺聪明的，鬼点子多，喜欢读书，知识面广，在同学中很有点声望。可就是懒，自己却托词"我少了英语这根筋"。这一天，朱子龙没默写单词，又留校了。

"逼死我都写不出！"朱子龙横竖铁了心，干脆把笔一放。"我不逼你。走，我们先去吃饭。"朱老师决定转移阵地，带着朱子龙去吃饭了。刚落座，这孩子的话匣子就打开了。从平时阅读的书谈到天文地理，再谈到中国传统教育对青少年个性的"抹杀"，还把班上同学们的思想状况来了个"大揭底"。呵呵，他不仅是部微型的"百科全书"，而且是个效率颇高的"情报处"。得好好利用他善于从同学们当中获取信息资源的优势。

"朱子龙，你来当班长助理怎么样？""我当班长助理？"朱子龙有点不相信自己的耳朵，但从朱老师的表情来看，他又不像是在开玩笑。

就这样，初12班在班长之下又多了个班长助理。可别小瞧了这个班长助理，一学期下来，他成了初12班"课间文化"的引领者。每到下课，一些"有识之士"就会聚到他的课桌周围，开始谈天说地。政治时事往往是他们关注的焦点；青少年的精神状态、心理成长，也是他们喜爱的话题；至于那些家长里短的小道消息，则是他们不屑的。而朱子龙的英语成绩也升到了班上的中游。班长助理嘛，当然要以身作则啊！

就这样，"朱子龙们"在朱老师的个性化教育下，一个个"规矩"起来。他们并不是被"绑了手脚，封住了嘴"，他们依旧活跃、聪明、调皮的本性常常要探出个头来，但那已不是违纪捣蛋的表现，他们成为点子的策划者、活动的组织者，全班就数他们最出"风头"。

苏联教育家马卡连柯曾把教育的目的归结为"人的个性培养计划"。如果违背了人的个性，那么教育的成功从何谈起？只有依循学生的特性，抓住他最突出的特点，因势利导，趋利避害，"狂者便从狂处成就他，狷者便从狷处成就他"，这才是教育的巧妙之处。

雅礼中学的学生多有自己的"狷狂"处。这可不是指性格上的狷介、狂妄，而是指自己突出的、优于他人的特征。经过雅礼中学这些"艺术者"的雕磨，他们在基本能力达标的基础上，都拥有了自己的一技之长。下面的数字也许最能说明问题。2001 年，有 34 名特长生升入高一级学校，占升入高一级学校总人数的 9.6％；2002 年和 2003 年均有 30 名特长生升入高一级学校，分别占升入高一级学校总人数的 11.5％和 12.2％。这里的特长生仅仅指音体美特长考生，许多有音体美特长却参加普通高考的同学并不在其内。再加上其他有英语特长、计算机特长、写作特长、管理特长等的同学，比率就高达 90％以上了。

（四）自主教育策略

1. 教学不能"垂帘听政"

在与雅礼中学学生座谈时，同学们这样描述在雅礼中学学习的感受："雅礼中学教会我自主学习，教会我向一切可以学习的东西学习。""雅礼中学给了我们无尽的天空，任我们自由翱翔。""大口呼吸自由的阳光。"学校领导告诉记者，开展自主教育，让学生自主学习、自主管理和自主体验，是雅礼中学多年来办学的成功经验。走进雅礼中学，我们深刻地感受到了这一点。

"对学生的学习能力，我从来都是仰视的。"这是雅礼中学年轻英语教师黄琼的口头禅，如今已成为雅礼中学教师们的"教学格言"。作为一种观念，尊重学生自主学习的权利，相信学生的学习能力，甚至像黄老师这样"崇拜"学生的学习能力，在雅礼中学的教师群体中已深入人心。

其实，让学生自主学习，早已不是什么新鲜事，绝不是雅礼中学的独创。道理谁都明白，然而许多学校说起来一样，做起来又一样。问题就在于一些学校和教师总担心学生这也不行、那也不懂，总想包办，搞"垂帘听政"，越俎代庖，学生怎么能自主呢？

"放手的孩子走得远。"雅礼中学的老师就舍得放手。就拿黄琼老师来说吧，为了让学生更好地自主学习英语，她想了不少点子，课前 5 分钟的"值日生报告"便是其中之一。具体做法是怎样的呢？每次上课前，当天值日的学生就走上讲台，充分展示自己的英语才华。学生可以讲故事，可以表演小品，也可以出谜语，等等。形式由学生自己决定。若不嫌麻烦，可以自备道具，可以使用多媒体，这同样由学生自己说了算。一切都是开放式的，只有时间限定了，大约 5 分钟，这是完全属于学生自己的舞台。"同学们的积极性很高，经常有同学问我，Hannah（黄琼老师的英文名），什么时候才轮到他。为了做好那 5 分钟的值日报告，同学们想尽办法，积极查阅资料，自己动手制作道具，他们有时用的新词汇，连我都没有见过。比如，有位同学报告的主题是'第六感'。他首先播放了一段录像片段；然后，用英语介绍现实生活中的有关现象；最后，把自己装扮成巫师……"黄老师绘声绘色地向记者讲述，最后她无限感慨地说："课堂上，老师不能只展示自己，而应该让学生展示自己，尽量让学生多做，也许学生会更出色。"正因为这样，黄老师备受欢迎，只要有英语课，同学们就会高兴地说："今天又有两节英语课。"有位本不喜欢英语的学生这样评价道："上黄老师的课，不敢睡，不能睡，也不想睡。"也许黄老师的做法未必特别新颖，也许在其他学校和老师那里俯拾皆是；但是，她对学生真诚的信任和尊重，必是学生自主学习的重要推力。

没有老师的信任和尊重，就没有学生的自主学习；同样，没有选择的自由，也没有学生的自主学习。对此，雅礼中学尽可能地创造条件。年轻的劳技老师朱双华告诉记者，教材上的内容仍然是一些剪纸、插花等"老掉牙"的东西，学生根本不感兴趣。于是，朱老师就按学生的要求来教学，软陶、十字绣、中国结等时下流行的东西登上了"大雅之堂"。因为是学生自己的选择，其自主性得到了充分的发挥。比如中国结，好看却不好学。中国结制作的核心是盘长结，线要来回绕，或二回，或四回，或八回，必须成双数，每回东南西北四个方向都要绕到。变化很复杂，一般人只能做绕二回的。当时，朱老师也是初学者，每次备课时，对照图纸反复练习，然后课上再教给学生。为了帮助学生练习，上完一节课后，朱老师就把图纸发给了学生。没想到第二次上课时，张玲燕同学找到朱老师，告诉她："老师，其实这中间有规律可循。绕结时，每次朝一个方向走完一定的数量后，再定其他方向，并不一定要按图纸上说的那样去做。"朱老师一试，果真是那么回事。后来，学生发明了许多种编法，编出了多种多样的中国结，一些市场上没有的形式也呈现出来了。

学校开设的选修课更是学生自主学习的舞台。学生可以根据自己的喜好，在课程的"超市"任意选择课程。如果对传统文化感兴趣，就可以选择"对联读写导引"；如果对计算机感兴趣，就可以选修"计算机文化"……兴趣是学习的动力。彭宇老师开设的选修课是"计算机文化"。当彭老师把那本厚厚的全英文版教材摆在我们面前时，记者头皮一阵发麻，不禁同情起学生来：看得懂、学得会吗？彭老师的回答异常"残酷"："有学习的愿望就有学习的方法，我不可能讲解每个单词，我就是要把学生一脚'踹进海里'，想不想游、能不能游在于学生自己；教师只能是学生学习过程的指导者，他无法替代学生去游泳。"转念一想，彭老师所言不仅有道理，而且正是学习的真谛所在。好在雅礼学子也明白这一点。彭老师告诉记者，上一个学期，报名这门选修课的还只有 40 多人，现在报名的已近百人，这无疑是雅礼中学学生自主学习的最好印证。

其实，通过自主学习，学生获得的不仅是知识面的扩展、能力的提高，更重要的是人格的自我完善。张艺纯老师班上有位同学父母离异，母亲又经常在她面前唠叨，这位同学的心里十分苦闷。面对此种情形，张老师就让她去买了《傅雷家书》《罗兰小语》等书籍，没多久她的脸上就又有了灿烂的笑容。一位同学在接受完 100多篇名篇佳作的"精神按摩"后，深情地感慨："这些饱含深情的文章给予了我一种高层次的精神享受。它们不但陶冶了我的情操、丰富了我的生活、提高了我对文学作品的欣赏能力，更重要的是，这些作品渗透着的作者对人生、对生活、对学习的精辟见解，对我的思考方式、写作思维、写作方式产生了深刻而有益的影响。"

2. 班主任只是"遥控器"

老师们都知道，班主任难当。班主任承担的责任大，一根弦总是绷得紧紧的，总担心班上学生不听话、捅娄子、出乱子。因此，班主任中间流传着"三怕"：怕自习，怕请假，怕开会。有人曾把班主任归纳为几种类型：事必躬亲的"保姆型"、威严不可犯的"警察型"和对学生违规行为"明察秋毫"的"裁判型"等。其实，对每个班主任来说，做"保姆"太累，做"警察"不亲，做"裁判"学生也未必买账，口服心不服的居多。然而，在雅礼中学可不是这样的——班主任的日子过得有滋有味、潇潇洒洒，着实让人羡慕。担任班主任多年的戴颖老师就说："我教两个班的语文，还兼任班主任，但我感到很轻松。"很轻松？莫非雅礼中学的班主任有三头六臂不成？

当然不是。他们的秘诀说起来很简单，就是启发、引导学生的内在教育需求，创设和谐、民主的教育环境，培养学生对自身发展的自觉意识和能动作用，使学生形成自信、自强、自律的优良品格，从而实现自主管理。雅礼人用了一句生动的话来概括："教师只是遥控器。"在实施过程中，雅礼中学又有三个绝招。

"全员管理"就是第一招。美国教育家爱默生告诉人们，学校教育成功的秘密在于尊重学生。雅礼中学成功之处也在这里。在大多数学校，人们似乎已经习惯了让教师来管理学生，或者让少数学生来管理多数学生。这中间虽然不乏成功的范例，但是，我们不妨大胆地推测一下，大多数人处于被管理层，要让他们真正自主起来，是不是有些一厢情愿呢？

在雅礼中学，各班都实行了班干部分权制度，把班主任的权力下放到班干部，同时，推行值日班长和值周班长双轨制的做法。值日班长，即按学号顺序，每位同学都有担任班长的机会，轮到谁，那一天就由谁来负责，从早晨上学到下午放学对班级工作进行日常管理；值周班长，则由班干部轮流担任，负责协调工作，与值日班长共同管理班务。其他班干部职责明确，各司其职。别小看了值日班长制度，它为每个同学提供了展示才能与培养处理问题的能力的机会，让每位同学从批评与自我批评中实现自我教育。一位学困生在担任值日班长后，写下了这样一段心得体会："当值日班长那天，我很紧张，时刻在想，从前我常被班干部管，常挨批评，今天轮到我管别人、教育别人了，我能做好吗？我真正感到做一名学优生不容易。我想，我不会再让老师、班干部操心了。"这样的教育效果恐怕是老师无数次的说教也难以达到的。这样一来，班级的日常工作都由学生来完成。"班主任完全退到了幕后，只要将任务布置下去，学生马上就会积极地完成。班主任只要做顾问和参谋，起遥控作用就行了。"老师们高兴地说。

在教育教学中，许多教师感到困惑：有些规章制度明明有益于学生的身心健康发展，但执行起来总不顺，管起学生来总碰钉子。问题的症结就在于，制度是老师定的，却要学生来遵守，学生心理不认同呀。没有认同感，教育就变得艰难。而雅礼中学让学生参与规章制度的制定，就巧妙地克服了这一难题。这样，制度是学生自己制定的，不是老师强加的，学生就会认同；而学生认同的东西，他们就没理由不遵守、不执行。如此一来，遵守规章制度就内化为学生的自我需求。这就是雅礼中学的第二招，"认同管理"。

莫炳文老师就是这么做的。他在担任初 29 班班主任之初，就组织学生学习《学生日常行为规范》，然后召开"学生以学为主，学什么？"的主题班会，师生共同归纳了几条，即"学会做人，学会办事，学会求知，学会健体，学会创新，学会生存"，并将其作为班训。随后，以此为基础，师生共同制定班规班纪。同样的东西出自学生之手，效果就是不一样。比如，有学生说："过去我不愿做眼保健操，现在我明白了，这是'学会健体'的一部分，对我将来有好处，以后我会认真做的。"再如，班上有人搞卫生时非常马虎，马上就有同学在班会上批评道："我认为搞卫生是'学会办事'的一部分，不认真搞卫生就不对。"现在，卫生清扫工作成了同学们的自觉行为，他们还在工作中总结出了"教室卫生四部曲""厕所卫生三步到位法"，至于逃避卫生清扫工作的现象，早已消失得无影无踪。一直被班主任视为工作中"老大难"的卫生清扫工作，在这里变得不难了。

"民主管理"是雅礼中学实施自我管理的第三招。民主管理，许多学校都这么提，但在实际操作中，往往只有学生之间的民主，无法民主到老师头上。雅礼中学却不存在老师的"一票否决"。"许多事情都由学生说了算。就说发展团员吧，完全由学生做主。首先由学生投票选出候选人，然后全体团员开会，决定谁能加入、谁不能加入。有一次发展团员时，我向大家作了导向性发言，希望某同学加入，结果，同学们却依事实否决了我的意见。"张艺纯老师说。民主还体现在"竞聘上岗"上。在雅礼中学，学生要成为学生干部，就必须参加竞聘，适合不适合得让同学们自己来决定，老师没有太大的发言权。采访中，初31班的《班级管理条例》引起我们的兴趣。其中，第4条就清清楚楚、明明白白地指出："班级大会为班级最高权力机构。所有重大的原则性问题和事务都需由班级大会表决，过半数赞成即通过。班级大会有对班主任的提议权和监督权，可以否决班主任不恰当的决定。班级大会可以选举和罢免班干部。选举班干部需过半数，撤销班干部只需过全班人数的三分之一。班级大会由班委会提议召开，或由四分之一的同学提议召开。班级大会由班长主持，班主任列席。"谁能不惊叹这份杰作！

雅礼中学特别注重创设条件，让学生自主体验，通过体验达到自我教育。"自主体验，让我们终身受益！"孩子们说。

谈及七年级的一次"报纸义卖"活动，张涧青同学仍十分激动。

那是几年前的事了。为了"体验生活，奉献爱心"，初422班决定组织一次义卖活动。他们以较低的价格从邮局购来报纸和过刊，然后分组到学校附近去卖，将义卖的钱捐献给希望工程。

其间，他们得到了许多热心人的关怀和帮助，也遭遇了白眼、非议甚至侮辱。有两位女同学在向一名出租车司机说明来意后，那位司机从怀里掏出 2 元，从车窗里扔出来，轻蔑地说："不就是要钱吗？"随后开车扬长而去。还有几位同学上门义卖时，有的住户仅隔着铁门看了一眼就"呼"的一声关了门，有的干脆不开门，还有一位住户竟把家里喂养的狗放了出来……

"那次活动让我们看到了人间百态，尝到了生活的甜酸苦辣，我们每一个人似乎都长大了许多。吃午饭时，我们几个人原本准备吃汉堡，后来一想，一个汉堡的价格相当于 20 来份报纸或四五本杂志的价格。最后，我们每人吃了一碗 2 元的凉面。"张涧青深有感触。

研究性学习是学生又一个体验的舞台。教科室副主任胡志豪介绍说，学校从 2000 年开始开展研究性学习。

"最初，我对研究性学习很有看法。课程那么紧，学习任务那么重，学生会研究出什么名堂来呢？

后来，我看到了学生的研究性报告，我没有料到学生会表现得如此出色！当我还是高中生时，甚至当我成为老师后，我也未必能做得那样好。"

就拿刘钰等同学的报告《图书市场的现状与发展》来说吧。他们对长沙市的书店及图书市场，如南阳街的古旧书店、定王台书市以及新出现的新型书店等进行了调查，并到出版社进行了采访，还设计了许多调查问卷，分析了长沙市图书市场的发展历程，并对其发展趋势进行了预测。

就让我们看一看这段文字。

以功能论，大型书城并不单单是硕大的卖书场所，更是提供综合文化服务的大型平台。人们关注它，主要是因为它凝聚了丰富的文化内涵，是文化的"圣殿"。很多签名售书、新书发布、讲座培训等社会文化活动选择在这里举行，正是因为人们看好它具有的强大的文化辐射力。只有通过长期的文化活动，书城的文化趋向和精神诉求才能够显现出来，良好的文化品牌形象才能够慢慢地树立起来。文化品牌形象树立起来后，能给书城带来可观的图书销售收入之外的新的利润增长点。因此，要在卖场设计、陈列展示、图书分类、检索查询、订购服务等这些与读者感受息息相关的地方做得更扎实些、更细致些、更体贴些。

你无法想象这是中学生分析的呈现。

那么，他们又从中得到了哪些启发呢？我们还是来听听他们自己的说法吧。

"大半年的研究、学习、探索与询问，我们在这个过程中成长。三毛说过，成长是一种蜕变。我们失去了原来的幼稚，失去了碰到困难只会掉头的个性，蜕变成了不怕困难、勇于面对、学会忍让、知道团结的 21 世纪的新青年。我们明白了哭泣不能解决问题，只有站起来依靠自己才是正确的；我们也明白了团队精神的重要性，学会了如何与人相处，跨出了我们迈向社会的第一步……"

现代教育理论认为，学生在校的学习方式应与他明天的社会生存方式保持内在的一致性。有了这样的体验，学生日后又何惧社会生活的风浪呢？

思接千载，视通万里。雅礼中学的高品位追求、高质量教育，丰富着人们的感性体验和理性思辨，开阔着人们的视野。在"一个理念，三大策略"的坚强支撑下，雅礼中学正昂首阔步，迈向更美好的明天！

（本文作者为《科技导报》记者胡宏文、倪正松、黄耀红等，2004-04-27、2004-05-04、2004-05-11、2004-05-18。引用时有改动。）

附录·教育演讲稿

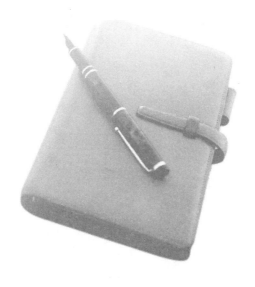

一、在雅礼中学的选择

——在 2011 年秋季学期开学典礼上的讲话

老师们、同学们：

上午好！

逢"一"的日子总会令人记忆深刻。此刻，在新学年的第一天里，有了你们的到来，我倍感高兴，因为你们的回家，雅礼中学生机盎然！我谨代表学校向全体师生员工致以新学年的问候，祝福全体教职员工工作顺利，祝愿全体同学学业有成、健康快乐！

刚刚过去的夏天，雅礼少年在广阔天宇竞相展示高远追求、高雅气质、高尚灵魂的绰约风姿。张子栋同学在第 22 届国际生物奥林匹克竞赛中勇夺金牌；雅礼交响乐团在美国肯尼迪艺术中心奏响"雅礼之声"……雅礼少年或步入田野，或走进工厂，或热心公益，感悟人民的智慧，书写花样的年华，唱响一曲曲青春之歌！

此刻，站在雅礼中学的土地上，我想过往的荣耀仅是激励我们不断前行的力量，未来之路的开拓需要你们坚守百年雅礼赋予的选择。

踏入雅礼中学，你们选择的是养成健全人格。修身为立命之本，厚德方可载物。人格，展现的是人的精魂，助推的是人的境界。作为即将快速成长为社会青年的一代，你们代表着未来社会的价值与精神导向。此时此地此身的雅礼少年，应当立德立功立言。在个人进取之时，别忘了身边的人们，以一颗仁爱之心，与人为善，助人为乐；在个人失意之时，别忘了宁静的自然，以一颗淡雅之心，漫看云卷云舒。

踏入雅礼中学，你们选择的是翱翔广阔天宇。鹰击长空，鱼翔浅底，鲲鹏展翅，万里奔腾。在雅礼中学的绿树红墙之间，你们点燃青春，仰望星空，不因个人得失而迷失方向。你们追求的理应是自身的理想与国家的未来，你们注视的理应是以雅礼中学为起点、以世界为舞台的宽广天地。当你们穿上"雅礼蓝"，你们理应用这一抹高雅之色，延展梦想的蓝色天空，深邃知识的蓝色海洋。让这一抹淡雅之色勾勒出缤纷的人生，让初起的人生迸发出万丈光芒。

踏入雅礼中学，你们选择的是担当人类文明。当你们步入雅礼中学、品读雅礼中学，你们的身上将深深烙上"及时奋发精神，好担当宇宙"的印记。勇于担当是雅礼人的选择。舒展 105 年的雅礼中学历史画卷，以宇宙为担当的雅礼俊彦灿若星河。"身在学堂，心怀天下"是雅礼学子的生命姿态，你们作为雅礼中学中最为年轻的一代，理当崇尚真理、精勤于业，担当对自己的一份责任；理当尊长爱幼、慎思笃行，担当对社会的一份责任；理当心念苍生、德才兼修，担当对民族的一份责任；理当弘扬人文、以化天下，担当对人类文明的一份责任。

二、且行且珍惜

——在 2012 年春季学期开学典礼上的讲话

老师们、同学们：

上午好！

在这个万物催生的时节里，因为学习，我们又再次聚首，开始新的征程。在此，我谨代表学校祝愿全体教职员工在新的一年里身体健康、工作顺利！祝愿全体同学新学期生龙活虎、全面发展！

也许此刻的你还未完全褪去假日的几分慵懒，依旧留恋自然醒的时光；也许此刻的你因为生活的丰富多彩，开始思考关于青春的那些事，构思着如何在若干年后，用文字来描述这段有关雅礼中学的青春。而此刻的我，作为你们的校长，更乐意做你们生命旅程中的一位知己，一位能唤起你们青春记忆的人。因此，我想与你们分享一些早已存留于你们心间的、理想与拼搏之外的、关于行走中的珍惜。

王国维先生在《人间词话》中说，古今之成大事业、大学问者，必经过"昨夜西风凋碧树。独上高楼，望尽天涯路"的第一境，"衣带渐宽终不悔，为伊消得人憔悴"的第二境，"众里寻他千百度，蓦然回首，那人却在灯火阑珊处"的第三境。而现在的你们正在"为伊消得人憔悴"。我知道你们有时会抱怨作业任务的繁重，会担心各种考试的来临，甚至会对当前的生活提出质疑。我从不否认质疑，但社会的未来终究要交接到你们的手中，你们也必将担当起为下一代创造美好生活的责任。所以，希望你们珍惜这遍地书香的韶华，奠定好学识基础，拓宽视野，广泛涉猎人文与科技知识，为推动社会的进步积蓄智慧。

我时常行走在你们中间，也经常参加你们的一些活动。看到你们对身边的点点滴滴所散发的热情，看到你们从一枝一叶的关怀中汲取成长的力量，我由衷地欣喜。虽然前行的道路或许有些漫长，但请你们记住，无论你们的成绩如何、兴趣如何、志向如何，在雅礼中学的天空，每个人都可以张开飞翔的翅膀自由地翱翔，我与你们的老师从未停止关注你们迈开的每一步。即使跌倒，总会有一双手将你们扶起。只要你们珍惜这一枝一叶的关怀，你们就终会找到属于自己的发展航向。

在雅礼中学 106 年的过往中，有很长一段时期，学校是难以放下一张安静的书桌的，然而那时的雅礼中学却走出了梅可望、陈能宽、厉以宁等众多杰出的学子。今天，我们所处的是国家与民族数经磨难之后迎来的安定、祥和的时代，日益强大的国家与不断复兴的民族需要此时此地的你们寻找并坚定人生的信仰，培养并保持宽广的胸怀，开创与铸就灿烂的未来。我希望你们中的每一个人都珍惜国家与民族赋予你们的责任与期望，因为这是你们现在的使命。

同学们，能拥有值得珍惜的东西是一件幸福的事情，但"珍惜"亦是一份责任，一份对人生、对社会的责任。当下的你们或许也热衷于穿越小说或影视作品，或许也在憧憬衣袂飘飘地在校园某个角落弹着吉他、唱着民谣。诚然，这些都与青春有关，但在价值取向多元的社会，在宁静的校园之中，你们需要更多地珍惜内心的平和，珍惜同学的情谊，珍惜学习的机会，珍惜流水的光阴。有一天，你们会离开校园，会青春不再，也会情不自禁地哼唱起动人的旋律，但留有"珍惜"的青春回忆起来不会苍白，印有"珍惜"的青春终会使你们的生活充满温情、饱含生动。

老师们、同学们！崇德敬业的老师是学生的自豪，及时奋发的学生是老师的骄傲。在新的一年里，让我们彼此且行且珍惜，朝着未来出发吧！

三、从这里到未来

——在 2012 年秋季学期开学典礼上的讲话

尊敬的各位老师、亲爱的同学们：

上午好！

百年雅礼教育薪火的传承，让我们共同开启了新的学期，在红墙与绿草地的映衬下，描绘崭新的未来。在此，我谨代表学校对新加入雅礼中学的同学与老师致以热烈的欢迎，欢迎你们加入雅礼中学！对顺利返校的同学与老师致以诚挚的问候！对不远万里，为雅礼教育国际化而来的雅礼协会外籍教师及国际部外籍教师致以衷心的感谢！

在没有你们身影的这段夏日时光里，我走在校园里，心中总有一份牵挂与期待。我知道，你们的暑假生活一定过得充实而丰盈：或与父母家人一起看奥运、忆童年；或与老师同学一道走进农村，扶贫支教，关爱留守儿童；或挥洒汗水，在各类赛事中为学校争得荣誉。但即便如此，当蓝天之下的新楼宇企望琅琅书声，香樟树下的新跑道渴望起跑者之时，我总盼望着你们早点归来！

此刻，看到绿茵场上的你们与焕然一新、典雅依旧的校园，欣喜之余，我不由得想起了鲁迅先生笔下的"百草园"与"三味书屋"。虽然这里没有高大的皂荚树、紫红的桑葚，但有着火红的石榴花、虬枝如盖的香樟；虽然这里没有"美女蛇"的传说，但有着杰出校友演绎的百年风华和正发生在你们之间的青春故事；虽然这里没有高而瘦、须发发白的老夫子，但有着严慈相济、温文可亲的老师。当然，你们今天来到或回到雅礼中学，不是因为拔何首乌毁坏了泥墙，而是为了在这座兼具"百草园"生活乐趣与"三味书屋"学习底蕴的教育庄园，点亮青春，探索求知，养成浩然雅礼气质，砥砺"好担当宇宙"的雅礼精神。你们，要从这里走向未来。

雅礼中学是一所历经岁月沉浮与洗礼却始终向前的学校，"公勤诚朴"的四字箴言已垂训百年。纵使在时代的变迁之中，校门之外已是滚滚涌动的商业文明，但雅礼中学的气度与性格始终如一，雅礼中学要带你们走向的是人格健全健美、担当民族与国家强盛使命的未来。朝着未来出发，雅礼中学需要你们在不断释放个性、培养领袖气质之时，更关心身边的伙伴，与人为善，将友情传递；需要你们在不断探索求知、成就学问之时，更尊敬身边的老师，礼尚恭谦，将感恩收获；亦需要你们在遭遇短暂挫折之时，坐看云卷云舒，以豁达之心面对来路。我知道，你们每个人都渴望构筑起自己强大的"小宇宙"，渴望不断成就卓越的自我。但我更希望你们在朝着未来出发的道路上，在这静谧、清澈的校园里，与同学为伴，与老师为伴，与校园为伴，既能不断寻找到属于你们青春的记忆，又能让自己的未来更加的清晰与敞亮。

老师们、同学们，耸立在身旁的新楼宇正期冀着与我们一起创造硕果芬芳的未来，就让我们从这里出发吧！

四、守护时光

——在 2013 年秋季学期开学典礼上的讲话

尊敬的各位老师、亲爱的同学们：

上午好！

从清晨中走来的碎碎脚步，让校园的音乐铃声又有了青春的节奏。在生活的城市刚刚苏醒，准备迎接新一天的时刻，我们用教育的力量唤起了这段丰富心灵与追逐梦想的新旅程。在此，我希望老师与同学们能用这段新开启的时光点缀辽阔的人生。

时光穿越五千年，在无数个这样的早晨，我们的先辈迎着朝阳，开始了一天的劳作，直至日落而归。于是，中华大地上有了文字，有了礼节，有了教育。在无数个这样的早晨，雅礼中学的先贤们顺着"公勤诚朴"的步伐，在书香弥漫的校园里不断翻新教育的史册；学子们孜孜不倦地探索新知，直到"好担当宇宙"成为一种自觉的品行。时光走过百年，于是，湘楚大地上有了你我心中深爱的雅礼中学。告别日落，迎来的依旧是早晨，在穿梭的时光中，我们别无所长，唯有好好地守护。

过去的日子里，你们经历着校园生活与社会生活的轮替，在时而令你紧张又时而令你安逸的生活节奏中，感受着异彩缤纷的人文，厚实着正在经历的青春。虽然现在的你们在告别假期背上书包后，也许已有了一种"近乡情更怯"的别样"情愁"，但我与你们的老师希望你们将这里视为心灵成长的乡土，视为朴实无华却铭记一生的"精神故乡"。于故乡，我们别无所长，唯有好好地守护。

此刻的你们正慢慢地成长，已开始试着与小伙伴们看着童年的照片回味童年，回到小学、初中的校园。你们开始逐渐清晰地感受到，忠诚于你内心的，唯有经历。经历中的欢歌笑语、成长进步、困难挫折、梦想追求，于你而言都是唯一的。有了唯一的经历，也便有了唯一的你；守护好唯一的经历，也便守护好了唯一的你。

唯一的你应该是优秀的你，这份优秀并不在于你获取了多少荣誉、多少赞赏、多少分数，而在于你于匆匆的时光中是否丰富了心灵，是否懂得了善良，是否获取了优雅，是否汲取了这片心灵土壤所给予你的充足养分！雅礼中学的时光正在你们心中或是刚刚绽放，或是正在盛放。无论你处于哪一个阶段，当走出校门时，希望你成为最优秀的自己。

今天过后，也许有关此刻的记忆会慢慢地模糊，等待着某一刻的再次鲜活，希望那一刻你依旧能记起：守护时光，守护精神的故乡，做最优秀的自己！

老师们、同学们，有你才有了雅礼时光，有你的守护才会有灿烂的未来。在教育的路上，让我们彼此照应，收获人生的幸福与梦想的喜悦！

五、为民族复兴而读书

——在 2014 年春季学期开学典礼上的讲话

尊敬的各位老师、亲爱的同学们：

上午好！

在时间跨上骏马唤醒大地的季节里，我们共同迎来了新的学期。在此，我谨代表学校祝愿老师与同学们在新的天地里策马奔腾，赢取出彩人生！同时，祝愿我们深爱的雅礼中学孕育出更为芬芳灿烂的教育硕果！

"甲午"在中华民族的记忆里，有着特殊的意义。从 19 世纪末的"甲午"到 21 世纪初的"甲午"，120 年间，我们的民族饱经磨难，经历了割地求和、主权丧失、民族觉醒、国家独立、社会变革、民族复兴，终让世界关注与聆听中国的声音。

历史是鞭策社会进步的一剂良药，知晓历史才可更好地创造未来。我们的民族历来便是一个向善与向美的民族，一个拥有强大自我革新伟力的民族。在新的学期，我希望同学们在心中装下学习计划与人生规划的同时，更要装下民族的昨天、今天与明天。因为在你们正经历的青春里，我们的国家已开启新的自我变革，人民的幸福就是民族的梦想。

身处一个梦想涌动的国家，是人生最为宝贵的财富。将青春安放在个人梦与中国梦里，喷薄而出的将是长久的出彩人生。在此之间，雅礼中学也有梦，雅礼中学的梦想便是为青春提供一个支点，让你们用自己的梦想撬起民族的未来，实现国家与民族的复兴梦。

108 年间，在与民族共沉浮的磨炼中，雅礼中学始终保持着对教育至真至善的追求，为所处的时代培育优秀的人才。正因如此，雅礼之名随湘江碧水走向世界。"及时奋发精神，好担当宇宙"的精神历久弥新，生机盎然。

一年之计在于春，百年之计在于教育。在我们的国家提出"两个百年"的奋斗目标并付诸实施的年景里，同学们，你们要承担起更多的责任，你们的琅琅书声将是民族复兴的鼓声，你们的人生信念需要融入"为民族复兴而读书"，这是时代赋予的使命。

春天已经来临，个人的梦想与雅礼梦、中国梦在这里交织，飞越过去，开启未来。我期待着你们用自己的视角去观察社会的变化，去思考国家在时代发展中体现的智慧，去剖析民族在复兴进程中走过的道路，当你们成为国家的建设者时，现在的经历将实现传承与创新；我期待着你们在拥有梦想的学堂里，汲取新知，见贤思齐，不断去进行自我的更新，强健体魄，激扬文字，成就有学识、有气度、有眼界的自我；我期待着你们一如既往地热爱学习与生活，用你们的青春创意去关注校园、关注所处的城市，丰富雅礼中学的文化，深厚雅礼中学的精神，为雅礼中学写下辉煌篇章！

六、成长的路与诗意的远方

——在 2015 年春季学期开学典礼上的讲话

尊敬的各位老师、亲爱的同学们：

上午好！

在经历了甲午马年与乙未羊年的交替后，今天，我们又回到了这个熟悉的地方——劳动西路 428 号，来共同书写雅礼中学的未来。在此，祝愿全体师生在新的一年收获新的人生风景！

今年的春天来得特别早，立春已过，惊蛰将至，万物竞发与生长的自然世界让时间充满了诗的旋律。在这个不违背时令的节点，同学们又走在了成长的路上，向着远方出发，让春天拂过的校园也充满了诗的旋律。

如诗般的旋律，延展出的是新的成长之路。而此刻，青春就是这个季节成长路上最美的音符。

青春是一场盛大而不可复制的耕耘，因为每一次的精心劳作都会成为成长的故事，在未来的某一个时刻或收获惊喜，或回味悠长。在雅礼中学的校园里，精心劳作是一份坚守，学识的储备、能力的养成、品质的塑造，是随着太阳的朝起夕落，一点一滴进行的，人生需要只争朝夕，但更要守住平和的心，让内心不为浮躁所干扰，自由而灵动地生长；精心劳作是一种奋发，"纸上得来终觉浅，绝知此事要躬行"，求学问，练本领，就需下苦功夫，在雅礼中学的青春"不将就"，不辜负每一寸光阴；精心劳作是宝贵的财富，在农耕社会，我们的祖先通过精心劳作创造了璀璨文明，在现代社会，我们的前辈通过精心劳作实现了民族崛起，在未来，依旧需要你们通过精心劳作去塑造人类社会灿烂的文明。

同学们，劳作将青春的音符演绎成质朴、高昂与奋进的旋律，也让你们当下的人生充满诗的浪漫与豪情。诚然，精心劳作的成长路上也许会有艰辛、会有挫折、会有彷徨，但我们还有远方。远方不是未知数，也不是历经长途跋涉后到达的一片绿洲。远方是你我共有的雅礼情怀，充盈着美好、希望与诗意。在许多校友的记忆里，雅礼中学的门牌号是 77 号，随着社会的发展、道路的延伸，428 号成了你们的青春门牌号。门牌号的变更，带走了时间的痕迹，却变更不了这片土地滋养出的精神。成长路上的远方应是阳光、自信、追梦的自己，是责无旁贷的社会担当，是精神富足的生活，是不断的到达与再次的出发。

同学们，今天，雅礼中学在教育的征途上已经走过了 109 年，即将走向 110 年。百余年里，代代雅礼人精心劳作，心有远方，创造出长留史册、受人敬仰的教育诗歌。新的书本已经打开，我希望同学们将自己的成长之路走得更为踏实与绚烂，让你我的远方散发更为浓烈的芬芳！

七、遇见

——在 2016 年秋季学期开学典礼上的讲话

尊敬的各位老师，亲爱的同学们：

上午好！

在大地积攒了足够的力量，将送来秋收喜悦的时节里，知识的耕耘又进入了新的阶段，坚实的脚步迈进了我们共同期待的时光。在此，我谨代表学校向新加入雅礼中学的同学与老师致以热烈欢迎，向全体师生致以新学期的诚挚问候与祝福！

清晨走进校园，新的校门已经拔地而起，新的田径场也呈现在眼前，我已经可以想象在它上面奔跑时的样子。或许你们早已注意到所喜爱的千人报告厅向着你们期待的样子发生了一些变化。今天的雅礼中学对于我们来说，显得如此亲切，又如此崭新。时光前行的意义便是这样的，在循序渐进的演变中，带来创造，带来欣喜，带来憧憬。

我们每个人在一生中会走过许多路，行过许多桥，读过许多书，看过许多风景，但只会遇见唯一的雅礼中学。遇见，是人生中的常态，但人生的长久情感往往在几次不寻常的遇见之中留下。

在天性浪漫、朝气蓬勃、追逐梦想的年龄，每一天都是新鲜的，你们的表情会灿烂、明媚。你们身上呈现的也不仅是雅礼中学的气质，而且还有深厚的学术素养。用你们的话说，这"很雅礼"。但肩负时代使命与责任的雅礼中学希望你们有更多的遇见，在各自的时光里，共同遇见传承之中的雅礼精神，遇见学术之中的科学思维，遇见国家至上的爱国情怀，遇见最为真挚的母校情结！

如此，当遇见雅礼中学 110 年时，你会懂得唯一的雅礼！

百又十年，雅礼中学与日月星辰同行，坚守教育理想，以特有的秉性为教育与民族的发展贡献光芒与热度，培育出十余万社会建设人才。雅礼学子将雅礼精神带向祖国大江南北，带向世界八方，使雅礼中学赢得了广泛声誉。

同学们，一个雅礼人就是一座雅礼中学，雅礼人所在的地方就是雅礼精神与才智散发的地方。无论身在何处，千千万万的校友因"经天纬地才能，由学问成就。及时奋发精神，好担当宇宙"的遇见，而书写出璀璨的人生。身在校园之内的你们将是未来的建设者，希望从遇见开始，让内心充盈而阳光，让人格独立而健全，让理想清晰而坚定，让品行优秀而高雅，让眼界开阔而高远，与雅礼中学一起走向更为宽广的天地！

八、心怀国家，涵养生命

——在 2017 年秋季学期开学典礼上的讲话

尊敬的各位老师、亲爱的同学们：

上午好！

在自然的景致转向秋天，成长的脚步迈向未来的时候，我们相聚在崭新的运动场上，共同迎接新学期的到来。在此，我代表学校向新老师和高一的新同学致以热烈的欢迎，向不远万里为雅礼教育发展而来的外籍教师致以诚挚的谢意，向始终培育学生成长的老师们致以崇高的敬意！

时间流逝，大地上的生命开始了新的故事。刚开幕的金砖国家峰会上，中国故事又一次赢得世界的掌声。在国家崛起的大潮中，民族的自信心与自豪感正扫去在近代百年屈辱中积淀的阴霾，中华民族立于东方，影响世界。

国家未来的兴盛，全在于今天青年积极的人生志向与生命气象。青年强，则国家强。在历史发展的脉络里，雅礼中学与国家从来都是心意相通的。

在广袤的国土之上，雅礼中学是千千万万学堂中的一所，但因心怀国家期许，不断追求卓越，而声名远播海内外。从这里出发的每个学子，心中都承载着一座蕴藏国家情怀的雅礼中学，每个雅礼人的生命气象都涌动着服务国家的人生价值。

同学们，一所学校能走多远，取决于你们受到这所学校的生命滋养后能走多远。作为新一代青年，你们面临的是多元的价值选择、多元的文化交融。生命成长的空间超越以往，这也意味着要养成高远而稳定的生命气象将会遇上更多的挑战。但我依旧希望你们为同代人、为社会带来清新之气，鲜明地去表达对国家的热爱，坚定地去维护对人性的尊重，自信地去养成生命的格局，勇敢地去释放生命的个性。我希望你们的生命能按着自己的方式，不违规矩、不违礼节地生长；希望你们的生命汲取雅礼精神、融合国家梦想，健康健全地生长；希望你们的生命呈现的气象，在可看见的未来升华结晶出的是民族新时代的精神。

老师们、同学们，生命赐予了我们创造文明、感悟天地大美的能力。在雅礼中学这片土地上，向前的每一寸光阴都蕴含着生机。在新的学期，愿我们彼此相伴，去创造一个更有生命品质的雅礼中学！

九、人格养成与青年使命

——在 2018 年秋季学期开学典礼上的讲话

尊敬的各位老师、亲爱的同学们：

上午好！

当九月的朝阳为大地铺满金色的光芒，时间的律令告诉我们出发的时刻已经到来。在此，我谨代表学校向新加入雅礼中学的各位老师和同学表示热烈欢迎！祝愿全体师生在崭新的前程里绽放出绚丽的人生光彩！

2018 年 3 月，在相隔万里的意大利米兰市，一座以中国人的名字命名的广场吸引了世界的目光。这是意大利首次用中国人的名字命名自己国家的广场，即使在整个西方世界，这也是绝无仅有的。这位中国人叫何凤山，1926 年毕业于雅礼中学，中国著名的外交官，在世界反法西斯战争期间，他于屠刀之下拯救了数千名犹太人。

战火纷飞的年代虽然早已远去，但那些为捍卫道义而抗争、为人类福祉而奋斗的人们终将被历史铭记，被后来者们歌颂。而那些给予他们教育和修养的学校也终将会发出耀眼的亮光。我们自豪于雅礼中学正是这样一所不断发光的学校。

同学们，祝贺你们当初坚定地选择了雅礼中学，选择了这所以"担当宇宙"为己任的学校，选择了这所尊重生命与个性、倡导开放与包容的学校，选择了这所历经岁月沉浮而不改"为国育才"之志的学校。

在雅礼中学的语境里，这样的选择意味着托付与期许。雅礼中学之所以生生不息，正是因为对"选择"保持着敬畏，始终努力于让每个生命成长得更为完整与优质，始终坚守着人类文明中最为美好的教育价值。即便教育的耕耘总会遇上各式各样的艰辛，我们也从未停止过为这里的每个生命传递一种古老而又强盛的力量。我们深知，无论世界如何演化，这种力量终将让人受益终身。这种力量，便是人格的力量。

人生活于社会之中，有着成千上万种的行走姿态。不同的人格让这些姿态呈现出善恶美丑，这些善恶美丑影响着价值的判断、道德的发展、良知的存续。纵使人文不断进步、科技日趋发达，世界依旧面临着善恶美丑的相互角力。人类在未来的演进过程中能否保持正道直行，就取决于今天的青年拥有什么样的人格。

同学们，当你们坚定地选择了雅礼中学，就应当在这里养成健全健美人格，这是所有青年不容忽视的人生使命。雅礼中学希望你们在往后的时光里，将人格的发展视为高中阶段生命成长的重要目标，不为经不起时间检验的价值观念所感染，不为一时之利而失去对规矩的敬畏，不为随波逐流而迷失于道德的取舍之中，不为泥沙俱下的信息而人云亦云。雅礼式的人格，应当有坚定的爱国情怀，有高尚的奉献意识，有不变的善良与正直，有旺盛的自信与阳光，有为人类谋福祉的坚强意志，有创造未来的美好愿景！

老师们、同学们，新学年的时间之门已经开启，愿我们彼此勉励，让雅礼人格发散出更为深远的魅力，让雅礼人格的力量为时代的发展带来更强劲的动力！

十、及时奋发精神

——在 2019 年春季学期开学典礼上的讲话

尊敬的各位老师，亲爱的同学们：

上午好！

当万物复苏的气息竞相在自然界中传递，校园里的生命接续着梦想，开始铺展通向未来的道路。在此，我谨代表学校向全体师生致以诚挚的新春祝福！祝愿大家在新的一年，配齐新的本领与素养，实现新的进步与发展！

人类自从掌握了时间的计算法则，懂得了与自然规律相伴共生，春天便有了特别的意义。它给人以憧憬，也给人以展望。当人类关注自身发展的目光从大地向太空不断延伸，当嫦娥四号传回第一张月球背面的"全景图"，当科幻电影中地球开启了流浪于茫茫宇宙的旅程，我们的国家向世界展现着对全人类命运的关注和担当。

一个国家要赢得世界的尊重，既在于自身拥有发达的文明和崇高的道德，又在于能为人类文明的发展不断贡献科学、哲学、艺术等方面的大家，让这个航行于浩瀚星河之中的星球不断绽放文明的光芒。70 年前，在长江、黄河奔腾的土地上，我们的民族以新的姿态重新站立了起来，摆脱了近现代以来的苦难，并逐步富起来、强起来；今天，我们的国家正成为推动人类文明进步不可或缺的力量，越来越赢得世界的尊重；未来，在世界寰宇之中，我们的国家将承载起更为重大的使命。

与国家共奋进，是每个生长与生活在这片土地上的人应保持的生命觉醒，是千千万万个有着"及时奋发精神，好担当宇宙"价值追求的雅礼人应具有的生命实践。在和平与充满希望的国度里，生命的成长与发展拥有了更为宽广的空间，我们的青年唯有以未来的眼光探寻发展之路，才能让今天更富有意义。着眼未来，我希望同学们既热爱学习，又关注社会；既有体育精神，又有劳动品质；既关注科技前沿，又涵养艺术情操。生命的丰盈源自心灵的繁盛，心灵的繁盛在于汲取优秀的文明。我也希望同学们广泛接触哲学、文学、美学及自然科学，储备丰富的知识，培养创新的素养，奠定人格基础、学术基础，在未来，为国家与人类的进步开创更为壮阔的前途。

老师们、同学们，奋进的序曲已经奏响，在新的学期，愿我们及时奋发精神，在雅礼中学的大地上一道去谱写更为美妙的生命之歌，让新时代因为有我们而更有朝气与活力！

值此元宵佳节即将到来之际，祝愿大家节日快乐！在喜迎中华人民共和国成立70周年之际，祝愿我们伟大的祖国蒸蒸日上、繁荣昌盛！

十一、生命的意义

——在 2019 届高三毕业典礼上的讲话

老师们、同学们：

上午好！

在这片不断催生人生理想的土地上，我们又一次相逢，为一段共同的时光赋予礼赞。在此，我谨代表学校，向顺利完成三年高中学业，荣升为雅礼校友的同学们致以热烈祝贺！向辛勤劳作，以生命培育生命的全体老师和家长致以诚挚谢意！

在铭记恩情、接受祝福之后，新的旅途即将开始。不同于以往，这段旅途你们将独自前行。你们会领略美好的风景，也会遇上更大的挑战；你们会明白更多的道理，也会遇上更多的困惑。最为重要的是，在价值的判断、选择与坚守之中，你们要去寻找生命的意义。

涉猎哲学的同学们知道，生命的意义是一个解构人类存在的目的与意义的哲学问题，也许历经终身思索，也并不一定会有清晰的答案。

在这里，我想先与大家做一个分享。两天前，我收到了一封从西沙群岛传来的家书。这封两千多字的家书，记录了一名雅礼学子从跨入雅礼中学校门，到跨进军营大门，再到守卫南海的人生感悟。我择取了其中部分，念给大家听。

再后来，我被分配到了遥远的西沙群岛，而且还是最偏僻、最凶险、最艰苦的岛屿。一开始，我的心都凉了。

刚来的时候，我每天晚上自己唱着《祖国不会忘记》，数着天上的星星，看着北方，心里很不是滋味。可是，我没有气馁，依旧在这里找到了自己的价值。我利用在雅礼中学打下的坚实的英语基础，成功地获得了领导的认可。于是，领导把重要的任务——对外喊话交给了我。

在这里，我慢慢地成长，慢慢地意识到，作为军人，我的价值不仅仅只有在枪林弹雨和充满硝烟的时候才能够体现出来，更多的时候，我需要做的是默默的守护；作为雅礼人，我把我的价值发挥出来，就是给您最好的回报。我通过电台发出去的每一道短波，不再只是中国海军的声音，而是中国的声音。

"China"不再只是一个简单的单词，它代表了主权，是我国货船回家的方向。它更向途经这片海域数不胜数的国际商运船只宣示着：即使这里距离遥远，但是这里，就是中国！

写下这封家书的是你们的学长——2017届毕业生欧逸超。此刻，他正在西沙群岛最南端的中建岛站岗执勤、守卫国门。两年前，他曾一度迷茫，曾一度对"好担当宇宙"产生怀疑；两年后，他选择在只有约1平方千米的小岛上，为国家奉献青春。

读完这封家书后，我端坐良久，因雅礼中学给予学子的生命启迪已远达天涯而深感自豪。

什么是雅礼中学？雅礼中学就是一个要为每个生命注入意义的地方。这样的生命意义体现在为他人、为社会、为国家，而非为自我的觉醒上，体现在对一切苦难的悲悯上，体现在不断超越自我的责任承担上。

同学们，你们是成长于时代深刻变革、世界秩序重构的背景下的一代，是见证人类智能与人工智能相融共生的一代，是参与民族复兴伟大事业建设的一代。愿你们借力于时代大潮，坚守生命意义的本真，到国家需要的地方去，到有益于社会进步的地方去，让雅礼人的生命意义化为满天的星辰、遍野的鲜花，给这个世界带来美好。

最后，再次感谢大家共同成就了这段美好时光，祝各位校友人生畅达，祝各位老师桃李芬芳！

今天过后，纵使山川大河相隔，愿我们心灵相通，待来日，再相逢！

十二、青春与吾国

——在 2019 年秋季学期开学典礼上的讲话

老师们、同学们：

上午好！

当太阳的光芒漫过大地，江河勃发的青春中国驶向了新的里程，人们也携着国家梦想开始了新的耕耘与奋斗。在此，我谨代表学校向全体师生致以新学期的美好祝愿，祝愿大家在这里收获更为美好的未来，遇见更为壮丽的中国。

在每次即将出发的时刻，过往的知识积累与阅历更新总会激励着每个人去给时间赋予新的意义，去给生命注入新的动能。在这里，我想与老师和同学们分享一次博物馆见闻。

暑假期间，我去了湖南省博物馆。博物馆里保存着一件名为"皿方罍"的青铜器，它来自远久的商朝。3000 多年来，这件国家之宝的器盖一直留在它诞生的土地上，然而它的器身却从 20 世纪 20 年代重现天日之后，辗转流失于数国知名古董商人之手，颠沛流离于异国他乡。直到 2014 年，在全球华人的共同努力下，器身才得以回归，与器盖再次重逢与合体。在几千年的文化创造过程中，皿方罍只占极小的一部分，然而皿方罍的回归之路，却让我们看到了延承中华文明的自觉担当，看到了国家认同所凝聚的力量，看到了拳拳赤子之心，看到了日益强盛的中国。

在我们生活的这片疆域里，先辈们从未间断过寻求文明延续的道路，从未放弃过在苦难中寻找希望，他们走过了独一无二的路程，他们更创造了独一无二的文明。诚然，近代史上，民族一度濒临危亡，重新拾回尊严的奋发图强之路充满着曲折，充满着艰辛，充满着刚强。经过数代人的接力，中国人才得以重新将尊严树立在了世界寰宇之中。

今天，我们的五星红旗在广袤的国土上飘扬，在位于浩渺太空中的月球天河基地飘扬，更在全球亿万中华儿女心中飘扬。今天的中国，是一个不断改写世界文明进程、创造人类美好命运的中国。

同学们，国家兴盛，与有荣焉；国家进步，在我青年。身受国家的养育，散发着青春光芒的你们，当为国家的未来发展自己的生命。这样的生命发展，不仅在于强健体魄、汲取知识，更在于内在精神世界的充盈。懂得培育同情心，与世间万物为友，将特有的美好人性积攒在心中；懂得培养尊严感，高度自重、高度自律，自信而阳光地成长，让人生充满幸福与喜悦。如此，待他日，施展才能之时，才会有最稳固的人格基础。

同学们，你们的青春之于青春之中国，不是一场年华的狂欢，而是一段有关深化国家认同、提升生命境界的精神锤炼之旅。在未来，你们不仅是雅礼中学荣光的延续者，更是国家命脉的接棒者。愿你们以个人修为助力于更为强盛的中国。

老师们、同学们，新学期即将开启，中华人民共和国 70 周年华诞即将到来，让我们以阳光、以豪迈、以自信去遇见更美的前景！

十三、保持砥砺为民之心，让世界变得更好

——在中国人民大学 2019 年秋季学期开学典礼上的讲话

尊敬的靳诺书记、刘伟校长、各位领导、各位老师、各位朋友，亲爱的同学们：

上午好！

昨天下午，我参加完学校的庆祝教师节暨表彰大会后，便开始了北上之旅。夜色降临，从飞机的舷窗往外看，大江大河都隐藏在了夜色之中，唯有一个接连一个城市的灯火让人感知到伟岸大地的真实存在。

这些灯火，让我联想到了此刻所处的这所大学。在那些黑暗笼罩大地的岁月里，从陕北公学走来的中国人民大学刚毅坚强、卓然独立，执精神与人文之火，为这个饱经风霜的国度不断创造着希望。

今天，在鲜亮的中国大地上，中国人民大学已成为人文社会科学高等教育的重镇，为文明的持续发展不断提供着智慧支撑。

早上，步入这片拥有着红色基因的校园，我思考着，是什么样的力量激励着我们的党和国家不断奋发、不断发展壮大？彼时，脑海中闪现的是"老吾老以及人之老，幼吾幼以及人之幼"。怀着对民族命运的深切悲悯，我们的党缔造了中华人民共和国，秉持对人民生活的同心共情，我们的国家在不断图强。

国家之下，是每个人的自觉前行。科技的迅猛发展不可避免地带来人与人之间在物理空间上的隔阂，世界的紧密交往不可避免地带来多元文化之间在价值观念上的碰撞。信息在变得开放，但感知在走向孤岛，碎片式的信息流给生命个体构建完整的人文世界不断带来挑战。

同学们，结束了高中生活，你们再也不用担心老师会暂时保管你的智能手机，再也不用担心父母会更改电脑的登录密码。但你需要提醒自己，你是否在持续扩展你的同情心，对世间万物保持友好相待，对文明发展保持高度关注，不断追寻生命的美好和良善？因为，你们拥有的同情心不仅会充盈在自己的人文世界当中，更会漫过大江大河，助力于整个国家的人文兴盛与社会进步。

非常荣幸在中华人民共和国即将迎来 70 周年华诞之际，参加了今天的典礼。借此机会，向为中华人民共和国培养了数以万计建设者的中国人民大学致以崇高的敬意，向全体老师致以节日的祝福，向即将开启壮阔人生的同学们致以美好的祝愿！